prometeo
libros

prometeo
libros

Diseño social

María Ledesma y María Laura Nieto

Diseño social

ENSAYOS SOBRE DISEÑO SOCIAL
EN LA ARGENTINA (2000-2018)

prometeo
libros

Nieto, María Laura
  Diseño social : ensayos sobre diseño social en la Argentina : 2000-2018 / María Laura
Nieto ; María Ledesma ; compilado por María Laura Nieto ; María Ledesma. - 1a ed . -
Ciudad Autónoma de Buenos Aires : Prometeo Libros, 2020.
  290 p. ; 23 x 16 cm.

1. Sociología. 2. Diseño. 3. Estética. I. Ledesma, María. II. Título.
CDD 301.0982

Con el apoyo de:

Diseño de tapa: R&S
Ilustración de tapa: Juan Carbonell
Foto de María L. Nieto: Maxi Masullo

Corrección: María Silva
Diseño y diagramación: dmmType

© De esta edición, Prometeo Libros, 2020
Pringles 521 (C1183AEI), Buenos Aires, Argentina
Tel.: (54-11) 4862-6794 / Fax: (54-11) 4864-3297
editorial@treintadiez.com
www.prometeoeditorial.com

Índice

III

DISEÑADORES, ESTUDIOS DE DISEÑO

A Beatriz Galán, in memoriam.

Apuntes sobre Diseño social

MARÍA LEDESMA y MARÍA LAURA NIETO

Con el diseño social pasa algo parecido a lo que sucedió a San Agustín cuando le preguntaron sobre el tiempo: "si no me preguntan sé, si me preguntan no sé". Cuando se lo menciona, todos saben de qué se trata pero en cuanto comienzan a plantearse preguntas tan sencillas como ¿acaso no todo diseño es social? o ¿es diseño social si se busca ganar dinero?, las ideas ya no son tan claras y el terreno se vuelve resbaloso.

Este libro tiene la osadía de llamarse *Diseño social* e ir a la búsqueda de algunas respuestas.

Una mirada a vuelo de pájaro, un simple hojear las páginas, mostrará tal variedad de producciones, que rápidamente llevarán a concluir que para las compiladoras no es algo homogéneo ni unívoco sino, por el contrario, un tipo de práctica que incluye diferentes áreas, géneros y concepciones del diseño.

Si algo une a estas producciones permitiendo juntarlas en un libro es la convicción que alienta en todas acerca de que, justamente por el carácter social del diseño, por su participación en la configuración de los modos de vida, ambientes, imaginarios y subjetividades, no debe soslayarse la responsabilidad que eso implica. Solo cuando está presente el segundo aspecto, la responsabilidad social o, dicho en términos menos ambiguos, cuando se privilegian los intereses colectivos por sobre los intereses individuales puede hablarse de *Diseño social*.

El quiasmo "todo diseño es social pero no todo es *Diseño social*" remite a aquello que está en el corazón de estas producciones: solo merecerá el nombre de *social* aquel tipo de diseño que, consciente del valor, la importancia y el peso del diseño en la configuración de las condiciones de habitabilidad, realice acciones orientadas a incidir de manera efectiva en el tejido social, buscando corregir, mitigar, atenuar los riesgos que amenazan o afectan al colectivo social.

No escapará a nadie la diversidad de posibilidades que anidan detrás de esa generalidad.

Este libro muestra una pequeña parte de ese universo tal como se presenta en Argentina en las primeras décadas del siglo XXI, tiempo histórico cuando los problemas globales (deterioro ecológico creciente, aumento mundial de la pobreza y fuertes desequilibrios regionales, entre los más urgentes) se manifiestan de diferente manera en cada región del planeta. Es una pequeña muestra de aquel diseño que responde de manera consciente a los costados oscuros y lacerantes de la configuración social neoliberal que domina la escena actual.

Las experiencias recogidas son muy diferentes: algunas son acciones sostenidas en el tiempo, asentadas en territorios; otras, acciones puntuales en respuesta a una emergencia; unas terceras, apuntan al desarrollo de propuestas de desarrollo regionales o a respuestas específicas en el plano laboral; algunas más pueden ser solo propagandísticas, vinculadas al activismo, pueden estar incluidas en programas organizados e institucionalizados o bien nacer de manera espontánea al calor de las necesidades. También son diferentes los actores: los productores pueden ser estudios o profesionales del diseño, cátedras universitarias, colectivos reunidos *ad hoc* o instituciones estatales, y sus esfuerzos pueden orientarse al trabajo con pobres, con mujeres, con personas *trans*, con personas con discapacidades, con pueblos originarios, o hacia el bienestar general de todo el colectivo social. También, por supuesto, son diferentes las retóricas desde donde enuncian: algunas proponen perspectivas personales, académicas, poéticas; otras refuerzan su condición contestataria y rebelde o bien se subsumen bajo el lema de la institución u organización a la que adhieren; las hay también irritantes, en clave humorística e irónica aunque el tono dominante se corresponda con la seriedad de la situación.

Lo que presentamos es una muestra acotada pero suficiente para intentar trazar un mapa de las vicisitudes y emergencias de las preocupaciones por lo social en el ámbito local del diseño durante los últimos años.

Dado el carácter de la convocatoria (hubo invitaciones puntuales pero también una convocatoria abierta a todos aquellos y aquellas que se consideraran incluidos en la temática) puede decirse que el conjunto de trabajos y artículos se configuró de manera aleatoria, casi como una improvisación. Se trató de una escucha, de percibir la presencia y habitar en ese presente el espacio tiempo, lo que como investigadoras traíamos combinándose con otras experiencias. De algún modo, la multiplicidad de narrativas interpela los reveses de esas preguntas al parecer sencillas: ¿acaso no todo diseño es social?, ¿qué alcance tiene entonces lo social en el ámbito local?

De ninguna manera los intentos por ensayar respuestas son nuevos, existen antecedentes y diferentes personalidades del mundo del diseño que han buscado o aún buscan dar respuesta a ese tipo de interrogantes. El diseño social es algo tan antiguo como el diseño. Si compartimos la clasificación histórica que sitúa sus orígenes con la Revolución Industrial del siglo XIX, el diseño aun vinculado a esta racionalidad tecnocientífica buscó librar las luchas y los conflictos sociales que esa sociedad inauguraba. Muchos de los planteos fueron vinculados, por ejemplo, al desarrollo de la vivienda social, fundamental para el pasaje de la construcción monumentalista de las iglesias, las catedrales, los palacios hacia otro modo de hacer arquitectura, más vinculado a superar los problemas de la vivienda social y la planificación del urbanismo en las nuevas ciudades. Existe una tradición europea del diseño social que luego se trasladó a América, no exenta de vicisitudes, de desvíos respecto del objetivo inicial; de solapamientos y valoraciones positivas o críticas según las épocas y las condiciones históricas en las que fueron elaboradas o revisitadas.

Más recientemente, desde fines del siglo XX y comienzos del siglo XIX con la crisis general del capitalismo, y en lo local con la incidencia de la crisis de 2001 (acontecimiento que resuena en varias de las reflexiones aquí reunidas), las luchas y los conflictos han cambiado a la par de los riegos sociales y las nuevas incertidumbres. Al ritmo de las contradicciones sociales y ambientales a nivel global, de la irrupción de las múltiples identidades y la multisectorialidad de las demandas, del impacto de las nuevas tecnologías de la información y de la comunicación, el espacio social se complejizó y potenció el surgimiento de nuevas orientaciones de diseño: social, sustentable, colaborativo, para la innovación social u otras modalidades que –en ciertos casos– actualizan aquellas preocupaciones originales. El concepto mismo de diseño social se ha extendido hacia una variedad de producciones, intenciones y propuestas.

Aunque no todas se piensen a sí mismas como sociales, decidimos reunirlas porque en conjunto hablan tanto de las preocupaciones de diseñadores, diseñadoras, colectivos, o investigadores e investigadoras que de alguna manera asumen esta voluntad explícita de incidir, mejorar o hacer más inclusiva nuestras sociedades, como del cambio de signo de los males y riesgos que las aquejan. En cada caso, en cada hacer, en cada retórica, se asume una concepción particular de sociedad, una identificación de las necesidades sociales (objeto o proceso) pero sobre todo, de un particular convencimiento acerca de una realidad posible de modificar o cuando menos, posible de incidir positivamente.

En este libro proponemos entonces una organización aleatoria de artículos teóricos y casos específicos que, desde el diseño plantean interrogantes en torno a gran variedad de conflictos y luchas sociales propias de la vida contemporánea; en los que se busca dar respuestas o tomar posición sobre el tema. Los casos pueden estar presentados por los propios protagonistas o bien desplegados, con más o menos desarrollo, por investigadores que los convierten en su objeto de estudio. Consideramos significativo mostrar una amplitud de movimientos al interior del diseño haciendo visibles las relaciones (de inclusión pero también de contradicción) que mantienen los casos entre sí. Esta organización un tanto fortuita intenta perfilar en sus relaciones un modo complejo de entender el diseño social desde nuestro entorno: lejos de pretender llegar a una definición "universal" y legitimante, decidimos dejar a los y las participantes la tarea de persuadirnos, a su modo y con su propia retórica, dentro de un abanico de temas que inciden en la arquitectura, el diseño urbanístico, industrial, gráfico, audiovisual, entre otros. Con todo, buscamos subrayar los flujos de intensidades, muchas veces en tensión, que producen la realidad del *Diseño social* en nuestro contexto.

El modo en que hemos ordenado las generosas contribuciones recibidas responde a esa intención: mostrarlo en su devenir no exento de diferencias, sobre todo en el transcurso de las dos primeras décadas del siglo XXI.

Iniciamos nuestro recorrido preguntándonos acerca de los límites y el carácter del *Diseño social.*

Guillermo Bengoa problematiza (una vez más) los modos de definirlo pasando revista a algunas de las preguntas, solapamientos y respuestas con una mirada inteligente, aguda, no exenta de ironía y escepticismo. Sus palabras son un excelente preámbulo que sin trazar líneas fijas, organiza fronteras permeables y porosas.

Los artículos que se suceden abordan partes de la temática desde miradas bien diferentes. Una invitada y un invitado europeos, **Raquel Pelta** y **Ezio Manzini**, adoptan posiciones complementarias, profundizando en modos específicos de incidir con acciones proyectuales. **Manzini**, de reconocida trayectoria en aras del diseño y la innovación, pone el acento en el necesario "monitoreo" de las acciones de innovación social, y propone una atenta y continua actividad de rediseño y de reorientación para evitar que, en nombre de la eficiencia productiva, desaparezcan los valores sociales iniciales. Por su parte en un lúcido artículo **Pelta**, también de reconocida trayectoria si de diseño social se trata, despliega las articulaciones y coincidencias entre el Diseño social y el Trabajo Social dedicándose específicamente a la búsqueda de instrumentos proyectuales adecuados para la acción de los trabajadores sociales.

En el plano local, **Pedro Senar**, **Marcelo Giménez** y **Alicia Romero** se centran en las características del diseño social latinoamericano, rastreando y exponiendo –de manera documentada y precisa– los modos en que se ha dado lo social desde la constitución del campo del diseño hasta las perspectivas sociopolíticas y tecnológicas contemporáneas.

Los cuatro artículos introductorios brindan un marco amplio a las experiencias específicas adelantadas por distintos actores en la Argentina.

Continuamos tomando nota de varias experiencias educativas significativas en universidades y otras instituciones.

Beatriz Pedro, desde su acción al frente del **Taller Libre de Proyecto Social** de la Facultad de Arquitectura, Diseño y Urbanismo (FADU-UBA), enfatiza la importancia de la interrelación entre los saberes académicos y los saberes populares como conocimiento compartido para la producción social del hábitat. La autora tensiona las lógicas dominantes de la formación universitaria en un enfoque social del diseño que tiene en cuenta la importancia de la acción profesional en intercambio con el territorio.

En esta línea de investigación, **Noelia Movilla** retoma el caso de la organización barrial "14 de Noviembre" en el conurbano bonaerense y cómo el TLPS acompañó a las familias afectadas por la emergencia habitacional, ideando en conjunto el proyecto de modulación flexible para el barrio presentado ante el municipio de la zona. También como integrantes del TLPS, **Lucas Giono** y equipo realizan una investigación acción en en las villas 20 (Lugano) y 31 (Retiro) de la Ciudad de Buenos Aires mediante lo que llaman "líneas vivas" una memoria visual realizada junto con los habitantes del lugar que rescata la historia y la identidad colectiva de estos asentamientos urbanos, en un momento de tensiones debido al debate generado por los proyectos de ley para urbanizarlas.

Desde la misma universidad, y con una experiencia de trabajo que se remonta a 1986, el **Centro Experimental de la Producción, Arquitectura y Tecnología Apropiada a la Emergencia** (CEP-ATAE), creado y dirigido por **Carlos Levinton**, vincula la investigación y la gestión de diseño con la producción sustentable y la acción participativa en el territorio. La problemáticas derivadas del cambio climático global, de la urbanización masiva o de la basura a gran escala son el escenario para imaginar ideas arquitectónicas y de diseño innovadoras, sustentables e inclusivas. En esta oportunidad, el Centro presenta el trabajo que realizan junto a la cooperativa **Nuevamente** y la **Asociación Civil Abuela Naturaleza** del partido de Morón. Se trata de modelos productivos de innovación en la transformación de residuos plásticos que fomentan la mejora del medio ambiente por un lado, y la inclusión social mediante microindustrias y talleres cooperativos, por el otro.

Desde la teoría feminista y los estudios de género **Griselda Flesler**, coordinadora de la Unidad de Género de la FADU-UBA, invita a reflexionar acerca de los modos en los que el diseño establece normativas sobre las relaciones sexo-genéricas en tanto habilita o vuelve impensables cuerpos, sentidos y representaciones culturales. Durante su gestión propuso intervenir un baño destinado solo a varones y transformarlo en un baño sin distinción de género "para todas las personas que quieran utilizarlo". La mirada con perspectiva de género sobre un espacio dado y la proyección gráfica de la señalética aportan al desafío de conciliar desde el diseño el respeto por la diversidad de identidades.

Bajo la temática específica Diseño social se celebraron en la misma Universidad dos encuentros de gran convocatoria. **Mabel López** se encarga de reseñarlos y describe los múltiples solapamientos que despuntan hacia un prolífero campo en construcción. En su desarrollo se centra en lo que considera dos propuestas provocadoras aunque bien diferentes entre sí. La primera es el trabajo de **Coco Cerella,** diseñador gráfico que trabaja dando talleres de "afichismo extremo" en contextos de encierro, en particular el Centro Universitario Devoto (CUD). La segunda es "Marcas que marcan, diseñar propósitos creando comunidad", proyecto de Jessica Oyarbide en el cual las marcas se vuelven sociales al definirse en un campo de acción específico: microemprendedores, ONG, cooperativas y empresas sociales que necesitan de identidad gráfica para ser competitivas en el mercado.

A continuación **Cerella** cuenta la experiencia de sus talleres de diseño en contextos de encierro, describe la metodología y expone en simultáneo algunos de los afiches realizados por sus estudiantes y otros de su autoría.

Mercedes Filpe presenta dos experiencias de otras universidades públicas. Una con **Sara Guitelman**, desde la Universidad Nacional de La Plata (UNLA), en la que estudiantes de Comunicación Visual trabajan junto con internos de la Unidad Penal de Olmos, en este caso asistentes al taller literario. La otra, en la Universidad del Noroeste de la Provincia de Buenos Aires (UNNOBA), junto a excombatientes de Malvinas. En ambas, el libro, objeto por antonomasia del diseño de comunicación visual, y en el caso de los excombatientes también el audiovisual, son las interfaces que permiten contribuir a la visibilidad y al empoderamiento de dos grupos vulnerables de nuestra sociedad.

A partir del seguimiento de cinco investigaciones realizadas en la Facultad de Arte y Diseño de la Universidad Nacional de Misiones (FAyD-UNaM) **Paula Siganevich** vincula de nuevo diseño con territorio y repasa los modos en que la innovación adopta una función social. Si bien las cinco "experiencias proyectuales" que analiza son distintas, todas asumen la existencia de una micropolítica de los mundos simbólicos y de las tensiones identitatarias como forma de legitimar un saber colectivo. De este modo, cada una propone una experiencia de innovación y de diseño estratégico dentro de la comunidad.

Otra propuesta desde la misma universidad la acerca **Richard Ángel Correa**, esta vez la denuncia del trabajo infantil en la cosecha de yerba mate –una de las mayores actividades productivas de la provincia misionera– proyecta cómo las herramientas del diseño gráfico pueden intervenir en la práctica política y social.

En otro orden institucional y geográfico, el del Gobierno de la Ciudad de Buenos Aires, se distingue la experiencia del Centro Metropolitano de Diseño en momentos de la crisis del 2001. En su artículo, **María Sánchez**, presidenta del Fondo Nacional de las Artes, presenta con colores vivos y tintes biográficos, la experiencia de "Contenido neto, una propuesta de neto contenido social". Esta propuesta convocó a diseñadores industriales con intuición y sensibilidad por lo social, conocimientos tecnológicos y estrategias proyectuales, a involucrarse en una realidad social de crisis con el fin de brindar propuestas de diseño que aporten soluciones estratégicas.

Las formas de implicarse en lo social también se multiplicaron por fuera de las instituciones educativas. Finalizamos así este recorrido ondulante con un último apartado: experiencias de corte más personal que van desde los servicios de diseño, los proyectos autorales independientes y los colectivos autogestionados, hasta las propuestas más activistas.

La gestión de diseño industrial con un primerísimo primer plano puesto en la mejora del medio ambiente y la inclusión social es el objetivo del diseñador industrial **Pablo Bianchi** y del colectivo **Proyecto Mutan**. Según **Bianchi** las potencialidades del diseño como pensamiento proyectual (*design thinking*) posibilita al diseño industrial trascender el objeto hacia otros ámbitos complejos de la sociedad, es decir, un diseño en expansión cuyo vector más potente es la transformación positiva de la realidad; en ese sentido avanzó la definición estratégica del proyecto para la Cooperativa Creando Conciencia. Por su parte, **Proyecto Mutan** diseña objetos a partir del reciclaje de plástico postconsumo innovando también en la tecnología necesaria para producirlos.

En el caso de la **Cooperativa de Diseño**, seis mujeres autogestionan el estudio con sede nada menos que en la fábrica recuperada IMPA. Movilizadas por el trabajo colectivo con intereses comunes y perspectiva de género, realizan proyectos integrales de diseño industrial, gráfico y audiovisual. En esta oportunidad comparten el trabajo realizado junto con las mujeres artesanas qom de J. J. Castelli, Chaco.

En cuanto a la especificidad de lo gráfico propuestas variadas, haciéndose eco de problemáticas muy actuales, sistematizan una mirada sobre lo social sosteniéndose en una franja de demanda que va desde los derechos humanos hasta el arte, desde la música hasta los medios de comunicación alternativos, desde la educación hasta el cuidado del medioambiente.

Encabeza este espacio, un invitado de lujo: **El Fantasma de Heredia**, uno de los decanos argentinos en diseño social. En la tradición de Ne pas Plier y el afiche polaco, el colectivo con acentos propios, ocupa un lugar central tanto en foros nacionales como extranjeros. Sus producciones, vinculadas siempre al ámbito de la defensa de los derechos y la cultura, han influido notablemente en las generaciones más jóvenes.

Estudio dosRíos al vincularse con proyectos culturales, educativos y de investigación acción para el desarrollo humano asume la reflexión gráfica en la escucha mutua, el análisis del contexto y sus prácticas.

Fabián Trigo, formado en el campo corporativo de alta competencia, enfoca parte de su trabajo a lo que adhiere en llamar "diseño como factor de cambio", eligiendo las metáforas poéticas como acercamientos sensibles a las problemáticas sociales. Con proyecto PATRØN acciona en los reveses de la industria de la moda y de la publicidad: la gran saturación de imágenes a las que nos tiene acostumbrados ¿qué nos impide ver?

Fuera del ámbito de la Ciudad de Buenos Aires aparecen tres propuestas bien diferentes. Con la declamación propia de un manifiesto, **ÓITA la Cooperativa** propone desnaturalizar la tradición del diseño y hacer oír a aquellos otros y otras de los barrios vulnerables de Misiones.

Agustina Cosulich, diseñadora marplatense, encuentra en el afiche y sus formas específicas de circulación un lugar donde trabajar temáticas sociales, en este caso busca concientizar sobre la violencia de género.

Y **Juan Carbonell**, diseñador e ilustrador radicado en Merlo, San Juan, trae a la mesa el fanzine "La Morcilla, Embutido Cultural Serrano". Un embutido cultural local que aporta la ironía gráfica y vuelve irreverente la mirada social.

En línea con las ediciones artesanales, aunque de nuevo en el ámbito de la Ciudad de Buenos Aires, **Mancha de Tinta** apuesta por el trabajo de diseño, la impresión y la encuadernación manual, definiéndose como un proyecto editorial y educativo inclusivo.

Las ediciones limitadas de cuadernos temáticos artesanales incorporan en su producción el trabajo de personas con discapacidad comprometiéndose a su vez con el rescate en la era digital de las prácticas ligadas a los orígenes de la imprenta y del libro.

Por contraste, los dos artículos siguientes se ocupan justamente de las producciones que a comienzos de los 2000 supieron potenciarse con la irrupción de la tecnología digital, Internet y las redes sociales. Ambos artículos se centran en un tipo de activismo –audiovisual o gráfico respectivamente– que aparece en las calles al tiempo que se retroalimenta con el accionar de los usuarios en la web. **Anabella Speziale y Damián Zantleifer** consideran una serie de obras de videastas y estudian cómo las imágenes audiovisuales trabajan en espejo con los acontecimientos de su tiempo (de nuevo aparece en el centro la crisis de 2001) devolviéndoles la distorsión necesaria para provocar la reflexión. Van de las acciones que luego de su registro se viralizan a aquellas que surgen del centro de la cultura digital, es decir, nacidas y diseñadas para ser virales como el caso de los videojuegos.

Por su parte, **Ignacio Ravazzoli** estudia las manifestaciones gráficas de la comunidad que se organizó en defensa de la universidad pública y convergió en el movimiento UBA de Pie. Desentraña cómo la construcción colectiva constante entre las calles y las redes le dio al movimiento horizontalidad, visibilidad y reivindicación social.

De vuelta a las calles, y al calor de esta revitalización, el espacio público acogió así propuestas muy diferentes, muchas realizadas de forma independiente, entre la práctica artística, el diseño y el activismo político.

Nazza, con tono confesional y a la vez anónimo, cuenta que es un convencido de dejar su impronta en las paredes de la ciudad, ese espacio común por el que transitamos. Mediante la técnica de la plantilla (esténcil), encuentra el modo de expresarse y hacerse oír en áreas tan disímiles como el conurbano bonaerense, una estación de subte en la Ciudad de Buenos Aires o en una pared de la Favela da Maré, en Brasil.

Otro caso, el del colectivo **Chuneo Padilla**, expresa también un cruce entre disciplinas, el diseño, el activismo y en especial la tradición plástica del muralismo para dejar su impronta en las paredes. Sus trabajos y acciones, si bien suelen ser improvisadas, recombinan temas sociales como reivindicación de derechos, manifestaciones populares, rebeldías, con distintas técnicas del muralismo tradicional.

Para finalizar, nos detenemos en dos propuestas gráficas que, cada una a su modo y con su estilo, implementan en sus producciones la metodología de taller para abrirse a la comunidad y hacer partícipes de sus creaciones a muchas personas. **Onaire** a partir de lo que el grupo llama "guiso gráfico", una reversión local y ampliada del famoso collage francés. En esta oportunidad es **Natalia Volpe**, una de sus integrantes, quien relata la experiencia del gran guiso que realizaron junto a niños y niñas en tratamiento oncológico, familiares, médicos y personal del Hospital de Pediatría Garrahan. **Iconoclasistas,** a partir de lo que llaman técnica de mapeo colectivo, una reversión particular de la técnica cartográfica que busca subvertir los sentidos culturales dominantes. Mediante esta técnica incorporan los saberes y las experiencias de poblaciones afines, posibilitando la construcción de nuevos relatos y mapas críticos, en este caso, presentan el mapamundi ¿A quién pertenece la tierra?

Con ellos concluye nuestro libro que representa apenas un mínimo porcentaje de las acciones que se desarrollan a lo largo del país. El recorrido propuesto puede considerarse un hilo conductor que ofrezca una posible lectura de esas experiencias, de las superposiciones e interacciones posibles que surgen entre pensamiento, teoría y práctica proyectual con fines sociales y que en definitiva construyen, en sus solapamientos, la realidad del *Diseño social*, un campo ambiguo desde su definición.

No quisiéramos quitarle su carácter de miscelánea.

Al contrario, lo presentamos como un conjunto de materias que pueden parecer inconexas (desde la protesta activa hasta emprendimientos productivos, desde las tesis de maestría a las intervenciones barriales) y que sin embargo, ocupan un espacio en el campo del *Diseño social*. Estos movimientos aun en su carácter de miscelánea muestran, como mencionábamos al comienzo, señales que sirven para releer las reconfiguraciones del cuerpo social local, pero también las reconfiguraciones a una escala mayor. Son muchas y variadas las preocupaciones que en estos tiempos se vuelven cada vez más urgentes.

En su interior podemos perfilar voces que recuperan, remozan, reduplican las líneas clásicas del diseño social en el espacio delineado por Paris Clavel o Papanek. A su lado, asistimos al despliegue de una proyectualidad compartida donde se ponen en juego las complejidades de la interacción cultural, de las distintas experiencias y saberes socializados en el territorio, de las relaciones de género, de la incidencia de las nuevas tecnologías. Esta mirada supone un cambio en la consideración de los actores: ya no se trata de profesionales quienes poseen el saber ilustrado y lo ponen en práctica o lo llevan a la comunidad, sino que en el mismo proceso de diseño interactúan y se valorizan los saberes locales, los saberes de los usuarios. Esto da cuenta del pasaje de una proyectualidad objetual a otra situacional: el proceso de diseño trasciende la resolución específica del objeto en pos del desarrollo de una situación integral.

Si en la actualidad el diseño impregna cada vez más los modos de vida, ambientes, imaginarios y subjetividades, cada vez más aparece la pregunta por la responsabilidad social que eso implica. Hasta aquí, estas misceláneas buscan dar cuenta de cómo el diseño bajo una perspectiva sociopolítica y tecnológica propia de América Latina, opera en la cultura y forma parte de los procesos de transformación social, orientándose a mejorar las condiciones de vida de las personas, los colectivos y las comunidades.

I

ARTÍCULOS TEÓRICOS

Diseño social,
buscando otras formas de definirlo

GUILLERMO BENGOA

En *Cosmópolis*, libro que tiene casi treinta años pero sigue siendo valioso, el filósofo inglés Stephen Toulmin plantea la hipótesis de que la modernidad empieza casi un siglo antes de lo normalmente aceptado, situándola a fines del siglo XVI con Michel de Montaigne y no a principios del siglo XVII con Descartes. Lo anterior le permite argumentar que este segundo inicio de la modernidad en realidad perdió algunos de los atributos centrales del primero, entre ellos la tolerancia. Dice Toulmin que con Descartes se abandona un modo de filosofía más práctica, centrada en tiempos cortos y casos locales, para adoptar un estilo de pensamiento que apoya la certeza total, olvidando el caso específico y el contexto y apostando a los principios y definiciones universales.

¿Por qué empezar a hablar de diseño social con esta referencia? Porque persistimos en el error de buscar definiciones universalistas. Propuestas que sirvan para todo el mundo y rótulos como "diseño social" tampoco nos permiten dar respuestas. Por ese camino hemos venido perdiendo riqueza de puntos de vista y sobre todo la posibilidad de dar soluciones.

Tanto la normalización y la estandarización propugnada por la Revolución Industrial de la mano del capitalismo como la rebelión planetaria impulsada por el marxismo ("Proletarios del mundo, uníos", escribían Marx y Engels en 1848) necesitan definiciones universales, absolutas, para ser efectivas. Sin embargo para encontrar respuestas a los problemas actuales del mundo, esa fórmula universal ha demostrado enormes limitaciones, por lo cual se propone intentar acercamientos diferentes, múltiples. Intentaré en este escrito buscar distintos métodos de definición sobre *Diseño social*, en el empeño de llegar a soluciones.

De lo general a lo particular

Una definición si no universal sí bastante amplia, sería decir que *Diseño social* es todo aquel cuyo principal objetivo no es la rentabilidad, lo que no quiere decir que no la tenga, sino que no va a subordinar otros aspectos como la duración, la ergonomía o el cuidado del ambiente a la ganancia. Se hace difícil, sin embargo, transformar esa definición en operativa. ¿Cuánto sería el precio razonable de un producto, más allá del cual deja de ser social?, ¿cuál sería la ganancia justa para una empresa, que implique el costo del diseño pero no el del *styling* y la publicidad?, ¿cómo establecer hasta qué punto el costo de un producto lo hace apto para que lo use mayor cantidad de gente?, ¿de qué manera se separa el altruismo del negocio?

Pasó con varias iniciativas de diseño: la computadora que tenía que costar 100 dólares y funcionar a manija, propulsada por N. Negroponte a través de su proyecto OLPC (*One Laptop per Child*) nació en el 2007 con amplio apoyo de varias empresas, entre ellas la poderosa Microsoft. Pero de a poco, al ver que no podían hacer grandes negocios con esta iniciativa, las corporaciones fueron retirando su apoyo y en el 2014 Negroponte anunció el cierre del proyecto, que sólo permaneció con sus características originales en pocos países. El punto de inflexión posiblemente haya sido la negativa del proyecto a usar productos de Windows.

Es importante sin embargo tener en cuenta que en este caso se podría hablar de diseño social con igual énfasis en las dos palabras, ya que el producto original del proyecto OLPC realmente implicaba un diseño, tanto de *hardware* como de *software*, de uso y producción de la energía, original, novedoso, distinto a lo planteado en las laptops tradicionales. Esto deja afuera –aunque pueda ser interesante exclusivamente desde lo social– algunos casos de acceso masivo a computadoras, como el caso de Argentina. Allí se desaprovechó una enorme oportunidad (más de tres millones de computadoras entregadas por el Estado a niños y jóvenes en edad escolar) usando máquinas convencionales, caras, y programas de

Microsoft. Este problema no fue exclusivo de Argentina, en varios países donde se repartieron computadoras gratuitas a los alumnos, se trabajó con máquinas tradicionales y programas comerciales.

Hablando de *software*, este ítem tal vez sea el más dinámico en la discusión sobre un posible diseño social definido sobre la base de que su objetivo no sea exclusivamente el lucro: el *software* libre, simbolizado por Linux, está librando una de las luchas más importantes que definirán si el mundo de los próximos años es más parecido al de Bladerunner con las megacorporaciones dominando el planeta o alguna de las utopías libertarias del siglo pasado, o incluso del anterior, como la novela *Noticias de Ninguna Parte* de William Morris, uno de los padres canónicos del Diseño.

El hecho de que el propio capitalismo se esté planteando la necesidad de reformular el objetivo exclusivamente pecuniario de algunas empresas (como las llamadas "empresas tipo B") indicaría que las restricciones al afán de lucro pueden llegar a venir desde un lugar inesperado. No sería la primera vez que sucede: las leyes antimonopolio creadas en EEUU a partir de fines del Siglo XIX pusieron freno, desde el corazón del sistema, a la concentración empresarial que en ese momento parecía inevitable.

Diseño social y modo de producción

Otra manera posible de definir el *Diseño social* es el modo de producción de ese diseño. Las condiciones en las cuales trabajan los obreros, ¿son parte de la definición de *Diseño social*? Si el diseño de un aparato para extraer agua en regiones desérticas de países pobres es fabricado con obreros en semi esclavitud, ¿sigue siendo *Diseño social*? En ese sentido, parece que a la concepción profesionalista o meramente proyectual del diseño industrial habría que ligarla con otras herramientas, por ejemplo las relacionadas con el "comercio justo", una práctica que intenta asegurar que a los productores de artículos les llegue la mayor cantidad posible de dinero, evitando la acumulación de eslabones innecesarios y explotadores en la cadena de valor.

Explorando por ese lado, podríamos empezar a pensar un *Diseño social* en el cual los productores sean también los consumidores, apareciendo la nueva figura de "prosumidor" que amplía considerablemente la idea de diseño participativo que durante algunas décadas del siglo pasado iluminó la posibilidad de un diseño alternativo, un diseño social definido así por quien lo produce para sus propias necesidades. El prosumidor es quien mejor conoce cuáles son sus problemas y como optimizar los recursos.

Una visión alternativa posible del *Diseño social* basada en el modo de producción aparece con las nuevas prácticas colaborativas o de codiseño, basadas en un alto porcentaje en las posibilidades de internet. En algunos campos, como el diseño biomédico, las expectativas son prometedoras, como lo demuestra la plataforma de diseño colaborativo Open Biomedical Alternative, una iniciativa mundial sin fines de lucro dedicada a la elaboración y distribución de ayuda y accesibilidad a la salud.

El criterio de un diseño específicamente estatal pero de un estado socialista, por otro lado, tuvo su breve punto más alto en Chile entre 1968 y 1973, por un equipo entre los que estaba Gui Bonsiepe, proveniente de la Escuela de Ulm, experiencia que terminó violentamente aniquilada por la dictadura de Pinochet.

Diseño social como recuperación de antigua prácticas sociales con nuevas formas tecnológicas

Empecemos por otro lado: una de las versiones posibles del diseño sustentable (que hemos sostenido en otros artículos) dice que ese diseño sustentable vigente a principios del siglo XXI no sería más que recuperar las prácticas de ahorro, austeridad y eficiencia de nuestros abuelos. Siguiendo con la analogía, el diseño social como lo plantean algunos pensadores europeos actuales podría definirse como una variación de las prácticas comunitarias que tenía nuestra sociedad hasta hace pocos años (y que sigue teniendo en muchas partes de Latinoamérica), pero esta vez mediadas y fortalecidas por la tecnología. Si tomamos esta idea, sería hasta contradictorio llamar "innovación social" solamente a recuperar las nociones de solidaridad y los vínculos de ayuda mutua que tenían vastos sectores de la sociedad, sobre todo de los más humildes, hasta hace pocos años.

De todos modos, esta versión del diseño social que utiliza a la tecnología para optimizar las relaciones comunitarias –desde compras colectivas a prácticas de alojamiento colaborativo– es una variación interesante, posible y cercana hacia un mundo un poco más humano. Aunque también aparece el problema de la cooptación del modelo por el capital: así, el sistema Uber de alquiler de autos no es más que una variación empresarial del uso compartido de vehículos (*car-sharing*) que había nacido como un caso de innovación social.

A pesar de la crítica, remarco la potencialidad de esta vertiente. Al plantearse como un sistema alternativo dentro del sistema actual, pero no como antisistema, permite ocupar las hendiduras que siempre existen, de alguna manera a la manera de J. Holloway y su teoría de "cambiar el mundo sin tomar el poder". Al basarse más en la innovación social que en el diseño, tal vez sea interesante en varios sentidos, disminuyendo el ego y el protagonismo del diseñador tal como la había tenido en el siglo XX. La disolución del diseñador como triunfo del diseño.

Definiendo caso por caso: para quién se trabaja

Otra manera sería definirlos por extensión, como diría un matemático: nombrar todos los casos de diseño social. Como esto es imposible, se puede intentar hacerlo mediante ejemplos: diseño social es, a veces, un carrito para mejorar el trabajo de los recolectores informales de residuos, si eso va acompañado de un trabajo con los propios recolectores para fortalecer su organización social, escuchar sus propuestas para el carrito y mejorar sus condiciones de negociación con intermediarios. Pero puede no serlo si significa exprimir de mejor manera su sudor para que otros aumenten su plusvalía. Diseño social puede ser aumentar la cantidad de veces que se puede utilizar un producto masivo, como una afeitadora o una lapicera descartables. Pero puede no serlo si va acompañado de un aumento excesivo de precio que lo transforme en un objeto de lujo. Diseño social puede ser una zapatilla que se adapta al crecimiento del pie de un chico africano, si es solamente un paréntesis hasta que todos los chicos del mundo puedan tener zapatillas, pero puede no serlo si seguimos en el mismo mundo fabricando zapatillas de alta gama que salen cien veces lo que sale la zapatilla extensible

La historia de otra disciplina proyectual, la arquitectura, puede dar un indicio de hasta qué punto el adjetivo social no alcanza para definir lo que, intuitivamente, queremos abarcar. A principios del siglo XX se escriben varios manifiestos arquitectónicos que hablan de la arquitectura como un arte social. La experimentación tipológica se hace visible en el caso de la vivienda social en la exposición de vivienda en Stuttgart de 1927, donde concurren y construyen los mejores arquitectos europeos del momento. Esta serie de inquietudes se plasma en el segundo Congreso Internacional de Arquitectura Moderna, los famosos CIAM de 1929, a través del concepto de vivienda mínima (*existenzminimum*). El *slogan* implicaba la búsqueda de nuevas tipologías de vivienda, empeñadas en conseguir el confort máximo con parámetros económicos mínimos.

Si bien por un lado esto dio lugar a muy valiosas investigaciones tipológicas, de experimentación constructiva y organizacional, luego del intervalo forzoso de la Segunda Guerra Mundial el concepto de *existenzminimum* es vaciado de su contenido social, en el sentido de construir para los sectores de menores ingresos, y las investigaciones son utilizadas para que las grandes empresas constructoras, en especial en EEUU, saquen la mayor renta posible del suelo. Volviendo a la idea central de este parágrafo, un mismo diseño podría ser diseño social si es apropiado por sectores desposeídos y no serlo si sirve para engrosar las arcas de una corporación

Diseño social como posibilidad de acceso a bienes y servicios

La anteúltima definición que proponemos de diseño social se relaciona con la posibilidad de que, a través de diseños cada vez más eficientes, masivos y baratos, todas las personas tengan las mismas posibilidades de acceso a una cartera mínima de bienes y servicios. Esta definición se solapa con la casuística de alguna de las anteriores, porque el caso de las computadoras para los chicos de países pobres podría encuadrarse en este caso. Sin embargo, en otros aspectos es más amplia: permite incluir todo lo que es accesibilidad para capacidades diferentes, y no solo para la demanda solvente, sino para todos. En general todo lo que es diseño para estos casos es muy caro: prótesis y ortesis demandan ingentes esfuerzos económicos, tanto de los particulares como de las obras sociales. Esto se amplía a multitud de casos que no son exclusivamente médicos, pero que lo rondan: Papanek en su libro más famoso insiste a través de cientos de ejemplos en que la suma de todas las minorías que tienen algún tipo de problemas –de locomoción, visuales, de audición, por enfermedad o simplemente por ser demasiado chicos o demasiado grandes de tamaño, o demasiado jóvenes o demasiado viejos– hacen una inmensa mayoría de gente que no se encuentran abarcados por el Diseño tal cual se produce ahora y que merecen algún tipo de diseño social, aunque Papanek lo llama Diseño a secas.

La falta de accesibilidad en nuestro sistema también podría deberse a dificultades económicas, y en ese sentido, el Diseño en general durante las últimas décadas parece haber ido en un sentido contrario a un *Diseño social*. Henry Ford buscó y logró en pocos años bajar el costo de su Ford A de 5000 a 500 dólares. Unos años después, en las décadas de 1950 y 1960 aparecen autos económicos, pensados para que una clase media baja pudiera acceder a la locomoción motorizada. Así nacen el Mini Cooper, el Volskwagen escarabajo, el Citroen 2cv, el Fiat 500 (600 en Argentina) entre otros. Pero en el siglo XXI, las versiones con el mismo nombre y aspecto físico exterior no solamente no son innovativas desde el diseño (por ejemplo, el Volskwagen deja su ingenioso motor trasero enfriado a aire por un tradicional motor delantero con radiador de agua) sino que son muy caros, destinados a una clase alta que se recrea en la moda vintage. Los más recientes experimentos en el sentido de un auto popular, barato, como el Tata Nano, no han dado resultados. Hoy día el papá de Mafalda no podría acceder a un auto, tomaría el Metrobús.

Diseño social desde las facultades y los diseñadores

Como provengo de la universidad no puedo dejar de decir que estamos atrasados como institución en el trabajo de lo que, genéricamente y en cualquiera de las definiciones que hemos hecho, podemos llamar *Diseño social*.

Existen en todas las universidades alternativas valiosas, grupos de investigación o extensión que trabajan en esa brecha, cátedras que ponen a los alumnos a resolver los problemas urgentes de nuestra sociedad desde el punto de vista del diseño. Pero la corriente principal sigue siendo la de un diseño visibilista, con notoria influencia del mercado, donde el estudio de las tendencias de moda es mucho más frecuente que el de las necesidades de la población. Enorme tarea tenemos en este campo si queremos estar a la vanguardia del cambio.

El cambio es el último punto que quiero abordar. Un cambio al sistema de consumo vendrá, necesariamente, porque el actual modo de producción no soporta el aumento de la demanda que el propio sistema provoca, ni aun con una optimización de las tecnologías. La aparición de tecnologías disruptivas, el agotamiento de los recursos naturales, el incremento de catástrofes ambientales causadas por el cambio climático, la creciente conciencia de sectores pequeños pero influyentes de la población sobre estos problemas son una combinación que muy probablemente empuje estos cambios. Tampoco creo que la solución venga desde una propuesta maximalista: si bien es atractiva desde un punto de vista intelectual sentimental, las opciones de un viraje absoluto a nuestro modo de vivir, como podría ser la propuesta indigenista del "buen vivir", la consideración de la Tierra como Pachamama, o aun el concepto de Schumacher de una economía budista parecen alejadas de la posibilidad de realización. ¿De dónde vendrá el cambio entonces?

Tal vez de un camino intermedio, que no implique la dilución del individuo en la comunidad –experimento andino comunitarista– sino de una ampliación de las responsabilidades individuales, de una deontología del diseño que incorpore los intereses de la comunidad, la creación de un *Diseño social* centrado en las necesidades reales y no en los intereses pecuniarios. Emily Pilloton en su libro *Revolución del diseño* plantea una especie de nuevo contrato social en ese sentido, que ella llama "el apretón de manos del diseño" Un compromiso entre la actuación individual y la *perfomance* colectiva. De alguna manera, retomando la discusión del primer párrafo sobre el origen de la modernidad, me parece que *Diseño social* puede definirse para los diseñadores con una versión proyectual del imperativo categórico kantiano: diseña de manera que te guste, quieras y puedas usar lo que has diseñado, y no el producto estilizado, caro y con obsolescencia programada que pide el mercado.

I

Volver normal lo excepcional
La innovación social en su madurez: formas de normalidad transformacional
El habitar colaborativo como ejemplo

EZIO MANZINI

Traducción al español: Claudio Guerri

Extracto del libro: Rendere normale l'eccezionale.
L'innovazione sociale nella sua maturità: forme di normalità trasformativa.
L'abitare collaborativo come esempio.
Ezio Manzini, DESIS Network - Elisava-Barcellona - Politecnico di Milano
18.12.2017 (2242 paorle)

Hasta ahora, las discusiones sobre la innovación social y el diseño de la innovación social se han centrado principalmente en la fase inicial, y a menudo "heroica", de los procesos innovadores. Más de diez años después del comienzo de esta discusión, frente a un panorama que ha cambiado mucho mientras tanto, debemos observar más de cerca la evolución de estas ideas y las buenas prácticas que siguieron, y analizar adónde la evolución los ha traído y cuál es el valor de las nuevas formas que han asumido. Y, en lo que se refiere al diseño, cuáles son las nuevas responsabilidades que se abren y las nuevas habilidades que se requieren.

De todo esto, en el artículo que sigue tomaré en consideración una sola cuestión: la posibilidad, muy positiva, de que en su evolución las ideas innovadoras lleven a la realización de lo que llamaré una "normalidad transformativa".

Trayectorias de innovación social

Toda innovación social parte de un grupo de personas, una comunidad creativa, que inventa y realiza nuevas formas de ser y de hacer. Entonces, si la idea que estas personas han imaginado y realizado es buena, puede evolucionar, pasando de la fase heroica inicial a la de madurez, en la que la propuesta se hace accesible a un público más amplio y menos comprometido. Eso es para las personas que lo adoptan en su vida diaria normal. Para argumentar acerca de estas afirmaciones, tomaré como referencia el campo del habitar y, en particular, el del habitar colaborativo (pero obviamente, se podría hacer un razonamiento similar para todos los ámbitos de la vida cotidiana en los que la innovación social en los últimos años ha tenido un cierto rol: de la nutrición a los servicios de cuidado personal, del verde público a la movilidad).

La expresión habitar colaborativo se refiere a una forma de vivir el hogar, el barrio y la ciudad que incluye compartir espacios y servicios en un marco de autoorganización, ayuda mutua, amabilidad y buena vecindad. La idea podría parecer absolutamente obvia: en todas las culturas vivas, en todas las edades, los seres humanos han creado formas de convivir, compartir y colaborar. Por lo tanto, para hacer esto, no debería ser necesario implementar habilidades proyectuales específicas.

Sin embargo, si hoy esta idea se propone como un terreno para la innovación social, y sucede gracias al compromiso de considerables habilidades proyectuales, es porque algo ha sucedido en la sociedad moderna que hace que esta obviedad de la colaboración ya no exista. Hoy, una mezcla de ideas sobre el bienestar (la búsqueda de la libertad individual y la privacidad), las condiciones demográficas (la crisis de las familias, el envejecimiento de la población), las modalidades de trabajo (precariedad y desempleo), la percepción del tiempo (que siempre parece insuficiente), la organización física de los lugares (que no ayudan a la reunión), de la sensación de inseguridad (que lleva a la segregación por miedo a los demás) tiende a producir formas de vida caracterizadas por un creciente aislamiento y pérdida de la capacidad de colaborar. El resultado es que la tendencia dominante es hacia un habitar solitario tecnológicamente asistido: una vida aislada, respaldada por servicios y redes sociales virtuales. Por otro lado, esta vida aislada asistida por dispositivos tecnológicos no es suficiente para responder a muchos de los requerimientos prácticos, psicológicos y culturales de las personas. No solo eso. No crea la cohesión necesaria para evitar que frente a las incógnitas y los desastres del presente, las personas aisladas se vean dominadas por el miedo. Por esta razón, y afortunadamente, la vida solitaria de la que ahora he hablado ha sido cuestionada por formas radicalmente diferentes de hacer y pensar que llevan a redescubrir el valor de la colaboración y encontrar la manera de ponerla en práctica. Estas actividades son la base sobre la cual nacen las prácticas innovadoras del habitar colaborativo, que consideramos aquí y que son a todos los efectos el resultado de la implementación de considerables habilidades proyectuales.

El caso de la vida colaborativa

La historia del habitar colaborativo, en el sentido que le estoy dando a este término, comienza con las ideas y las prácticas nacidas en Europa y en los Estados Unidos a fines del siglo pasado. Definir este punto de partida es útil para marcar las diferencias con las formas del habitar comunitario que han existido durante siglos en todas las sociedades premodernas (en las cuales la colaboración era definida en su naturaleza y en sus formas por la tradición y sus convenciones). La vida colaborativa a la que nos referimos aquí surge de una elección y vive en el cuidado continuo de su buen funcionamiento. Pero la historia de la vida en colaboración también es diferente de otras formas de convivencia, intercambio y colaboración como, por ejemplo, las comunas jipis estadounidenses de los 60 y los kibutz en Israel. De hecho, más allá de algunas similitudes superficiales, las comunas jipis y los kibutz, en su evidente diversidad, eran ambas formas de convivencia construidas sobre fuertes ideologías. Su fundamento era el juicio ético o político de que era correcto vivir juntos, compartir y colaborar. Habiendo hecho de esto una opción básica, el proyecto de vida que llevó a estas prácticas fue la consecuencia necesaria.

El habitar colaborativo del que estamos hablando hoy no es así. Hoy en día el punto de partida es un acuerdo práctico en el marco de una idea, abierta, y deliberadamente no bien definida, de buena vecindad y de cooperación: un grupo de individuos y familias discuten la mejor manera de vivir compartiendo algunos servicios y estableciendo buenas relaciones entre sí. Si lo hacen es porque, de alguna manera, les viene bien la idea de vivir en vecindad y compartir algo. Sin embargo, la elección práctica de qué hacer juntos y cómo hacerlo es la elección decisiva. Es la que rige toda la propuesta y de la que también deriva el sentido social y cultural de lo que se está haciendo.

En otras palabras, mientras que las comunas jipis y los kibutz eran, en diferentes contextos, casos emblemáticos de proyectos de vida impulsados por ideologías fuertes (que también produjeron comunidades basadas en fuertes convicciones ideológicas), el habitar colaborativo se propuso desde el principio como un modo inédito de diseñar su propia vida y que ha producido formas sociales igualmente inéditas: las comunidades sustancialmente posideológicas del siglo XXI, entendidas como espacios de oportunidad para conversaciones pragmáticas acerca de lo que se quiere y se puede hacer juntos. Para abordar esta cuestión, me referiré a un programa de investigación proyectual desarrollado por DESIS Lab del Politécnico de Milán, en colaboración con otros socios, que comenzó hace más de 10 años y que, en diversas formas, aún está en marcha con diferentes líneas de acción y diferentes actores sociales como protagonistas. La primera fase de este programa se ha centrado en *cohousing*: grupos de familias que, independientemente, deciden vivir cerca, compartiendo espacios y servicios, planificando autónomamente las reglas de su convivencia y su relación con el vecindario y la ciudad.

Del activismo social a la normalidad transformacional

Como en muchos otros casos de innovación social, las experiencias iniciales de *cohousing* en la segunda mitad del siglo pasado fueron el resultado de las acciones de las comunidades creativas mencionadas anteriormente. Es decir, en este caso, se trataba de grupos de personas muy motivados no solo por lo que se refiere al valor práctico del habitar colaborativo, sino también por lo que podrían ser sus implicaciones sociales y ambientales. Es gracias a la fuerza de estas dos motivaciones que, frente a todo tipo de dificultades, han tenido la capacidad de inventar nuevos modelos de vida y realizarlos. Al hacerlo, también han activado un proceso innovador de un alcance más amplio. De hecho, al hacer visibles y tangibles las ventajas que podría traer la vida colaborativa, ampliaron el público potencialmente interesado. Esto, a su vez, también ha llevado a buscar soluciones que sean más fáciles de adoptar y, por lo tanto, factibles incluso para personas con menos tiempo y energía para invertir en esta actividad. Al mismo tiempo, los responsables de formular políticas y las empresas han comenzado a reconocer el valor social de estas formas de vida y su correspondencia con las necesidades concretas de las personas, y han creado los entornos normativos y económicos más adecuados para hacerlas posibles. En síntesis, las ideas iniciales evolucionan progresivamente en la dirección de una mayor accesibilidad al producir una forma de *normalidad transformacional*: un habitar colaborativo que se ha vuelto normal para quienes lo practican en el contexto en el que se encuentra. Sin embargo, lo que queda es una forma de vida radicalmente diferente de la que todavía se propone en la mayoría de los otros contextos habitacionales.

La intervención del equipo de proyecto DESIS, Laboratorio del Politécnico de Milán, puede verse como uno de los agentes que han trabajado en esta dirección. Eso ha permitido que estos modelos de habitabilidad, el *cohousing* en particular, sean más accesibles y, por lo tanto, extensibles a un mayor número de personas, manteniendo una buena parte de los valores sociales y ambientales que han caracterizado las ideas iniciales del *cohousing*. Más precisamente, el tema del proyecto implementado llevó a la creación de un "*cohousing* asistido": un *cohousing* en el que, gracias a la creación de varias comunidades, equipos de expertos de apoyo, plataformas digitales, herramientas de *codesign* y coproducción de servicios (que en su conjunto se definen a sí mismos como el ecosistema habilitante), son más fáciles de desarrollar los proyectos de vida individuales de los diferentes participantes, se entrelazan entre sí y producen formas de colaboración que de otra manera hubiera sido difícil lograr.

Madurez de la innovación y opciones de diseño

Esta convivencia, que en su madurez se presenta en forma de una normalidad transformadora, es un caso emblemático pero no aislado: hoy, en diferentes ciudades del mundo, ya no es necesario ser un activista social para utilizar un servicio de *coworking*, para trabajar unas horas en el jardín del vecindario y para usar un servicio de *carpooling*. Sin embargo, las personas y familias que lo hacen, con sus elecciones, con la habitualidad de sus acciones, están revolucionando las ideas dominantes sobre cómo las actividades y los servicios a los que se refieren pueden ser planificados y gestionados. Y esto está generando nuevas formas de vida y espacios inéditos en los que esto puede suceder.

Sin embargo, las cosas no siempre salen como hemos descripto. En el camino hacia la madurez, las ideas y prácticas originales también pueden seguir diferentes trayectorias y evolucionar perdiendo, o incluso traicionando definitivamente, las motivaciones que las generaron y la calidad social que, con la idea inicial, habían producido. Siguiendo con el tema del habitar, observamos que, frente a casos positivos como los mencionados anteriormente, hay otros que han evolucionado en la dirección opuesta, como colocar la propuesta de servicios compartidos en una perspectiva totalmente comercial y con personas que, en el nombre de una idea malentendida de seguridad y/o de *status*, se autorrecluyen en áreas residenciales valladas y protegidas. Y al hacerlo ponen en práctica formas de vida que son la total negación de la idea original del habitar colaborativo.

Los barrios protegidos son un claro ejemplo pero, desafortunadamente, no el único. Hay muchos casos de innovaciones sociales que, avanzando hacia la madurez, han perdido el valor social que inicialmente los caracterizaba. Piénsese en la transformación que tuvo lugar en lo que generalmente se llama la *sharing economy* que ahora es un término ambiguo y que también contiene grandes empresas globales, expresiones del neoliberalismo más extremo. Me refiero a lo que también se llama *platform economy* (inclusive Uber, TaskRabbit y Airbnb, para citar los nombres más famosos y discutidos) que, como sucede hoy, producen una enorme riqueza para quienes manejan estas plataformas digitales, y crean trabajo casual, precario y sin perspectivas para aquellos que los utilizan como una herramienta para su sustento.

Una nueva aplicación de proyecto

La experiencia de estos años nos enseña que las ideas de innovación social exitosas evolucionan y se transforman. El hecho de que, con respecto a su significado social, conserve algunas de sus características originales es solo una posibilidad y no el resultado de una trayectoria predecible. Por el contrario, sin una atenta y continua actividad de rediseño y de reorientación paso a paso, es muy probable que la trayectoria de innovación se oriente en la dirección que hoy parece más fácil: la que en nombre de la eficiencia productiva lleva a cero o niega los valores sociales iniciales. Con el resultado de que, en lugar de proponer a los proyectos de la vida un campo de posibilidades abierto a formas sustentables de hacer las cosas, los atrae hacia direcciones que parecen tan nuevas como discutibles (si no obviamente negativas) a nivel de lo ambiental y social.

NOTAS

1. El artículo tiene como fondo el libro *Design When Everybody Designs*, MIT Press 2015 (traducido al español: Cuando todos diseñan, Experimenta, 2016. El concepto de "normalidad transformativa" se desarrolla en cambio en el libro *Politics of Everyday Life*, Bloomsbury, otoño de 2018.

2. Anna Meroni Meroni A. 2007. *Creative communities. People inventing sustainable ways of living*, Polidesign: Milán; Ezio Manzini, Making Things Happen: Social Innovation and Design, en *Design Issue*, Vol 30, Number 1, Winter 2014.

3. El Programa de Habitar Colaborativo ha sido promovido por *DESIS Lab* de la Escuela Politécnica de Milán desde 2006. El proyecto inicial, desarrollado en colaboración con una empresa social, ha llevado a la creación de una plataforma de apoyo para facilitar las iniciativas de *cohousing* (*cohousing.it*). Este primer proyecto produjo varias iniciativas de *cohousing* en Milán y proporcionó un modelo para otras actividades similares en Italia. A partir de esta actividad inicial nacieron otras líneas de trabajo que llevaron a realizar diversas actividades de investigación y didácticas, y el lanzamiento de otras empresas sociales dedicadas al tema del habitar colaborativo.

4. Una definición formal de normalidad transformacional puede ser esta: formas de hacer y pensar que, si bien se vuelven normales en un contexto dado (es decir, normal para quienes las adoptan), no lo serían en absoluto en otros contextos. La normalidad transformacional es, por lo tanto, una discontinuidad local, en contraste con las prácticas dominantes en el sistema sociotécnico más amplio en el que se ubica. Ezio Manzini, libro *Politics of Everyday Life*, Bloomsbury, otoño de 2018.

I

«Diseño social» y Trabajo Social, hacia intereses y objetivos compartidos

RAQUEL PELTA

Profesora Serra Húnter. Universidad de Barcelona

Desde el año 2006, el Design Council ha indagado en la capacidad del diseño para abordar los problemas sociales y económicos a través de una innovación dirigida por el diseño. De esas indagaciones han surgido conceptos como el de bienestar abierto y diseño de transformación. El término «bienestar abierto» se aplica principalmente en el sector público y se refiere a un modelo de prestación de servicios basado en la participación masiva de los usuarios. Se establece, de esta manera, un límite borroso entre esos usuarios y los productores del servicio. Para contribuir al cambio la función del diseñador sería activar y apoyar ese proceso (Cottam y Leadbeater, 2004).

Por lo que se refiere al «diseño de transformación», sería aquel que «puede aplicarse a cambiar radicalmente los servicios públicos y comunitarios, trabajando para fines sociales progresistas o, también, para desencadenar transformaciones en la empresa privada introduciendo una cultura del diseño más centrada en las personas» (Sangiorgi, 2011: 29).

Metodológicamente, el diseño de transformación significa experimentar las cosas desde el punto de vista del usuario e incluye prácticas que buscan la «transformación» a partir de reformular la noción de resolución de problemas. Desde esta perspectiva los problemas no se consideran como algo «complicado» sino como algo «complejo», que invita a los diseñadores a realizar un proceso de inmersión en la vida cotidiana de las personas para descubrir lo que realmente necesitan y para buscar caminos innovadores que atiendan a esas necesidades.

De esta manera, se entiende que el diseño puede ser una herramienta para enfrentarse a situaciones como, por ejemplo, mejorar las relaciones entre médico y paciente, apoyar al desarrollo, contribuir a una sociedad más democrática, mediante la empatía y la comprensión, de una manera bastante cercana a cómo actúan los trabajadores sociales.

Pero no solo eso. Desde esta perspectiva, los diseñadores pueden contribuir a la transformación social –uno de los temas sobre el que los diseñadores han reflexionado desde comienzos del siglo XXI–, capacitando a los usuarios para que sean independientes, como una manera de reconocer el potencial de los no-diseñadores porque, como ha señalado Ezio Manzini (2015), vivimos en una sociedad donde todo el mundo diseña, particularmente en las comunidades creativas.

Otros autores como Carla Cipolla y Roberto Bartholo (2014) defienden que si el diseño quiere contribuir al cambio social ha de ser una práctica situada, es decir, ha de tener lugar en una situación o contexto de vida donde los límites entre diseñadores y usuarios se difuminen y donde el diseñador tenga una presencia completa en la realidad que está diseñando. Se trata de un proceso de inmersión en el que el diseñador se relaciona de manera dialógica con los usuarios. Esto supone una transformación social y cultural del entorno y, por supuesto, de la concepción del diseño. Significa que cada diseñador tiene que ser un facilitador y guiar el proceso de diseño pero, al mismo tiempo, tiene que estar también dentro de ese proceso, relacionándose con los otros para encontrar una solución a un problema compartido por todos los interesados, incluyendo al propio diseñador.

Nynke Tromp y Paul Hekkert (2009) han propuesto que para que el diseñador pueda contribuir al cambio social su primera tarea es la de considerar las preocupaciones colectivas y definir qué tipo de implicación social sería deseable. Eso significa, según estos autores, que se necesita saber qué intereses son compartidos por el colectivo y qué es lo que está en juego en el proyecto. El diseñador necesita, asimismo, comprender qué comportamiento ha de estimular para conseguir el objetivo social propuesto y entender qué intereses personales pueden entrar en conflicto con ese comportamiento deseado. Para Tromp y Hekkert, el diseñador precisa conocer las cualidades relacionales del diseño o, dicho de otro modo: entender los artefactos por sus cualidades como mediadores.

Esto nos lleva a otra perspectiva: la del diseño para el cambio de comportamiento que, como su denominación indica, tiene como objetivo influir en el comportamiento del usuario, aplicando técnicas y estrategias de psicología a través del diseño, para conseguir beneficios sociales (Tromp, Hekkert y Verbeek, 2011) o medioambientales (Lockton, 2013). El diseño para el cambio de comportamiento tiene como base uno de los factores del cambio social: los deseos y decisiones conscientes de los individuos y sus actos; la necesidad de logro y de realización de las personas. Desde esta perspectiva, incidir en el comportamiento intentando que sea un comportamiento positivo supone intervenir en el cambio social.

El propósito de los diseñadores de contribuir a la transformación social del entorno y, con ello, tener un papel más relevante en la mejora de la sociedad, se ha visto acelerado desde 2008, coincidiendo con el incremento de la desigualdad social y la pobreza, los desastres medioambientales, la inestabilidad política y los conflictos bélicos que en estos momentos asolan al planeta.

Han aparecido nuevos términos vinculados a nuevas perspectivas del diseño y hoy se habla de «diseño para el bien social», «diseño social», «diseño para el cambio social», «diseño para la innovación social», «diseño para el impacto social» y, como han propuesto Vezzoli y Manzini (2007), «diseño para la igualdad y la cohesión social». A continuación, repasaré brevemente dichas perspectivas.

1. Diseño social y otros enfoques socialmente responsables

Uno de los conceptos emergentes es el de «diseño para el bien social» porque, como ha señalado Lauren Tan (2012), expresa una clara ambición de crear un diseño orientado a causas sociales y a conseguir un cambio social positivo. Supone, como se dice en la plataforma de OpenIDEO (https://openideo.com/) «resolver juntos problemas para el bien social colectivo» y se dirige a lograr el bienestar social.

Casi como sinónimo se emplea «diseño social», un término algo inconcreto que sirve de comodín y que, a veces, se define como aquel diseño que se realiza para conseguir el bien social.

Manzini (2015), sin embargo, lo describe como una actividad de diseño que se ocupa de problemas no tratados ni por el mercado ni por el

Estado y en el que las personas involucradas no suelen tener voz porque no tienen los medios económicos o políticos para generar una demanda formal. Según Manzini, es una perspectiva ética, pero también limitada porque obliga a los diseñadores a trabajar de manera caritativa y gratuita.

Para Nynke Tromp (2013) el diseño social es un campo del diseño que se preocupa por el desarrollo de productos y servicios para resolver problemas sociales como, por ejemplo, las altas tasas de desempleo, el abandono escolar, las tensiones interculturales, la obesidad o el cambio climático.

Pero, quizá, la definición más conocida es la de Margolin y Margolin (2002), quienes definen el «diseño social» como un diseño que se dirige, principalmente, a la satisfacción de las necesidades humanas y que se opone al mercado.

Por lo que se refiere al «diseño para el impacto social» su propósito es conseguir un equilibrio entre las necesidades de las personas y las de la comunidad en general. En él se tienen en cuenta los efectos del trabajo de diseño en el sentido más amplio posible, tomando en consideración los aspectos económicos, sociales y medioambientales. Es un diseño orientado al «impacto social», entendiendo por impacto social el efecto neto de una actividad en el tejido social de una comunidad y en el bienestar de los individuos y sus familias.

Ezio Manzini prefiere usar la denominación «diseño para la innovación social», en lugar de la de «diseño social», y lo define como aquel que se centra en la innovación social, definiendo esta como «nuevas ideas (productos, servicios y modelos) que simultáneamente cumplen con las necesidades sociales y crean nuevas relaciones sociales o colaboraciones [...] son innovaciones buenas tanto para la sociedad como para mejorar la capacidad de actuar de esta» (Manzini, 2015: 11).

En lo que se refiere al «diseño para la transformación» o «para el cambio social» se orienta, como su nombre indica, al cambio social, entendido en el mismo sentido que se maneja en sociología: transformación o alteración apreciable de las estructuras sociales, incluyendo sus manifestaciones en normas, valores y símbolos culturales.

En cuanto al «diseño para la igualdad social y la cohesión», Vezzoli y Manzini (2008) lo relacionan con la sostenibilidad medioambiental e indican que es aquel en cuyo proceso se aplican criterios socio-éticos con el objetivo de mejorar las condiciones de trabajo de las personas implicadas, incrementar la igualdad y la justicia, fomentar un consumo responsable y sostenible, favorecer e integrar a las personas débiles y marginadas, mejorar la cohesión social y capacitar y mejorar los recursos locales.

Es difícil situar los límites y diferencias entre los distintos enfoques porque, a menudo, se superponen. Sin duda esto se debe a que estamos ante un ámbito que, como práctica especializada, es relativamente nuevo para los diseñadores y, por lo tanto, queda todavía mucho por aclarar y definir. De momento, esta variedad terminológica lo que hace es poner de relieve la complejidad de todo lo que tiene que ver con lo «social».

Ahora bien, si observamos cómo se usa el vocablo «social» en estas y otras definiciones similares[1], concluiremos que con él, la mayor parte de los autores que he mencionado se refieren en realidad a «áreas problemáticas», a «situaciones problema» y a «grupos y poblaciones marginales» (Ander Egg, 1996), que no pueden resolver por sí solos sus dificultades y necesitan atención y apoyo. Esta visión, sin duda, acerca al «diseño social» a los fines y objetivos del Trabajo Social porque, como ha señalado María José de Rivas: «El trabajo social opera con los problemas sociales que afectan a la autonomía personal y a la interacción social. Descubrir el complejo de necesidades insatisfechas escondido en cada caso es tarea de los trabajadores sociales» (2002: 16).

Aunque los límites entre las perspectivas citadas son difusos, todas ellas tienen una serie de rasgos en común como son el que comparten la preocupación por la sostenibilidad, la necesidad de implicar, en profundidad y de manera completa, a los usuarios en el proceso de diseño, –de ahí el empleo de metodologías colaborativas (aunque no siempre ni en todos los casos) a la hora de enfocar los proyectos–, un interés por la resolución de problemas sociales complejos, una orientación hacia las causas sociales y la idea de que es preciso diseñar no solo «para» sino, también y sobre todo, «con».

---

1. Otra de las definiciones más conocidas es la de Ingrid Burkett (2016), para quien el «diseño social» consiste en aplicar los «principios generales del diseño a nuestras realidades sociales y «diseñar» maneras de tratar problemas sociales (tales como la pobreza y el aislamiento social) y en último término crear una sociedad más justa y sostenible».

Comparten, asimismo, la idea de que el diseñador puede ser un emprendedor social, cuyo valor, se encuentra en que puede ayudar a catalizar un proceso de emprendimiento social empleando diferentes metodologías de diseño, y puede ser un facilitador que, con sus herramientas, posibilite la generación de ideas sobre posibles soluciones, visualizándolas a través de la creación de escenarios y de formas potencialmente participativas (Manzini, 2015).

Estos enfoques responden, además, al convencimiento de que «los diseñadores pueden realizar contribuciones valiosas para un cambio social positivo cuando abordan y responden a los desafíos a los que se enfrentan en los sectores público y social y en la sociedad en general» (Tan, 2012: 2).

Estas perspectivas socialmente responsables demandan a los diseñadores una reflexión sobre su propia práctica y les obligan a buscar nuevas metodologías y modelos que permitan mejorar las intervenciones del diseño así como evaluar el impacto de los proyectos en la mejora de la calidad de vida de las personas y en el cambio y la innovación sociales. Les llevan, asimismo, a mirar hacia otras disciplinas como, desde mi punto de vista y por ejemplo, el Trabajo Social.

La posible cercanía entre ambas disciplinas quedó esbozada –aunque no desarrollada– por Victor y Sylvia Margolin, quienes sugerían que los diseñadores, a la hora de acometer un proyecto social, podrían basarse en la manera de abordar las intervenciones sociales propia de los trabajadores sociales.

En «A "Social Model" of Design: Issues of Practice and Research» estos autores proponían un modelo de diseño socialmente responsable basado en el «modelo de intervención utilizado por los trabajadores sociales» (Margolin y Margolin, 2002: 25) que pudiera aplicarse al trabajo de los diseñadores en proyectos de salud y enseñanza, en colaboración con los profesionales de esos campos.

Para desarrollar ese «modelo social», como lo denominaban Margolin y Margolin, revisaron la bibliografía del Trabajo Social y tomaron de este las perspectivas ecológica y sistémica, a las que me referiré más adelante. Consideraron, además, que la metodología empleada por los trabajadores sociales para la resolución de problemas y, en especial, la inclusión del usuario como parte esencial de la intervención, serviría de referencia para los diseñadores interesados en participar en equipos de profesionales dedicados a los servicios de asistencia.

Según estos autores «muchos profesionales comparten las metas de los diseñadores que quieren hacer un trabajo socialmente responsable, y por consiguiente proponemos que los diseñadores y los profesionales de la asistencia encuentren maneras de trabajar juntos» (Margolin y Margolin, 2002: 27). Se planteaban, además, qué rol podía desempeñar el diseñador en los procesos de intervención social colaborativa.

Desde que se publicó el mencionado artículo se ha ampliado la definición del Diseño como disciplina y se ha expandido su área de acción, al mismo tiempo que se han incrementado las prácticas colaborativas. De hecho, los diseñadores están desarrollando métodos que tienen puntos en común con los de los trabajadores sociales –por ejemplo, dinámicas de grupos– y están alineados, incluso sin ser conscientes de ello, con las perspectivas sistémicas y ecológicas del Trabajo Social. Lo mismo sucede con el lugar que ahora ocupa el usuario en los proyectos de diseño, cada vez más inmerso en ellos, gracias a la importancia que desde comienzos del siglo XXI están alcanzando los conceptos de participación y colaboración. Esto permite pensar que, actualmente, el Diseño –y más concretamente el codiseño–, se acerca al modelo social propuesto por Victor y Sylvia Margolin.

La necesidad de indagar en la relación entre Diseño y Trabajo Social, apuntada por esos autores, me llevó en 2015 a realizar un Máster Universitario en Trabajo Social con el fin de profundizar en mis investigaciones (iniciadas ya hace más de una década) en torno al diseño socialmente responsable. Me acerqué, además, a esa disciplina profesional porque considero que para trabajar en el ámbito de «lo social» es preciso tener una serie de conocimientos previos que no se adquieren con la formación «tradicional» en Diseño impartida hasta fechas recientes en la mayoría de universidades y escuelas. Entre esos conocimientos previos están, por ejemplo, los relacionados con los métodos de análisis de la realidad social, los instrumentos utilizados en proyectos sociales, las dinámicas de grupos, el *empowerment* o la resolución de conflictos.

Esa misma necesidad de saber más y hacerlo con más profundidad, me ha conducido a trabajar con colectivos en dificultad social[2], en un

---

2. En el momento de escribir este artículo estoy trabajando como voluntaria en el Casal dels Infants de Barcelona; más concretamente, mi trabajo, desde el Diseño, se desarrolla en el Casal Jove Atles, un centro de ocio vinculado al Casal dels Infants que acoge a jóvenes en dificultad social.

intento por explorar de qué manera puede el diseño contribuir para cambiar su situación y cuáles son los límites y posibilidades de nuestra disciplina profesional –el Diseño– ante las necesidades humanas y los problemas sociales.

Estas experiencias sobre el terreno me han convencido de que si bien, como han indicado Margolin y Margolin (2002), los diseñadores «sociales» pueden tomar como referencia a los trabajadores sociales y utilizar buena parte de sus métodos, técnicas y herramientas, también pueden realizar interesantes aportaciones al Trabajo Social, como ya se ha puesto de relieve en un buen número de proyectos recientes llevados a cabo en ámbitos que abarcan desde la sanidad pública hasta la participación comunitaria en la toma de decisiones que afectan a la ciudadanía. Es preciso, sin embargo, comprobar cuáles son los instrumentos más adecuados y demostrarles a los trabajadores sociales su utilidad. En esa vía se encuentran mis investigaciones actuales que, desde mi punto de vista, responden a las necesidades de los trabajadores sociales.

Antonio López Peláez (en Segado Sánchez-Cabezudo, 2011: 14), –investigador y profesor de Trabajo Social–, refiriéndose a esta disciplina profesional, ha puesto de relieve que: «se demandan cuestionarios, técnicas y una formación práctica que permita una mejor práctica profesional». En esa misma línea, Segado Sánchez-Cabezudo afirma que: «Hay que avanzar hacia un modelo de intervención integral que supere los límites tradicionales derivados de la perspectiva asistencialista, de la perspectiva basada en las deficiencias y de las tareas administrativas y burocráticas también vinculadas con la actividad profesional de los trabajadores sociales» (Segado Sánchez-Cabezudo, 2011: 21).

Esta misma autora cita las palabras del X Congreso Estatal de Diplomados en Trabajo Social y Asistentes Sociales, celebrado en España en 2004: «Estamos necesitados de actitudes, de modelos de organización y de intervención, de orientación teórica al menos en el punto de partida, que permitan profundizar y desarrollar propuestas integradas e integradoras que den respuesta a la complejidad y a las nuevas necesidades humanas y sociales» (Segado Sánchez-Cabezudo, 2011: 21).

Estos comentarios, y mi aún breve experiencia en este terreno, me han llevado a pensar que el diseño, especialmente mediante la metodología del codiseño, puede proporcionarle al Trabajo Social –y en especial al

Trabajo Social con grupos y con comunidades– algunas de esas nuevas orientaciones que precisa para afrontar mejor los retos del siglo XXI.

Por otra parte, estimo que el Trabajo Social tiene también mucho que dar al diseño socialmente responsable. Los diseñadores que trabajan (o desean trabajar) bajo esta perspectiva necesitan conocer los enfoques teóricos y metodológicos del Trabajo Social porque es indispensable que tomen conciencia de la complejidad que comporta implicarse en proyectos sociales.

Este artículo parte, por tanto, de mi sensación como investigadora de hallarme en estos momentos entre dos disciplinas profesionales que tienen más puntos en común de lo que pudiera parecer a primera vista. Por eso en las líneas que siguen, estableceré algunos paralelismos y esbozaré algunas cuestiones que surgen al explorar la relación entre Diseño y Trabajo Social. En mi opinión es importante establecer esos elementos comunes para abrir el alcance del Diseño (cuando hablamos de proyectos sociales) pero, también, para aportarle al Trabajo Social la perspectiva creativa y la dimensión comunicativa inherentes a los procesos de diseño.

2. Trabajo Social: más allá de las políticas sociales

Desde hace varias décadas, los diseñadores están familiarizados con los métodos de las ciencias sociales y, en especial, de la Sociología y la Antropología. Así, por ejemplo, las historias de vida, las entrevistas en profundidad o los grupos de discusión, se han convertido en técnicas esenciales en los procesos del diseño centrado en el usuario y del diseño centrado en la persona. Existe, sin embargo, cierto desconocimiento sobre lo que es el Trabajo Social, una disciplina que bebe de las mismas ciencias sociales que el Diseño pero que tiene características propias: se ha originado en el campo de la intervención[3], se orienta a la acción y es una profesión de ayuda que trata con necesidades y problemas sociales, algo que, compartiría

---

3. María José Aguilar Idáñez (2013: 21) ha puesto de relieve que: «En las ciencias sociales de más larga tradición histórica (la sociología o la psicología, por poner dos ejemplos cercanos y fronterizos), primero se desarrolló la investigación y después su aplicación a la solución de problemas. En el trabajo social, primero fue la acción, y a partir de ella se ha desarrollado la investigación. Esto confiere al trabajo social una serie de particularidades

con el *Diseño social*[4], si seguimos las descripciones de este enfoque (sobre la resolución de problemas y la atención a necesidades) mencionadas en las páginas anteriores (Tromp, Margolin y Margolin y Burkett).

Por ello, antes de establecer posibles relaciones entre estas dos disciplinas profesionales, considero necesario delimitar muy brevemente qué es el Trabajo Social y cuáles son sus objetivos y campos de actuación, aunque por su ubicuidad –igual a lo que sucede con el Diseño–, no resulta fácil de definir:

> porque ha incluido el trabajo de un gran número de diferentes sectores (públicos, privados, independientes, voluntarios), una multiplicidad de establecimientos (centros residenciales, oficinas de distrito, proyectos de desarrollo comunitario) con trabajadores que llevan a cabo diferentes labores (asistencia, control, capacitación, realización de campañas, asesoramiento, dirección) para varias finalidades (redistribución de recursos para personas necesitadas, control social y rehabilitación del inadaptado, prevención o reducción de problemas sociales) (Banks, 1997: 15).

Conocer cuáles son los objetivos y campos de actuación puede permitir entender no solo cuál es su radio de acción sino, también, la razón por la cual puede ser un referente para el *Diseño social,* –en línea con el modelo social que proponían Victor y Sylvia Margolin– y por qué este ámbito de práctica (dentro del Diseño) puede desempeñar un papel significativo en los proyectos de intervención llevados a cabo por los trabajadores sociales.

----

y rasgos específicos que, en cierto modo, lo han diferenciado de otras ciencias sociales y de sus aplicaciones prácticas».

Algo similar ha ocurrido con el Diseño, una disciplina que ha ido desarrollando la investigación a partir de la práctica profesional y, por tanto, de la acción. Trabajo Social y Diseño han creado sus propias metodologías y teorías a partir de la síntesis y aplicación de teorías y principios procedentes de otras disciplinas; las han ido adaptando a sus principios y valores, siempre en función de que pudieran llevarse a la práctica. Ambas profesiones han luchado por encontrar su propio espacio de conocimiento y, a menudo, y aunque de diferente modo, a las dos se les ha exigido una legitimación intelectual.

4. Aquí utilizaré el término «diseño social» como un paraguas que engloba las otras perspectivas: diseño para el bien social, diseño para la innovación social, etc., comentadas al comienzo de este artículo.

En ese sentido, cabe señalar que, al menos en España (desde finales de la década de 1970), la percepción popular del Trabajo Social es que es una profesión burocrática, principalmente dedicada a la gestión de prestaciones (paliativas y asistenciales) para satisfacer las necesidades básicas de las personas desfavorecidas. Esta visión procede de uno de los planteamientos que surgieron a partir de los años sesenta del siglo XX con el objeto del Trabajo Social. Por aquel entonces se defendió que ese objeto era dar respuesta a las necesidades sociales mediante el empleo de determinados recursos y dentro del marco de los servicios sociales.

Sin embargo, buena parte de los expertos de este campo, ya desde la década de 1990, (López-Cabanas y Chacón, Zamanillo, Aguilar, entre otros) coinciden en señalar que se trata de una visión restrictiva porque el Trabajo Social abarca muchos más aspectos que el de la política social y la administración de sus recursos, ya que su objeto incluye también las necesidades y los problemas no materiales de nuestras sociedades contemporáneas, tales como la soledad o el desarraigo.

La International Federation of Social Workers, en una definición reciente (IFSW, 2014), señala que:

> El trabajo social es una profesión basada en la práctica y una disciplina académica que promueve el cambio y el desarrollo social, la cohesión social, y el fortalecimiento y la liberación de las personas. Los principios de la justicia social, los derechos humanos, la responsabilidad colectiva y el respeto a la diversidad son fundamentales para el trabajo social. Respaldada por las teorías del trabajo social, las ciencias sociales, las humanidades y los conocimientos indígenas, el trabajo social involucra a las personas y las estructuras para hacer frente a desafíos de la vida y aumentar el bienestar.

La profesión lucha por «mitigar la pobreza, liberar a los vulnerables y oprimidos, y promover la inclusión y la cohesión social»; ha de desarrollar la conciencia crítica «a través de la reflexión sobre las fuentes estructurales de opresión y/o privilegio, basados en criterios tales como la raza, la clase, el idioma, la religión, el género, la discapacidad, la cultura y la orientación sexual», así como impulsar «estrategias de acción para abordar las barreras estructurales y personales» (IFSW, 2014).

En línea con esta orientación de la IFSW, la National Association of Social Workers (NASW) de Estados Unidos, en el preámbulo de su Código deontológico comenta que:

> La misión principal de la profesión del trabajo social es mejorar el bienestar humano y ayudar a satisfacer las necesidades humanas básicas de todas las personas, prestando especial atención a las necesidades y al empoderamiento de las personas vulnerables, oprimidas y que viven en la pobreza. Una característica histórica definitoria del trabajo social es el enfoque de la profesión en el bienestar individual en un contexto social y en el bienestar de la sociedad. Es fundamental para el trabajo social la atención a las fuerzas del entorno que crean, contribuyen y dirigen los problemas de la vida. (NASW, 2008).

La NASW pone de relieve que los trabajadores sociales promueven la justicia y el cambio social con las personas y en nombre de ellas; y son sensibles a la diversidad cultural y étnica y luchan por «acabar con la discriminación, la opresión, la pobreza y otras formas de injusticia social». Asimismo «buscan mejorar la capacidad de las personas para afrontar sus propias necesidades», así como «la capacidad de respuesta de las organizaciones, comunidades y otras instituciones sociales a las necesidades y problemas sociales de las personas». La misión de los trabajadores sociales se apoya en unas serie de valores principales: «servicio, justicia social, dignidad y valor de la persona, importancia de las relaciones humanas, integridad y competencia.» (NASW, 2008).

De estas dos definiciones, resaltaré el concepto de mejora de la capacidad de las personas para hacer frente a sus necesidades y la idea de *empowerment*[5] que no solo están presentes en los enfoques más recientes del Trabajo Social sino, también, en los del codiseño, como metodología muy estrechamente vinculada al *Diseño social* en el desarrollo de proyectos sociales verdaderamente democráticos y viables.[6]

---

5. Segado Sánchez-Cabezudo define el empowerment como: «el proceso de aumentar el poder personal, interpersonal o político de modo que los individuos, las familias y las comunidades puedan actuar para mejorar sus situaciones» (Segado Sánchez-Cabezudo, 2011: 22).

Las perspectivas sistémica y ecológica, a las que se refieren Margolin y Margolin (2002), han ido adquiriendo importancia desde mediados de los años noventa, coincidiendo con una etapa de fragmentación y de cambios importantes para el Trabajo Social (Viscarret, 2007), cuyos profesionales se enfrentan a los retos que plantean las sociedades informacionales globalizadas, con sus nuevas formas de estratificación y la aparición de nuevos grupos de riesgo.

La perspectiva sistémica se relaciona con la aplicación en el Trabajo Social de la teoría de sistemas, desarrollada por el biólogo Ludwig von Bertanlanffy (1901-1972).[7] Esta busca comprender la complejidad del sistema en el que un individuo está inmerso. Aporta una visión holística enfocada en las relaciones interpersonales y pone especial énfasis en la reciprocidad de las conductas entre las personas. En el ámbito del Trabajo Social proporciona la posibilidad de «abandonar la tradicional disyuntiva persona-ambiente (¿es el ambiente el que provoca que las personas se comporten de una forma determinada, o son las personas las que afectan al ambiente dando lugar a determinadas situaciones?) para contemplar a la persona/situación como un todo de elementos relacionados entre sí» (Segado Sánchez-Cabezudo, 2011: 41).

Por lo que se refiere a la perspectiva ecológica, defiende la idea de que la dimensión ambiental tiene un papel fundamental en las condiciones de vida de los seres humanos. Esto significa que solo puede entenderse a estos y a sus entornos físicos y sociales si se tiene en cuenta el contexto de relaciones que se dan entre ellos. En Trabajo Social, la perspectiva

---

6. Aquí entendemos por viabilidad no solo la capacidad de alcanzar los resultados previstos sino, también. «la posibilidad de asegurar los resultados a medio o largo plazo, después de la finalización del propio proyecto» (Pérez Serrano, 2016: 169). Cuando se habla de viabilidad en proyectos sociales, se considera, también, la viabilidad sociocultural, es decir, la capacidad de la acción para integrarse en las estructuras socioculturales vigentes. El Comité de Ayuda al Desarrollo (CAD) define la viabilidad como «la medida en que los objetivos de la acción de ayuda pueden continuar siendo realizados después del fin de la ayuda. O, en otras palabras, la medida en que los beneficiarios de la ayuda pueden y quieren continuar tomando a su cargo la realización de los objetivos de la ayuda» (OCDE, 1986 en Fernández González, 2012: 189).
7. Véase Von Bertanlanffy, L. (1976). Teoría general de los sistemas. Fundamentos, desarrollo y aplicaciones. México: Fondo de Cultura Económica.

ecológica se orienta al descubrimiento de las fortalezas y debilidades de los individuos, a las intervenciones en torno a estas y a los procesos transaccionales entre las personas, familias, culturas o comunidades (Segado Sánchez-Cabezudo, 2011: 61). Se centra, asimismo, en la reciprocidad de los intercambios entre la persona y el ambiente y, como la perspectiva sistémica, se aparta de la relación lineal causa y efecto. El objetivo del Trabajo Social desde la teoría ecológica es enseñar a los sujetos cómo trabajar por sí mismos para dar respuesta a sus propias necesidades. La intervención, por tanto, se centra en hacer que las personas sean los actores fundamentales de su proceso de cambio. En ese proceso, los trabajadores sociales intentan incrementar el nivel de competencia individual por un lado y, por otro, se centran en los factores ambientales que afectan a los sujetos, para actuar, crear o fortalecer apoyos de tipo social.

3. Dimensiones del Trabajo Social
Trabajo Social con grupos y con comunidades

En el ámbito profesional del Trabajo Social se dan tres dimensiones: la individual, en la que la actividad se desarrolla con la persona (Trabajo Social con casos); la grupal, en la que se recure a la dinámica de grupos (Trabajo Social con grupos); y la comunitaria, en la que se intenta favorecer la interacción entre las personas y los procesos de organización para generar comunidades cuya actuación permita superar problemas y en las que se potencie la inclusión social (Trabajo Social comunitario). Como han señalado Fernández García y López Peláez (2008: 10): «Esta última perspectiva es básica en sociedades democráticas basadas en la participación de los ciudadanos. La capacidad de asociación y organización colectiva es un requisito previo para defender y favorecer el ejercicio de los derechos de ciudadanía».

Por su relevancia para el *Diseño social*, en este apartado me referiré brevemente al Trabajo Social con grupos y al Trabajo Social comunitario.

El Trabajo Social con grupos se ha descrito tradicionalmente como un método y un proceso (Trecker, 1948, Konepka, 1968 y De Robertis, 1994).[8] Sin embargo, actualmente se considera un área de especialización dentro del Trabajo Social (Segado Sánchez-Cabezudo, Del Fresno García y López Peláez, 2013). Es, también, un campo de investigación y de intervención profesional orientado a la resolución de problemas y al cambio. Su objeto de investigación son las dinámicas grupales en las que las personas están inmersas y está vinculado con el análisis de las interacciones (López Peláez, 2015).

El punto de partida del Trabajo Social con grupos es que el ser humano es un ser social que siempre se relaciona con otros seres humanos, está inmerso en un grupo o grupos de cuyas trayectorias no puede desligarse, e interactúa con otros grupos de personas. En el grupo se manifiesta nuestra dimensión social y se contrasta nuestra trayectoria personal con la de las otras personas (López Peláez, 2015). De este modo, el Trabajo Social con grupos se fundamenta en la sociabilidad y en la interacción grupal, entendida como fuente de cambio. El Trabajo Social con grupos ayuda a los individuos a manejar de manera más eficaz sus problemas personales, a mejorar en su funcionamiento social mediante las experiencias de grupo y a desarrollar su potencial individual.

Antonio López Peláez (2015), en línea con Dominelli y Hackett, ha puesto de relieve que el objetivo básico de la intervención social con grupos es hacer posible el ejercicio de la ciudadanía, lo que comporta darle la palabra. En ese sentido, diversos expertos (Trecker, 1948; Northern y Kurland, 2001) han señalado que el proceso que tiene lugar en un grupo es esencial para el desarrollo de la democracia, entre otras razones porque sus raíces se encuentran en los ideales democráticos de participación y porque: «la viabilidad de la democracia depende de la viabilidad de las trayectorias vitales de sus ciudadanos» (López Peláez, 2015: 30).

Desde la perspectiva del Trabajo Social con grupos, el comportamiento democrático es un comportamiento aprendido. Debe ayudarse a los individuos a comprender lo que significa la democracia y darles las mismas oportunidades de practicar la vida democrática pues la única manera de que desarrollen hábitos de cooperación es mediante la práctica consciente del proceso democrático (Trecker, 1948). En palabras de Mary Parker Follett, el Trabajo Social con grupos: «[...] es la clave de la democracia, es

---

8. Cristina de Robertis (1994: 11), citando a Simone Paré (1966), describe el Trabajo Social con grupos como «un método que ayuda a los individuos y a los grupos a aumentar sus capacidades de funcionamiento a través de experiencias en grupo».

la lección maestra para que cada individuo aprenda, es nuestra principal esperanza para la vida política, social e internacional del futuro.» (Follett, en Northern y Kurland 2001: 5).

Por lo que se refiere al Trabajo Social comunitario, está vinculado al concepto de ciudadanía y parte de la idea de que «solo mediante la acción colectiva en una comunidad nos capacitamos para actuar comunitariamente, y, recíprocamente, solo las personas que son capaces de conocer y poner en práctica las habilidades necesarias para comunicarse, compartir valores, llegar a acuerdos, perseguir objetivos comunes, programar actividades y diagnosticar problemas que exigen una acción comunitaria pueden convertirse en ciudadanos activos que favorezcan una evolución social positiva» (Fernández García y López Peláez, 2008: 15).

Su objeto son los problemas y las oportunidades que afectan a las personas y las comunidades, que no pueden ser resueltos de manera individual. Sus valores son la igualdad, la dignidad y la libertad de las personas y, por tanto, su metodología ha de favorecer la participación, la negociación, el diálogo y la planificación, con la finalidad de conseguir un cambio comunitario que implica, además, un enriquecimiento de quienes están implicados en el proceso (Fernández García y López Peláez, 2008) porque la mejora de las habilidades de interacción supone, a su vez, la mejora de las propias experiencias de la vida y la reafirmación de la identidad personal.

Estos presupuestos obligan a los trabajadores sociales a adquirir competencias que les permitan trabajar con la comunidad y, en especial, a tener herramientas para enfrentarse a las situaciones de conflicto y al reparto del poder. Asimismo, han de saber diagnosticar el capital social de las personas y de las comunidades, y establecer estrategias que enriquezcan el nivel de relaciones entre sus miembros.

Entre su tareas están las de poner en marcha y dinamizar comunidades de ciudadanos y «capacitar a las personas para su inclusión en una sociedad democrática, como ciudadanos cooperativos, que diagnostican problemas y establecen objetivos comunes y son capaces de cooperar creando comunidades con fines diversos, en las que hagan frente a problemas y desafíos estructurales» (Fernández García y López Peláez, 2008: 17). Por ello han de favorecer las competencias de autodiagnóstico de la comunidad y de autogestión así como ayudar a las personas a descubrir su dimensión comunitaria y a realizarse como ciudadanos con derechos que buscan mejores condiciones estructurales para poder ejercerlos y que luchan contra la exclusión social.

A la hora de diseñar una intervención, el trabajador social comunitario analiza el perfil que ha de tener una persona para integrarse en una comunidad. Asimismo, considera las habilidades, conocimientos y actitudes que deben darse en la comunidad para alcanzar los objetivos establecidos; desarrolla el modelo de comunicación, los protocolos de toma de decisiones que impulsen la participación democrática y la integración de todos los miembros, la distribución del poder y la negociación dentro de la comunidad, –entendiendo que cada colectividad genera sus propias pautas de comportamiento y que es necesario favorecer la autogestión comunitaria–. Además, examina los objetivos a alcanzar mediante la acción comunitaria y diseña la dinámica de la comunidad de modo que se produzca una transformación del entorno. Se encarga de establecer espacios de encuentro para el diálogo y la discusión. Para todo ello realiza un diagnóstico preciso de los problemas a los que se enfrenta la comunidad y las oportunidades que esta tiene y establece un método de evaluación que posibilite conocer no solo el funcionamiento de dicha comunidad sino, también, saber en qué medida se han alcanzado las metas, de qué modo se ha hecho y si se ha producido un cambio del entorno gracias a la acción comunitaria.

4. Codiseño y Trabajo Social con grupos y comunitario

Si partimos de las definiciones que vinculan el «diseño social» con la resolución de problemas sociales y a la satisfacción de las necesidades humanas, desde mi punto de vista, este, con sus metodologías, puede hacer interesantes aportaciones al Trabajo Social con grupos y comunitario, poniendo a disposición de los trabajadores sociales algunas de las técnicas y herramientas que emplean los diseñadores en sus procesos de trabajo.

Uno de los puentes que pueden acercar al «diseño social» y al Trabajo Social es la perspectiva del codiseño y sus métodos, que viene empleándose sobre todo desde comienzos de la década de 2000, en el desarrollo de servicios públicos, procesos de participación ciudadana y proyectos sociales.

El codiseño es un enfoque –y una metodología de trabajo– centrado en los procesos y procedimientos de diseño. Es una perspectiva democrática, pues se basa en la colaboración y participación de los usuarios, situados en un plano de igualdad respecto a los profesionales. Se percibe como una perspectiva especialmente adecuada para abordar problemas sociales complejos y aportar soluciones innovadoras, en la medida en que se involucra a las personas que conocen y comprenden esos problemas de primera mano y, por tanto, de manera completa y profunda.

Esas personas o grupos de interés son los afectados por el problema o necesidad, los expertos que proporcionan servicios, miembros de organizaciones que apoyan a los afectados y, en general, todos aquellos que están implicados en el desarrollo de los proyectos. La colaboración se establece tanto en el proceso de identificación de los factores que intervienen en los problemas como en su resolución.

Por estas características, se puede establecer cierto paralelismo con las dinámicas del Trabajo Social con grupos y con comunidades. En este sentido, como ya he comentado, el codiseño puede convertirse en un enlace entre el Trabajo Social y el diseño, que puede nutrir a ambas disciplinas.

El codiseño se basa en la cooperación, la interacción social y la igualdad de las relaciones de poder. Su metodología se orienta a impulsar la cooperación y la interacción entre los miembros del grupo, que no son diseñadores profesionales. Sin embargo, sus aportaciones son muy valiosas en todo el proceso. Las decisiones se toman después de establecer metas compartidas y de llevar a cabo discusiones abiertas. El punto de partida es que los usuarios tienen una experiencia directa de los problemas y por ello pueden contribuir a su resolución si se involucran activamente y se incluyen como iguales en las decisiones de diseño.

Dentro del codiseño, las relaciones de poder se consideran cruciales a la hora de alcanzar resultados positivos que sean soluciones flexibles y duraderas a retos sociales. Se trata de lograr el consenso democrático, el debate constructivo, impulsar la acción directa de todos los actores y movilizar el capital humano del grupo o comunidad (Thorpe y Gamman, 2011).

Asimismo, Hyysalo y Lehnkari han señalado que, aunque bien intencionados, los proyectos de diseño colaborativo pueden promover sistemas de desigualdad. Consideran que si no existe una perspectiva histórica, los usuarios, diseñadores, empresas o instituciones e investigadores pueden apoyar e incluso fortalecer la dominación de unos sobre otros dentro del grupo. Por tanto, es necesario reconocer el poder y abordarlo para, después, negociar los temas cruciales para el grupo y el proceso de diseño. Para ello proponen incluir los métodos etnográficos en el proceso de diseño y la discusión con los sujetos de la investigación, algo que es habitual en el Trabajo Social con grupos y con comunidades.

El codiseño se ha vinculado a la perspectiva del *empowerment* (en la medida en que se considera que la participación activa es clave a la hora construir un grupo o una comunidad empoderada) así como al concepto de capital social (Guy, 2002). En este enfoque es fundamental la participación del usuario y el proceso de aprendizaje colaborativo, tanto entre los miembros del grupo o comunidad, como entre ellos y el diseñador o los integrantes del equipo de diseño. Como sucede en el Trabajo Social, en los proyectos de diseño codiseño (diseño participativo o comunitario), está muy presente la investigación participativa, que se entiende no solo como un proceso de generación de conocimiento sino, también, de desarrollo de la conciencia y de movilización para la acción (Sanoff, 2006).

Sparud-Lundin *et al.* (2013), refiriéndose al diseño participativo pero aplicable al codiseño, señalan que, en este, el *empowerment* puede tener distintas expresiones y enfocarse en distintos aspectos del proceso de diseño como, por ejemplo, la mejora de la situación vital de un grupo determinado, la participación real o la negociación sobre las condiciones de esta. Un aspecto crucial es el fortalecimiento de las partes afectadas. Por ejemplo, en el caso de un proyecto de diseño a desarrollar en el sector sanitario, el proceso de *empowerment* estaría vinculado a la capacidad de los usuarios para conseguir que los resultados sean realmente útiles para ellos y respondan a sus necesidades de salud, así como para que aprendan a identificar sus necesidades y recursos a la hora de diseñar soluciones adaptadas a ellos.

De este modo, la perspectiva del *empowerment* está en el proceso de diseño puesto que la finalidad del codiseño es implicar a los usuarios no solo en el proceso de diseño de objetos, espacios o servicios, sino sobre todo, en la toma de decisiones, convirtiéndolos en parte activa, con el apoyo de los diseñadores que actúan, asimismo, como participantes que guían el proceso.

El codiseño parte de la idea de que todas las personas son creativas y expertas de sus propias experiencias y busca mejorar la participación ciudadana y el empoderamiento de las personas (Blomkamp, 2017). Sostiene que cada persona tiene «la capacidad de participar y dirigir el cambio en su vida» (Burkett, 2012: 8).

Estas aspiraciones coinciden con las del Trabajo Social en sus intervenciones con grupos y con comunidades que, como el codiseño buscan una redistribución del poder de decisión, una reducción de los problemas sociales y la consecución de una sociedad más justa. Como señalaban Iedema *et al.* (2010), respecto al codiseño, este es un proceso que afecta a las partes interesadas puesto que acerca a las personas que participan en él, se crean dinámicas de negociación entre ellas, se forjan nuevos compromisos y se crean nuevos discursos que atraviesan las relaciones socioculturales y profesionales así como los límites personales. Sumerge, además, a las personas en una «espiral de competencia» en la medida en que, a lo largo del proceso, han de reconfigurar los recursos materiales, los hábitos profesionales, las identidades personales e incrementar su capacidad para comunicarse, colaborar y cocrear. Por otra parte, la ubicación del poder no está determinada previamente sino que se construye y se logra, algo muy similar a lo que intentan los trabajadores sociales con sus intervenciones con grupos y comunidades.

Los diseñadores interactúan habitualmente con otros especialistas y, por ello, tienen capacidad para trabajar en equipos multidisciplinares. Son comunicadores y especialistas en comunicación (Frascara, 2004). En ese sentido, es preciso recordar que la comunicación es un elemento fundamental en las dinámicas de grupo que se desarrollan dentro del Trabajo Social con grupos y con comunidades.

Cook (2011) describe una serie de aptitudes propias de los diseñadores y especialmente útiles en los procesos de codiseño:

- **Comunicación visual**. Los diseñadores tienen la habilidad de comunicar visualmente mensajes, conceptos y estrategias porque la comunicación visual es parte inherente del trabajo de diseño, en cualquiera de sus ámbitos tradicionales.
- **Capacitación**. Los diseñadores pueden capacitar a las partes interesadas para que trabajen juntas y creen soluciones. Uno de los componentes de la aptitud de capacitar es la de facilitar.

· **Ver las cosas de modo diferente**. El diseñador tiene capacidad de observación y han recibido un formación encaminada a desarrollar su pensamiento lateral, lo que le permite evaluar una situación social de manera diferente o nueva y, por consiguiente, diseñarla de una manera innovadora. Esta cualidad está relacionada, también, con la empatía porque el diseñador está habituado a ponerse en el lugar de los usuarios.

· **Prototipar**. Realizar prototipos es una etapa en el proceso de resolución de problemas que permite considerar diferentes soluciones y probarlas.

· **Asumir riesgos**. Los diseñadores están acostumbrados a proponer innovaciones y la asunción de riesgos es habitual en su trabajo.

· **Creatividad, innovación, conexión**. Los diseñadores conectan con el conocimiento y la creatividad inherentes a las personas, y son capaces de emplearla para coproducir innovaciones.

En mi opinión, gracias a estas aptitudes, los diseñadores pueden apoyar a los trabajadores sociales en las dinámicas propias del Trabajo Social con grupos y con comunidades y su conocimiento puede ser muy útil en entornos de tanta importancia para los ciudadanos como la sanidad, la educación, las políticas de integración social o la participación ciudadana, como ya están demostrando algunos de los proyectos realizados en los últimos años.

5. A modo de conclusión: Diseño social y Trabajo Social, espacios compartidos

El *Diseño social* se orienta, principalmente, a las necesidades de las personas (Margolin y Margolin), de ahí que podamos vislumbrar la aparición de un espacio compartido con el Trabajo Social, un espacio de necesidades que no le es ajeno al diseño, en la medida en que los diseñadores siempre tratan de responder a estas y a los problemas de los grupos sociales, incluso cuando hablamos de un diseño para el mercado: «Los edificios se conciben para habitar, los objetos y las herramientas se desarrollan para el trabajo y el ocio, y los dispositivos visuales se crean para apoyar a la comunicación» (Sosa Medina, 2005:1).

Por otro lado, el Diseño se ha descrito como una actividad para la resolución de problemas. En ese sentido, Buchanan (1992) ha puesto de relieve que los diseñadores se enfrentan a problemas mal definidos y, aplicando su pensamiento creativo, intervienen para encontrarles solución. Pero para intervenir es esencial conocer la situación problemática de la misma forma que sucede en Trabajo Social, donde no es factible trabajar sin llevar a cabo un análisis y una evaluación previa de la situación, ni es posible hacerlo sin seguir un proceso sistemático, aunque flexible.

El Diseño nunca tiene lugar en el vacío. Siempre se desarrolla en el seno de una sociedad y refleja cómo es esta. Por eso los diseñadores –influidos por una teoría social del diseño que hunde sus raíces en el siglo XIX– siempre han tenido la voluntad de mejorar el entorno, las comunicaciones o las herramientas que utilizan los seres humanos. El *Diseño social* surge de esa voluntad pero, también, de la necesidad que sienten los diseñadores –ante una realidad de desigualdad e injusticia–, de aplicar el saber propio del diseño a la resolución de problemas sociales a través de intervenciones con distintas personas y grupos en situaciones de necesidad. Su aspiración, por tanto, es la de ser una profesión de ayuda.[9]

Como en el Trabajo Social, por tanto, su enfoque es holístico y su actuación se centra en lograr el bienestar de los individuos[10], comunidades, grupos y organizaciones en general, algo que en los últimos años se ha convertido en una aspiración profesional y no solo en una actividad benéfica, como ha sido habitual hasta fechas muy recientes (e incluso sigue siéndolo actualmente).[11]

---

9. «Todas las profesiones de ayuda se inician como un respuesta a la insatisfacción de necesidades humanas. Esta formas de ayuda profesional emergen cuando las personas que experimentan algún sufrimiento o un desarrollo insuficiente de algún aspecto de su vida, no encuentran en las redes naturales de ayuda una respuesta adecuada a sus necesidades. Médicos, maestros y otros grupos profesionales inician su aparición y reciben la aprobación social cuando desempeñan funciones específicas de ayuda» (Aguilar Idáñez, 2013: 24).

10. López Peláez, refiriéndose al Trabajo Social señala que es una disciplina científica nacida para fortalecer la trayectoria de las personas y para posibilitar la ciudadanía real, trabajando para el bienestar de los ciudadanos y para que avancen en su inclusión social (López Peláez, 2015).

Pero no se trata de que el diseñador ocupe el lugar del trabajador social en los proyectos de intervención social, ni de que el *Diseño social* asuma el campo de actuación del Trabajo Social. Se trata, más bien, de dilucidar qué tipo de problemas sociales pueden entrar dentro del ámbito del diseño, de definir qué puede ser lo distintivo de esta disciplina profesional a la hora de enfrentarse a ellos, de determinar qué es lo que puede hacer exactamente y, sobre todo, de establecer puentes con el Trabajo Social para abordar los proyectos de manera interdisciplinar, como ya se viene haciendo desde hace décadas con otros profesionales: psicólogos, sociólogos y antropólogos, principalmente.

Si los diseñadores quieren trabajar en el ámbito social, y hacerlo en profundidad y de manera duradera, necesitan apoyarse en perspectivas cada vez más desarrolladas en el Trabajo Social como, por ejemplo, la del *empowerment.*

Necesitan, además, aprender de los trabajadores sociales cómo resolver los conflictos que surgen en los procesos de codiseño, cada vez más importantes y más generalizados. En ese sentido, el Trabajo Social puede ofrecer enfoques, métodos y herramientas muy necesarios para entender la naturaleza de los problemas y necesidades sociales.

A su vez, los diseñadores pueden ofrecer a los trabajadores sociales no solo la mejora de los espacios, comunicaciones, tecnologías u objetos –como ha sido hasta fechas muy recientes–, sino también su capacidad para la resolución de problemas, en línea con lo que Langdon y Rothwell (1985) han afirmado: el diseño es una actividad de naturaleza cognitiva. En ese sentido, Dodgson, Gann y Salter (2005) han puesto de relieve que los diseñadores son profesionales-investigadores (como lo son también los trabajadores sociales) que operan como un puente entre las ideas y la práctica y vinculan los elementos artísticos, imaginativos y creativos para dar lugar a resultados prácticos y realizables.

---

11. Muchos proyectos sociales llevados a cabo por diseñadores han sido para organizaciones sin ánimo de lucro y realizados de manera voluntaria, como algo al margen de la vida profesional. En estos momentos, el diseño social se empieza a entender como un área de especialización profesional que necesita de conocimientos específicos y que no puede realizarse de manera esporádica ni voluntarista.

De manera más específica, gracias a su enfoque centrado en las personas, los diseñadores han demostrado su capacidad para resolver problemas, en general, por su implicación activa con los usuarios finales. Pero además, en los casos en que se han enfrentado más concretamente a problemas sociales en campos como los de la sanidad, el desarrollo urbano, la cultura o la seguridad, han contribuido en su resolución gracias a su aptitud para establecer conexiones entre factores e ideas distintos y que, en principio, parecían desconectados entre sí.

Si bien el Trabajo Social con grupos y con comunidades cuenta con sus propios métodos, sus técnicas y herramientas, considero que el codiseño puede aportarles instrumentos de utilidad, especialmente en lo que se refiere a la mejora de la comunicación que es un elemento fundamental en las dinámicas grupales. La metodología del codiseño, por ejemplo, aplicada al Trabajo Social con grupos y comunidades, puede, además, contribuir a que las personas sean más conscientes de su creatividad y más capaces de expresarse y compartir sus intereses, inquietudes y sentimientos.

Mi experiencia en este ámbito me ha permitido contrastar que con herramientas tan sencillas como un simple *collage*, en tan solo quince minutos, podemos conocer muchas de las inquietudes y deseos de las personas, de un manera posiblemente menos traumática para ellas que las habituales entrevistas de acogida en los servicios sociales. Gracias a instrumentos como, por ejemplo, los mapas de empatía o de experiencia de usuario, el Método Problema/Definición de Kimbell (2014) y Kimbell y Julier (2002), no solo podemos descubrir los problemas y necesidades de una comunidad o sus experiencias respecto a un determinado servicio público, sino también detectar las capacidades de los miembros del grupo y la comunidad y con ello que los trabajadores sociales puedan orientar procesos de *empowerment* personal, grupal y comunitario.

Aunque como ya he comentado, en 2002, Margolin y Margolin proponían un modelo social para el «diseño social» basado en el Trabajo Social, a día de hoy, no existen investigaciones en el ámbito del diseño que lo hayan desarrollado, de modo que solo se ha quedado en una propuesta teórica. Esa carencia incita, sin embargo, a profundizar en ello, máxime cuando nos encontramos en un momento de creciente proximidad entre el diseño –y sus vertientes más comprometidas socialmente– y el Trabajo

Social. Por otro lado, esta disciplina hace muchos años que ha incorporado el arte a las intervenciones sociales y ha podido comprobar que la creatividad puede ser de gran ayuda en ciertos procesos, especialmente en aquellos en los que es necesario mejorar la autoestima de los usuarios.

Sin embargo, no parece haber sucedido lo mismo con el diseño. Al menos no se refleja en los estudios existentes, en los que apenas hay alusiones al Trabajo Social. Esto contrasta, sin embargo, con el papel que está desempeñando el codiseño en los países escandinavos, Australia y Gran Bretaña, donde se ha convertido en una metodología utilizada cada vez con mayor frecuencia en procesos participativos, observada con interés por el sector público e incorporada a muchos proyectos de diseño de servicios para los ciudadanos. En buena parte de los proyectos participan trabajadores sociales. Sin embargo, el diseño no parece haber despertado todavía el interés del Trabajo Social y viceversa: los estudios realizados por investigadores del codiseño parecen discurrir de espaldas al Trabajo Social.

Esto es lo primero que he podido constatar con mis investigaciones. La revisión de las teorías sobre el Trabajo Social y el análisis de las que se han construido en torno al codiseño me permiten afirmar que hay muchos puntos de coincidencia, algo que es necesario remarcar porque en un futuro próximo es muy posible que diseñadores y trabajadores sociales colaboren de manera estrecha en procesos de intervención social. Por eso, una de mis conclusiones es que es necesario estudiar en profundidad cuál puede ser el papel del diseño en las intervenciones sociales y cuál puede ser el del Trabajo Social en los procesos de codiseño. Otra de mis conclusiones es que es preciso indagar cuál es el rol que puede desempeñar el Diseño en la perspectiva del *empowerment*, así como examinar el alcance real del *Diseño social* –y, en especial, del codiseño– y sus riesgos potenciales en los proyectos de intervención social.

Bibliografía y Fuentes consultadas

Ander-Egg, E. (1996). *Introducción al trabajo social*, Madrid: Siglo XXI.

Asociación para el Fomento del Trabajo Social con Grupos (2006). *Estándares para la práctica del trabajo social con grupos*, segunda edición, versión en español. En http://www.aaswg.org/files/Standards-Spanish.pdf [Fecha de consulta 22/06/2017].

Banks, S. (1997). *Ética y valores en el trabajo social.* Barcelona: Paidós.

Blomkamp, E. (2017). «Co-Design for Government: Magic Bullet or Magical Thinking?», *Proceedings. 3rd International Conference on Public Policy (ICPP3). The Design of Policy and Governance Design: Principles, Practices and Potentials.* Singapur: ICPP3.

Buchanan, R. (1992). «Wicked Problems in Design Thinking». *Design Issues*, 8 (2), pp. 5-21.

Burkett, I. (2016). «So What is Social Design?». *Design 4 Social Innovation.* 21 de enero. http://www.design4socialinnovation.com.au/news/so-what-social-design-ingrid-burkett/ [Fecha de consulta: 23/12/2017].

Cottam, H. and Leadbetter, C. (2004) «Health: Co-creating services». *Design Council.* En http://www.designcouncil.org.uk/sites/default/files/asset/document/red-paper-health.pdf [Fecha de consulta: 18/08/2017].

Cook, M.R. (2011). *The Emergence and Practice of Co-Design as a Method for Social Sustainability Under New Labour.* Tesis doctoral. Londres: University of East London. En: https://core.ac.uk/download/pdf/16424120.pdf?repositoryId=96 [Fecha de consulta 4/07/2017].

De Rivas, M.J. (2000). *Manual de Treball Social.* Valencia: Universidad de Valencia.

De Robertis, C. (1994). *La intervención colectiva en Trabajo Social. La acción con grupos y comunidades.* Buenos Aires, Argentina: Ateneo.

Design Council. (2007). *Eleven lessons: managing design in eleven global Companies.* Londres: Design Council. En: http://www.designcouncil.org.uk/resources/report/11-lessons-managing-design-global-brands [Fecha de consulta 2/07/2017].

IFSW(2014). «Definición Global del Trabajo Social», en IFSW, http://ifsw.org/propuesta-de-definicion-global-del-trabajo-social/ [Fecha de consulta: 23/12/2017].

Fernández García, T. y López Peláez, A. (2006). *Trabajo Social Con Grupos.* Madrid: Alianza Editorial.

Fernández García, T.; López Peláez, A. (2008). *Trabajo Social comunitario. Afrontando juntos los desafíos del siglo XXI.* Madrid: Alianza Editorial.

Fernández González, M. (ed.) (2012). *Gestión de proyectos.* Madrid: Grupo 5. IFIS Grupo 5.

Frascara, J. (ed.) (2002). *Design and the Social Sciences: Making Connections,* Londres y Nueva York: Taylor & Francis.

Guy, B. (2002). «Community Design Primer, Environmental Leadership Program», en https://issuu.com/monacecilie/docs/bradley-communitydesignprimer [Fecha de consulta: 25/07/2017].

Hyysalo, S., Lehenkari, J. (2002). «Contextualizing Power in a Collaborative Design Project», en Binder, T., Gregory, J., Wagner, I. (Eds.) (2002) PDC 02. *Proceedings of the Participatory Design Conferencia.* Malmö, Suecia: PDC, 93-103.

Iedema, R., Merrick, E., Piper, D., Britton, K.; Gray, J., Verman, R., Manning, N. (2010). «Codesigning as a Discursive Services: The Architecture of Deliberation», *The Journal of Applied Behavioural Science,* 46 (1), 73-91.

Kimbell, L. (2014). *The Service Innovation Handbook. Action-oriented creative thinking toolkit for service organizations.* Amsterdam: Bis Publishers.

Kimbell, L., Julier, J. (2012). *The Social Design Methods Menu.* En: http://www.lucykimbell.com/stuff/Fieldstudio_SocialDesignMethodsMenu.pdf [Fecha de consulta: 14/08/2017].

Langdon, R.; Rothwell, R. (ed.), 1985. *Design and innovation, policy and management,* Londres: Pinter Publishers.

Lockton, D. (2013). *Design with Intent: A design pattern toolkit for environmental & social behaviour change.* Tesis doctoral, Brunel University, School of Engineering & Design.

López Peláez, A. (2015). *Teoría del Trabajo Social con grupos.* Madrid: Editorial Universitas. Segunda edición revisada y ampliada.

Manzini, E. (2015). *Design, When Everybody Designs: An Introduction to Design for Social Innovation.* Cambridge, MA: The MIT Press.

Manzini, E., Rizzo, F. (2011). «Small project/large changes. Participatory design as an open participated process». CoDesign: International Journal of CoCreation in Design and the Arts. 7(3-4), pp. 199-215.

Margolin, V., Margolin, S.(2002). «"Social Model" of Design: Issues of Practice and Research», *Design Issues*, vol. 18 (4), pp. 24-30.

NASW (2008). «Code of Ethics», en http://www.naswtn.com/?page=15

Pérez Serrano, G. (2016). *Diseño de proyectos sociales. Aplicaciones prácticas para su planificación, gestión y evaluación.* Madrid: Narcea.

Sanoff, H. (2006). «Multiple views of participatory design», *METU Journal of the Faculty of Architecture*, Vol. 23 (2), 131-143.

Sangiorgi, D. (2011). «Transformative services and transformation design». *International Journal of Design*, 5(2), 29-40. En: http://www.ijdesign.org/ojs/index.php/IJDesign/article/view/940/344 [Fecha de consulta: 20/07/2017].

Segado Sánchez-Cabezudo, S. (2012). *Nuevas tendencias en Trabajo Social con familias. Una propuesta para la práctica desde el* empowerment. Madrid: Trotta.

Sosa Medina. R. (2005). *Computational Explorations of Creativity and Innovation in Design.* Tesis doctoral. Sydney: University of Sydney.

Sparud-Lundin, C., Josefsson, U., Berg, M., Hellström, A., Koinberg, I., Jenholt Nolbris, M, Ranerup, A., Skäsäter, I. (2013). «Use of participatory design in the development of person-centred web-based support for persons with long-term illnes», *European Journal for Person Centered Healthcare*, vol. 1 (2), 369-380.

Tan, Lauren (2012). *Understanding the Different Roles of the Designer in Design for Social Good. A Study of Design Methodology in the DOTT 07 (Designs of the Time 2007).* Tesis doctoral. Newcastle: Northumbria University. En: http://nrl.northumbria.ac.uk/8454/ [Fecha de consulta: 20/07/2017].

Thorpe, A., Gamman, L. (2011). «Design with society: why socially responsive design is good enough». *CoDesign*, vol. 7 (3–4), 217–230.

Tromp, N. (2013). *Social Design. How products and services can help us act in ways that benefit society.* Tesis doctoral. Delft: Technische Universiteit Delft.

Tromp, N., Hekkert, P., Verbeek, P-P. (2011). «Design for Socially Responsible Behaviour: A Classification of Influence Based on Intended User Experience». *Design Issues.* Vol. 27, (3), pp. 3-19.

Tromp, N., Hekkert, P. (2009). «Design for Society. Bridging user concerns with societal ones through implication design». En http://www.iasdr2009.or.kr/Papers/Doctoral%20Colloquium/Design%20for%20

Society%20-%20Bridging%20user%20concerns%20with%20societal%20ones%20through%20implication%20design.pdf [Fecha de consulta: 24/08/2017].

Trecker, H.B. (1948). *Social Group Work. Principles and Practices.* Nueva York: Woman's Press.

Vezzoli, C.A., Manzini, E. (2008). *Design for Environmental Sustainability.* Londres: Springer.

Viscarret, J.J. (2007). *Modelos y métodos de intervención en Trabajo Social.* Madrid. Alianza Editorial.

I

Diseño social latinoamericano
Algunos elementos conformantes[1]

PEDRO SENAR, MARCELO GIMÉNEZ Y ALICIA ROMERO

El diseño como categoría disciplinar o como práctica no parece requerir la especificación de "social". Podemos afirmar que es intrínsecamente social, ya que simplemente su denominación refiere a acciones, prácticas, saberes específicos vinculados y desarrollados en el seno social. Sin embargo esta adjetivación, resulta ser un recurso que parece necesario –no solo en lo referido a la disciplina que nos convoca– para sectorizar o especificar por sobre el concepto inicial, una orientación particular que lo caracteriza. Podemos hallar como ejemplos vinculados: desarrollo (social), innovación (social), trabajo (social), entre otros. Encontramos en estos gestos ciertas coincidencias en términos de su búsqueda de identificación. Si bien imprecisa y por ende demandante de aclaraciones y definiciones, *Diseño social* parece ser, al menos en nuestra contemporaneidad, una posible denominación que contiene una serie de prácticas disciplinares con una orientación clasificable al interior del campo proyectual.

Esta denominación no unívoca reside en el seno de otras vinculadas, que se relacionan en mayor o menor medida, la anteceden o contienen

---

1. El texto presente tiene su antecedente publicado. El diseño social en perspectiva latinoamericana, Recorrido por algunas de sus instancias históricas. Revista Hábitat Inclusivo. Número 10. Octubre 2017. ISSN 2346-9293.Bs As Argentina. Pág. 1 a 38. Senar, P., Gimenez,M.,Romero,A.2017. http://www.habitatinclusivo.com.ar/hi/10/articulos/HI_10_el_diseno_social_en_perspectiva_latinoamericana.pdf

según la posición analítica que se utilice. Entre las más difundidas encontramos: diseño para el desarrollo, la inclusión y/o accesibilidad, el diseño y las cadenas de valor, el diseño sostenible, el ecodiseño, el diseño socialmente responsable, el universal, el centrado en el usuario, el *slow*, el diseño para adultos mayores, el diseño para todos, el libre de barreras, el transgeneracional, el participativo, el diseño sin edad. Si algo las congrega es la invitación a revisar las prácticas disciplinares, demarcando la necesidad de un debate sobre la mirada de carácter social que define contemporáneamente diseño.

En este texto intentaremos hacer un breve recorrido en términos históricos y territoriales del concepto de diseño social. En primera instancia abordaremos la preocupación e interpretación del diseño social en los inicios de la disciplina moderna, desde la mirada de alguno de sus exponentes, y cerraremos intentando recorrer algunos sucesos que entendemos significativos en el contexto latinoamericano. En segunda instancia recorreremos brevemente los cambios sociopolíticos y culturales producidos después de 1960, en el apartado: *condición sociopolítica global iniciada en la década de 1970*, incluyendo la variable tecnocientífica. Por último intentaremos describir cómo fue afectada la región latinoamericana en ese contexto y cuáles fueron algunas de sus respuestas desde el diseño social.

Puntos de partida del diseño social

Una breve exploración del pasado reciente permite comprobar que estos enfoques disciplinares tienen sus precedentes. La necesidad de revisar los ejes de atención sobre la cuestión social en el marco de las prácticas proyectuales se acredita, de modo especial, al diseñador, profesor y escritor Victor Joseph Papanek (Viena, 1927-1998, Kansas).[13] Crítico sagaz de la cultura del diseño moderno y de las consecuencias de su intervención en el mundo y en la sociedad, en 1970 publica su libro *Design for the Real World: Human Ecology and Social Change*. En el prefacio adelanta que "el diseño tiene que ser un utensilio innovador, altamente creativo e interdisciplinario, que responda a las verdaderas necesidades del hombre. Ha de estar orientado a la investigación y es preciso que dejemos de deshonrar a la misma tierra con objetos y fabricaciones pobremente diseñados. Papanek marca esta cuestión inaplazable que, junto a otras y en el contexto de una discontinuidad de época, apuntan a una transformación urgente de las acciones irresponsables del ejercicio disciplinar.

Los debates que a partir del siglo XVIII acompañan el decurso de la Revolución Industrial y de las revoluciones políticas, permiten detectar tempranamente algunos temas y problemas recurrentes cada vez que se reflexiona acerca de la práctica del diseño en el seno de la vida natural y social, aunque su sesgo difiere en cada época: cuestionamientos éticos, estéticos y económicos; evaluaciones científicas y tecnológicas; tópicos como los parentescos y distancias entre bellas artes, artes decorativas o aplicadas o bien entre arte, artesanía y diseño; sus vínculos con el trabajo creativo, no creativo, alienado, etc.

El análisis contemporáneo de los sucesos nos brinda una distancia temporal y geográfica que permite revisar esas posiciones contextualizándolas. En un marco de coincidencias, algunos autores de nuestro medio académico tejen relaciones entre el componente social del diseño y la modernidad, y remontan su vínculo hasta los principios de la disciplina (Doberti y Giordano, 1996; Bernatene, 2006; Romero, Giménez y Senar, 2006; Galán, 2011; Gómez, 2012; Ledesma, 2013). Estos autores subrayan que la cuestión social de los diseños es un tema intrínseco de la constitución del proyecto moderno y del propio quehacer disciplinar. En un encuentro con intelectuales y artistas argentinos en el año 2003, Tomás Maldonado se reconocía filiado a la perspectiva de "proyecto inconcluso" que Habermas[3] otorgara a la Modernidad . Maldonado consideraba necesario realizar "un esfuerzo tendiente a establecer algunas pautas de reflexión aptas para un enfoque racional al tema de la modernidad". Para Maldonado los principios nucleares del proyecto moderno se alojan en la tradición de la racionalidad occidental, por ejemplo, los famosos conceptos de libertad, igualdad y fraternidad que "adquieren un carácter institucional (y jurídico) en la declaración de los derechos del hombre y del ciudadano

---

3. El ensayo de Jürgen Habermas conocido como "La Modernidad: un proyecto incompleto" fue originalmente el discurso con el que aceptó el premio Theodor W. Adorno de la ciudad de Frankfurt en septiembre de 1980. Reiterado como James Lecture en The New York Institute for Humanities, New York University, el 5 de marzo de 1981, fue editado como "Modernity vs Postmodernity" en New German Critique 22 (Winter 1981), p. 3-14.

de 1789". Luego de más de dos siglos de existencia y a pesar de todas las modificaciones y transgresiones del caso "no hay la menor duda que en términos muy genéricos las nociones de libertad, igualdad y fraternidad hacen parte, y parte esencial, del patrimonio de inspiración democrática y humanística del proyecto moderno." Aunque hoy "ellas se demuestran insuficientes" (Gradowczyk, 2008: 27-30). Tal insuficiencia, sin embargo, nos parece adjudicable a la socialmente dispar y territorialmente colonial realización de dichos ideales desde el inicio de su postulación por parte de las naciones europeas modernas.

La preocupación por lo social en el campo disciplinar, filiaciones modernas

El proyecto moderno y la época de las revoluciones son indisolubles del doble aspecto revolución política-revolución industrial. La certeza de esta aseveración está subrogada desde el corazón mismo de Occidente por autores tales como Thomas S. Ashton. En un estudio suyo, ya clásico (1948), aborda esta cuestión desde una perspectiva crítica al plantear que "si el proceso de industrialización trajo un nuevo entendimiento y un mayor control de la naturaleza, también aportó una nueva actitud ante los problemas sociales. Para el capital el mejoramiento social era materia de asociaciones voluntarias y no una ocupación del estado o de individuos... Y así gran parte de la población cayó en miseria y mendicidad". En el contexto al que Ashton refiere, la oposición se enfocó hacia las formas productivas y económicas de la maquinización y la producción en masa.

Gert Selle menciona que en Inglaterra, el escritor, artista y reformador social John Ruskin (Londres, 1819-1900, Cumberland) y el diseñador, poeta y también reformador social William Morris (Essex, 1834-1896, Middlessex) fundaron una teoría social del diseño y, como referentes disciplinares, iniciaron un proceso crítico-social. Ellos elaboraron un programa de resistencia a los aspectos destructivos del siglo XIX industrial; con este fin revalorizaron el oficio medieval. En el pensamiento de Ruskin, la artesanía, como modalidad de trabajo, tendría la capacidad de evitar la marcha de una civilización que destierra, por un lado, el sentido de la belleza, en provecho de las pasiones utilitaristas o económicas y, por el otro, el sentido de la cooperación en provecho de la lógica productivista de la división del trabajo social. Por esta razón propuso construir una alianza entre la teoría del arte y la doctrina social, defendiendo una forma de trabajo lúdica y cooperativa (Estrada Rodrígues 2009: 148). Ruskin preconizó que las personas de la sociedad debían vivir felices; sosteniendo su preocupación por la justicia social, bogando por una vivienda mejorada para los trabajadores industriales, un sistema educativo nacional y beneficios jubilatorios para los mayores.

Por su parte, Morris propuso una forma de construcción del mundo material "hecho por el pueblo y para el pueblo" porque no es posible disociar el arte de la moral, de la política y de la religión.

> Basta que una persona cultivada mire de soslayo sobre una hoja de papel para que inmediatamente se pongan en movimiento toda una masa de obreros... que le dan todo el día vueltas a la manivela. Este sistema proporciona una triple bendición. En primer lugar, comida y vestimenta, viviendas malas y un poco de reposo para los obreros, luego grandes riquezas para los capitalistas que los emplean, así como una relativa satisfacción..., y al final, muy al final, todo un acopio de arte barato destinado a los operarios y a los que le dan a la manivela (Pevsner, 1966: 22, cit. en Selle, 1973: 68).

Con esta perspectiva crítica nació el movimiento *Arts & Crafts* en torno a tres ideas básicas: hacer el arte más accesible, crear arte con sentido y mejorar la artesanía. Aquellos que compartían las creencias de Morris promovieron el diseño y el retorno al buen oficio, y denostaron los bienes "desagradables" de la época victoriana producidos en masa. Morris "convocó a la aptitud del propósito, a la verdad en la naturaleza de los materiales y métodos de producción, y a la expresión individual tanto del diseñador como del trabajador" (McDonald, 2017: 19).

En su escrito "Mitos y zonas oscuras en las narraciones de la historia del diseño industrial", María del Rosario Bernatene cuestiona el consenso historiográfico acerca del único protagonismo de Ruskin, Morris, el movimiento de *Arts & Crafts* e incluso el estilo *art nouveau* en la reacción a las condiciones de producción objetuales y sociales, y al carácter despoetizado de la producción técnica. La diseñadora industrial advierte que las demandas de funcionalidad y "limpieza" de las formas técnicas, fueron insistidas con mayor fuerza por "grupos de destacados ingenieros de diversos sectores de la industria inglesa, norteamericana, alemana y francesa, que no han sido ponderados en las versiones 'oficiales' de la Historia del diseño". En este rumbo, sería muy interesante considerar las teorías sociales que emergían de estas prácticas proyectuales dado que, en coincidencia con Bernatene, consideramos que el diseño de bienes de producción "debe integrarse al estudio de las relaciones diseño-sociedad, (2015: 19).

En el curso de los siglos XVIII a XX, la economía industrial se impone y expande como motor de progreso y riqueza para los países centrales y, fundamentalmente, como acumulación de poder. Dada la división internacional del trabajo, los países de la periferia quedan en situación de dependencia, subsumidos a procesos capitalistas que determinan su producción y orientan su destino histórico. Finalmente, y en particular desde 1850, con "las sucesivas etapas de la revolución industrial, se empezó a hablar de diseño" (Joselevich, 2005: 17) a través de las más diversas denominaciones.

Uno de los episodios principales de este desarrollo se produce en Rusia, cuando en 1914 surge el Constructivismo, movimiento artístico y arquitectónico que se hizo especialmente protagónico después de la Revolución de Octubre. El término "Constructivismo" aparece –con un sentido positivo para la creación de lo cotidiano– en el *Manifiesto realista* (1920) de los artistas Naum Gabo y Antoine Pevsner. "El arte debería asistirnos allí donde la vida transcurre y actúa: en el taller, en la mesa, en el trabajo, en el descanso, en el juego, en los días laborales y en las vacaciones, en casa y en la calle, de modo que la llama de la vida no se extinga en la humanidad". Con esta afirmación, que postula el arte como una práctica encaminada a fines sociales, el constructivismo consagra al diseño como una fuerza efectiva de la Revolución, lo que es posible con un sentido vanguardista al menos hasta 1934 y la ruptura con Stalin.

Un grupo de críticos y escritores inspirados por la teoría marxista y pertenecientes al *INJUK-Institut Judózhestvennoy Kultury* (Instituto de Cultura Artística) de Moscú, promovieron en 1921 la denominada plataforma «productivista» del constructivismo. Una fracción de los constructivistas —Aleksandr Ródchenko, Vladímir Tatlin, Karl Ioganson, Varvara Stepánova, Liubov Popova, El Lissitzky— se radicalizó, proclamándose productivista con el objetivo de hacer del arte uno de los sectores del trabajo manual y de la producción económica. Los aportes del constructivismo en la génesis del diseño social alcanzan cuestiones de género y de inclusión. En una carta enviada desde París, a donde se trasladó en 1925 para diseñar la sección soviética de la Exposición Internacional de las Artes Decorativas e Industriales Modernas, Ródchenko escribió: «La luz de Oriente no es solamente la liberación de los trabajadores. La luz de Oriente consiste en una nueva actitud hacia el individuo, la mujer y las cosas. Nuestros objetos en nuestras manos deben ser también iguales, también camaradas y no esclavos negros y lúgubres, como aquí." (1927: 20).

El protagonismo ruso en la elaboración de los aspectos sociales del diseño fue ignorado por las bibliografías occidentales canónicas, a través de la denegación general de los vínculos entre prácticas políticas y producciones sociales, y del rechazo de todo aquello que provenía del Este revolucionario. Así, consideramos con Bernatene que los aportes occidentales a la práctica proyectual en el siglo XX no pueden ponderarse "sin los antecedentes de experimentación entre los artistas y escuelas soviéticas con las cuales se tenía estrecho diálogo" (2015: 23-25).

Algunos constructivistas rusos fueron luego profesores y conferencistas en la Bauhaus, y una parte de los métodos de enseñanza *VKhuTeMas* fueron retomados y desarrollados por aquella escuela alemana. La *Staatliches Bauhaus* fue la Escuela Estatal de Diseño, Arte y Arquitectura fundada en 1919 en Weimar por el arquitecto, urbanista y diseñador alemán Walter Gropius (Berlín, 1883-1969, Boston). Disuelta en 1925, la Bauhaus abordó una nueva etapa en Dessau, con una mayor difusión internacional, la radicalización de su discurso teórico funcionalista y el ascenso del arquitecto suizo Hannes Meyer (Basilea, 1889-1954, Lugano), quien sucedió a Gropius en la conducción desde 1928 a 1930. Meyer emigró a Moscú y luego, desde 1938, se estableció en México, donde llevó a cabo su influyente actividad durante una década. Mies van der Rohe (Aquisgrán, 1886-1969, Chicago) estuvo a cargo hasta el cierre en septiembre de 1932 y durante la última etapa de Berlín, que terminó un año después, con las detenciones de algunos de los alumnos y la disolución por Mies, al negarse a aceptar las condiciones impuestas por la Gestapo.

En una época tan decisiva de la historia mundial, Walter Gropius define a los proyectistas como "portadores de la responsabilidad y conciencia del mundo" (1935 [1966: 72]) y menciona que "construir es un trabajo colectivo, su desarrollo no depende de un individuo sino de los intereses de la comunidad" (Giono 2013). Esta postura se profundiza con Hannes-Meyer quien, al rechazar la consecución de proyectos individuales, aplicó a su gestión el concepto de diseño colectivo. Su enseñanza postulaba que "construir y diseñar son, para nosotros, una y la misma cosa; constituyen un proceso social. En este sentido, la Bauhaus de Dessau [...] no es un fenómeno artístico sino social" (Gropius, 1935 [1966: 123-124]).

Con estas citas al discurso de algunos protagonistas mundiales del diseño moderno se puede comprender que la *cuestión social* entreteje su existencia no solo con aquellas instancias específicas de la producción de objetos y procesos, sino explícitamente con factores circunferentes y conexos que tensionan su enfoque crítico sobre las acciones que las disciplinas proyectuales despliegan en distintos períodos o momentos históricos.

El diseño social moderno aportes desde el territorio al sur del ecuador

Las diversas perspectivas, sus anclajes y desarrollos se enfrentan en arduos debates que, teniendo como tópico el diseño, develan los cruces con la realidad social, cultural y política. Estas discusiones, vinculadas con el modo mismo de la disciplina, poseen características divergentes según sus referencias, los momentos y los territorios en los que se constituyen y consolidan. Los países al sur del ecuador durante el modernismo, inicialmente y en términos de los estudios históricos a la fecha, parecen tener escaso valor decisorio en la construcción de la mirada social de los diseños en el Occidente. Si bien existen diseñadores y teorías de gran importancia para la cultura proyectual moderna en América Latina, en general, tanto los unos como las otras se habilitarán en el marco del territorio europeo. No obstante, investigaciones presentes y futuras pueden arrojar otros resultados.[4]

El Movimiento Constructivista tuvo un amplio y profundo impacto en maestros modernos de la región tales como Carlos Mérida, Enrique

---

4. En particular en el marco de la revisión de los desarrollos denominados "artesanales" y los procesos "manufactureros", muchas veces interrumpidos o desviados, cuya diversidad resiste e insiste desde el más remoto pasado de nuestros territorios.

Tábara, Aníbal Villacís, Theo Constante, Oswaldo Viteri, Luis Molinari, Carlos Catasse y Oscar Niemeyer, por nombrar solo unos pocos. En Argentina, a partir de los años 1940, varios movimientos se conectaron al ideario de las vanguardias constructivistas, especialmente el Arte concreto-invención, el Madi y el perceptismo. *Nueva visión* es el nombre que llevará la publicación que desde diciembre de 1951 hasta 1957 difundirá las ideas de los concretos y más en general de las prácticas estéticas de vanguardia de su tiempo. En 1954, Maldonado es invitado por Max Bill para trasladarse a trabajar en la *Hochschule fur Gestaltung de Ulm* –la *HfG Ulm*, considerada por muchos una progresión de la Bauhaus–, de la cual será profesor, después miembro de las instancias de conducción y finalmente rector entre 1964 y 1966. Antes de viajar a Ulm, Maldonado había especificado:

> Mi actividad creadora, como la de todos mis compañeros de ruta, está impelida por un afán de participación efectiva en la vida de todos los hombres [...] entrando en el universo de la producción de objetos en serie, objetos de uso cotidiano y popular, que, en definitiva, constituyen la realidad más inmediata del hombre moderno (Risley, 2008: 73-74).

El movimiento concreto en Argentina se desarrolló en compleja vinculación con el proyecto justicialista liderado por el General Perón, desde las desavenencias con el Ministro de Educación Oscar Ivanissevich hasta el breve nombramiento de Tomás Maldonado al frente de la subcomisión de diseño industrial –junto a su colega Alfredo Hlito y a los arquitectos Manuel Borthagaray y Francisco Bullrich– durante la gestión de Ignacio Pirovano como Presidente de la Comisión Nacional de Cultura en 1952-1953.

En 1946 Perón había asignado al Dr. (Horacio Raúl) Descole la tarea de reestructurar la Universidad Nacional de Tucumán con el propósito de generar un polo modernizador que pudiera competir con el incipiente crecimiento de Brasil. Se instalaba así en nuestro país un discurso y una concepción moderna en la Arquitectura que contaba en su haber con figuras como las de Catalano, Vivanco, Sacriste y los profesores italianos invitados: Rogers y Tedeschi, entre otros. Era el momento en que la Argentina enviaba granos para mitigar el hambre europeo y los profesionales y artistas que no habían llegado refugiados en el período de entreguerras, iniciaban luego de la segunda posguerra un recorrido que los traería por América, sinónimo de pujanza, progreso y bienestar." (Devalle, 2005: 2)

La incidencia de estos pioneros en la constitución de un discurso disciplinar crítico es evidente, pero emerge en estas latitudes tiempo después, en el marco de los cambios de procesos sociopolíticos de gran intensidad en Latinoamérica y el mundo, constituidos a partir de la década de 1970 (Devalle, 2008).[5]

Algunas carreras de diseño, asimismo protagonistas en la conformación de la práctica en nuestro país, se configuraron en torno al período desarrollista: la carrera de diseño de la Universidad Nacional de Cuyo se creó en 1958 y entre los años 1970 y 1980 logró las ramificaciones industrial y gráfica[6]; en 1960-1961, en la Escuela Superior de Artes de la Universidad Nacional de La Plata se instauraron los estudios de diseño a título experimental –en Comunicación Visual y de Arte Industrial– junto al departamento de Cinematografía.[7]

En una ponencia de 2015, el diseñador Edgar Saavedra Torres elabora una periodización de los discursos que abordan lo social e introduce una

---

5. También durante los años 1960, el diseño es desarrollado a modo experimental en el IDI-Instituto de Diseño Industrial de Rosario, a cargo del arquitecto Gastón Breyer, creado como dependencia gubernamental dentro del INTI-Instituto Nacional de Tecnología Industrial, bajo la sigla CIDI-Centro de Investigaciones en Diseño Industrial, a cargo del Ing. Basilio Uribe. En este marco, el diseño es considerado un factor dinamizador de la economía y potenciador del desarrollo industrial.

6. "[...] este proceso tuvo su antesala en 1947, cuando se proyectó una Escuela de Arquitectura en la Universidad Nacional de Cuyo (UNCuyo), junto con la Escuela Superior de Artes (ex Academia de Bellas Artes) que entonces contempló un Departamento de Artes Aplicadas" (Carranza 2013). "[...] creada bajo el espíritu pionero de César Jannello en 1958 respondía a uno de los desafíos desarrollistas que consistía, entre otras cuestiones, en activar las economías regionales y emergentes. El diseño –sin todavía especialización gráfico, indumentaria, industrial– era una respuesta a un incipiente impulso industrialista y, en consecuencia, debía transformarse en la instancia superadora de las escuelas de artes y oficios." (Devalle, 2008).

personalidad de gran importancia para el tema educativo:

> La discusión de lo social en el diseño se inicia en Europa [...] no queda claramente determinado y, en este estado, los presupuestos ideológicos imperantes que subyacen [...] se trasladan a Latinoamérica con Gui Bonsiepe y su propuesta de diseño para el Tercer Mundo contenida en *Diseño de la Periferia*, texto generado a partir de la intervención que realizó entre 1968 y 1970 en Chile que se muestra con más detalle en *Diseño industrial, tecnología y subdesarrollo* (1975).

Gui Bonsiepe (Glücksburg, 1934) se graduó en Diseño de Información en la HfG Ulm, primer escenario de la gestión disciplinar internacional de Tomás Maldonado. Esta escuela, sus concepciones, programas y metodologías, a través de los lazos recíprocos con ambos diseñadores, resultó una incidencia decisiva en la educación proyectual de nuestro país y para la región.[8] Al respecto, Bonsiepe considera que "en la actualidad muchas de las innovaciones de la escuela en lo atinente a la enseñanza y los enfoques metodológicos y analíticos del diseño se han convertido en un conocimiento común y han sido absorbidos por la enseñanza de diseño y la práctica profesional".

---

7. "Allí las figuras de Daniel Almeida Curth y Roberto Rollié son centrales e indican el fuerte compromiso que también tuvo el diseño en La Plata con un proyecto de crecimiento industrial. No es casual que, en los programas y los estudios preliminares para la creación de ambas carreras, abundasen las citas y referencias al Royal College de Londres y a la Hochschule für Gestaltung de la ciudad de Ulm, Alemania donde Tomás Maldonado se desempeñaba como profesor (y luego a partir de 1964 como director)" (Devalle, 2008).

8. Bonsiepe fue docente de la HfG Ulm (entre 1960 y 1968), Jefe del Equipo de Diseño Industrial de Chile (1971-1973) y Vicepresidente del Consejo Internacional de Asociaciones de Diseño Industrial (1973-1975). Desde 1973 trabaja en Argentina. A partir de 1981 amplía su labor trabajando para el Consejo Nacional de Investigación de Brasil (CNPq), donde funda el Laboratorio Brasilero de Diseño Industrial (Florianópolis). En 1987 se traslada a los Estados Unidos de América donde trabajó tres años en un *software house* en Berkeley. Entre las distinciones que ha recibido se cuentan la del Senado de Berlín para Contribuciones a la Metodología Proyectual (1967), la de Acelco por el diseño de una cabina de ascensor (1977) y el premio ex aequo por el diseño de una cosechadora de yerba mate otorgado por el Banco de Misiones (1979). Introdujo en el área disciplinar la idea del diseño de información. En 2009 publicó Cultura Proyectual o Sociedad; sus escritos han sido publicados en español, italiano, portugués, alemán, inglés, coreano. Actualmente vive y trabaja en Brasil y en Argentina.

Condición sociopolítica global iniciada en la década de 1970

Alineado a la crisis derivada de las guerras mundiales y de las tensiones entre los bloques sociopolíticos, Occidente fortalece políticas económico-productivas de corte desarrollista con componentes sociales vinculados a lo que se denominó "estado de bienestar". Desde la Segunda Guerra Mundial hasta la crisis del petróleo (1973) la economía impulsada por las dinámicas productivas de los cambios sociotécnicos creció sin pausa a nivel mundial. Este proceso, con las particularidades de cada territorio –que no fueron menores– se sostiene en el mundo occidental hasta mediados de la década de 1970. En este contexto, el fortalecimiento de las visiones económicas de corte ortodoxo establece las bases para un conjunto de políticas económicas orientadas a lo que se denominará neoliberalismo, haciéndolas oscilar, según la mirada de Stiglitz (2004), excesivamente lejos de las anteriores concepciones y durante demasiado tiempo. Sostenidas en la reacción a los "fracasos" del estado de bienestar. La estrategia central, para cerrar la situación de crisis consistía en reducir las erogaciones del Estado, el llamado gasto fiscal. Finalizando la década de 1970 se puso en marcha una serie de planes de ajuste y recortes presupuestarios en una importante cantidad de países de Occidente. Las áreas de salud y seguridad social, así como los derechos del trabajador, fueron fuertemente afectados (Fontana, 2014). En la década de 1980 y en los inicios de 1990 se establecieron una serie de lineamientos de corte político y económico que fueron vehiculizados a los diversos gobiernos a través de los organismos financieros internacionales y el tesoro de los Estados Unidos. Estos lineamientos se asocian al llamado Consenso de Washington y consistían en estrategias para el desarrollo centradas en las privatizaciones, la liberalización de los mercados de capitales y la macroestabilidad. (Stiglitz, 2004: 3).

En paralelo, durante el mismo período histórico se profundiza el proceso de transformación sociocultural en el marco del desarrollo científico tecnológico. Una nueva "revolución industrial" centrada en las tecnologías de la información, modificó en pocas décadas las bases materiales de la sociedad (Castells, 1999). Durante los años 1980 se posicionó la gestión tecnológica como estrategia para el desarrollo empresarial (Escorsa Castells y Valls Pasola, 1997). La investigación y el desarrollo se transformaron en parte de los enfoques de estudios sobre el crecimiento económico

(Porter, 1985; Roberts, 1987; Matthews, 1990). Los avances en las áreas tecnocientíficas se consolidaron a través de las miradas divergentes sobre los procesos. Los acervos técnicos conquistados permitieron la revisión y reedición metodológica, ampliando el parque productivo en orden al capital intensivo a nivel mundial a través de los nuevos métodos de organización productiva, en el marco de la especialización flexible y la gestión del "justo a tiempo", entre otros.

El aumento de poder del capital frente al trabajo se volvió exponencial. El desarrollo tecnocientífico y las nuevas condiciones sociopolíticas globales propusieron, con intensidades y orientaciones diferentes según la naturaleza de las fuerzas políticas y las instituciones de cada país, un paulatino pero constante declive de los movimientos sindicales y una individualización y diversificación crecientes en las relaciones de trabajo (Castells, 1999). Se constituyó una amplia heterogeneidad de la clase trabajadora: con individuos muy especializados trabajando en empresas con cierta estabilidad y con mayor capacitación; también trabajadores "flexibilizados" con una gran inestabilidad laboral, y otros, directamente desocupados, marginados o caídos del sistema. Las condiciones de producción reavivan el debate sobre "lo laboral" con el surgimiento de teorías acerca de la pérdida de centralidad del trabajo y aquellas otras referidas a su "fin" (Gorz, 1988; Rifkin, 1995; Offe, 1996).

La revisión de "lo social" en el marco de la sociopolítica global de la década de 1970

La cuestión social de los diseños se fortalece fuertemente en este período, redefiniendo y diversificando sus orientaciones teóricas y sus prácticas. Se observa un doble efecto en términos de desarrollo disciplinar, con importantes matices intermedios, que dado el carácter de este texto no especificaremos exhaustivamente, pero se vuelven centrales para comprender la diversidad de miradas en el marco de lo *postmoderno* en contraposición al período anterior (Bernatene, 2015).

Por un lado, comienza un crecimiento y difusión exponencial de "los diseños", vinculándolos a las nuevas dinámicas sociotécnicas, posicionando con ímpetu el desarrollo de materialidades para el consumo de elite. Las críticas del movimiento moderno respecto al consumo y su consecuencia degradante para el medio cultural y ambiental se subsumen en las necesidades de desarrollo productivo, apertura de mercados e incremento del comercio mundial. Las disciplinas proyectuales comienzan a posicionarse como factor de innovación, y para los años 90 se asume la vinculación directa entre esas dinámicas y la disciplina (Buesa Molero, 1996; Bonsiepe, 1998; López, 1998)[9]. Su importancia en el marco del desarrollo de la oferta artefactual se acrecienta día a día. A tal punto que, "curiosamente", hasta se separa como un subconjunto del campo objetual. Algunas producciones artefactuales se clasifican como "objetos de diseño".

Por otro lado, se traza un itinerario de prácticas proyectuales fuertemente basado en un redimensionamiento del discurso racionalista-funcionalista para el desarrollo artefactual en acuerdo con las condiciones de accesibilidad en el uso, a partir de la búsqueda de la integración social. Se revisan marcos de eficiencia en la relación sujeto-objeto: a partir de la incorporación de "nuevos usuarios" se focaliza en aspectos del colectivo social en términos de condicionamientos psicofísicos. Como ejemplo, véase la necesidad de adaptar el medio físico a las personas vinculadas al concepto de "eliminación de barreras".[10] Comienza un proceso de institucionalización disciplinar en este marco, proceso de retroalimentación

---

9. Según Andrés López, "el elemento iniciador de las actividades innovadoras no se vincula con la ciencia sino con el 'diseño' entendido como procedimientos, especificaciones, técnicas y características operativas necesarias para el desarrollo y fabricación de nuevos productos o procesos" y, en el ámbito internacional, autores españoles asocian a las disciplinas del diseño con "una forma de innovación vinculada a los activos intangibles de las empresas" Este último autor y Bonsiepe describen al diseño como un elemento constitutivo del proceso general de la innovación: "el diseño introduce las innovaciones científicas y tecnológicas en el quehacer de la vida cotidiana".

10. Esto es, la visualización de una necesidad de adaptar el medio físico a las personas y el surgimiento del concepto eliminación de barreras o, en su defecto, la idea de que la propia persona, por medio de ayudas técnicas, se adapte para poder acceder y participar de la sociedad sin problemas. En la "Reunión del Grupo de Expertos sobre el Diseño Libre de Barreras" celebrada en New York en 1974, se establecieron requisitos para la formación de proyectistas orientados a la eliminación de aquellas barreras físicas que dificultan a las personas con discapacidad el poder participar plenamente de la sociedad en igualdad de condiciones (Arjona Jiménez, 2011: 1).

crítica y específica impulsada por el contexto sociopolítico[11]; así, en el año 1989 se acuña el concepto de diseño universal.[12]

Las orientaciones de prácticas inicialmente referidas a la integración, fuertemente arraigadas a partir del establecimiento de marcos normativos, re-visionan sus fundamentos acercándose a los discursos vinculados al concepto de inclusión. Este proceso se fortalece en el año 1994, cuando el *Seminario Iberoamericano de Accesibilidad al Medio Físico* celebrado en Rio de Janeiro plantea la superación del concepto de accesibilidad en el marco del Diseño universal.[13] Este proceso de desarrollo de uno de los componentes del diseño social propone una mirada de convergencia, de incorporación para el uso igualitario de los bienes materiales, basado fuertemente en una lógica de avance y mejoras de la eficiencia de usabilidad.

La afectación social de las decisiones proyectuales tomadas sobre el artefacto es amplia, en términos políticos, sociales, económicos y ambientales. Sin embargo, estas revisiones y reedición del enfoque racional funcionalista en torno a la problemática contemporánea, parece mantenerse dentro de los mismos ejes relacionales con el consumo que Maldonado criticaba en torno a la actividad del proyectista en la década de 1960:

> Creíamos que los productos "bien diseñados" podían bastar, por si solos, para aviar un orden –un orden contagioso– en el medio del desorden inenarrable del mercado capitalista. Nos engañamos.

---

11. En su origen son incidentes los movimientos sociales de la década de 1960, como aquellos pro-derechos civiles, o el de vida independiente en los Estados Unidos de América, un movimiento social de personas con diversidad funcional que lucha por su emancipación y empoderamiento, enlazado con el concepto de "normalización" surgido en los países escandinavos (Arjona Jiménez, 2011: 1).

12. 1989 es el año en que se funda el Center for Universal Design de la Universidad de Carolina del Norte, entendiéndose por diseño universal la "creación de productos y entornos diseñados de modo que sean utilizables por todas las personas en la mayor medida posible, sin necesidad de adaptaciones o diseños especializados". Se reconoce al arquitecto Ronald L. Mace como uno de sus más importantes impulsores (Gómez, 2011).

13. Entre las acciones del Seminario se cuenta la exigencia de discontinuar el uso del Símbolo de Accesibilidad por considerarlo discriminatorio: no debería haber espacios diferenciados o adaptados sino compartidos (Arjona Jiménez, 2011:3).

> Nuestros productos, contrariamente a lo que imaginábamos, se revelaban eficientes como agentes de proliferación: introduciendo en el mercado, de hecho, nuevos arquetipos sin sustituir los ya existentes [...] de pronto constatábamos, no sin embarazo, que nuestra actividad como proyectistas contribuía a la devoción irracional por las mercancías [...] (1965: 188-189).

Es decir, estas corrientes proyectuales no parecían preguntarse sobre la incidencia de cuestiones que Bernatene (2015) señala como indispensables en términos de la honestidad intelectual disciplinar: los proyectos políticos, las formas de distribución de las riquezas, el ejercicio del poder y el control a lo largo de las cadenas de valor que estas prácticas proponen o promueven. En cambio, sí se comienza a tratar el tema de la participación de los usuarios en las decisiones sobre su entorno proyectual y productivo.

Este formato de la proyectualidad desde el neo-racional-funcionalismo se fortalece en el período llegando a nuestros días como parte importante del componente social de los diseños. Junto a esta corriente se observan algunas otras como el diseño centrado en el usuario, el diseño para todos, el diseño transgeneracional, con pequeñas o amplias diferencias vinculadas, no solo en su fundamentación conceptual, sino en su práctica específica, en su relación con lo social y también con lo ambiental.

Las orientaciones sociales del diseño contemporáneo mencionadas parecen tener fuertes nexos coincidentes en los ejes de estudio en conflicto: los desarrollos tecnocientíficos y el modelo sociopolítico postcapitalista. El proceso de retraimiento del Estado produjo la disminución del acompañamiento social que este ejercía hacia los sectores poblacionales vulnerables o desafiliados (Castel, 1995). Con diferentes perfiles políticos y capacidad de acción, los actores disciplinares se plegaron al esfuerzo de suplir este retiro del Estado a partir de la acción de la sociedad civil. Durante el período, las líneas de los diseños sociales mencionadas se retroalimentaron, ampliando y diversificando sus posicionamientos, inclusive vinculándose unas a las otras y posicionándose como partes constitutivas de las disciplinas proyectuales. Sus manifiestos, objetivos y métodos se entrelazan y dialogan en todo el abanico del hacer disciplinar. Su presencia en la formación académica también se ha extendido siendo parte de los programas actuales. A su vez en muchos casos, como hemos mencionado, se han adoptado y son parte de las estrategias de desarrollo del conglomerado productivo, estableciendo lineamientos y estrategias para la concepción y producción artefactual, para la planificación y evaluación urbana y arquitectónica, no solo en el ámbito privado sino también en la esfera pública y la sociedad civil. Parte de este conglomerado de prácticas nucleadas en los diseños sociales se ha transformado casi en sentido común.

La situación sociopolítica de Latinoamérica contemporánea

El territorio latinoamericano no es ajeno al contexto sociopolítico contemporáneo. Las políticas socioeconómicas ortodoxas de reacción al estado de bienestar se administran con diferentes niveles de intensidad también desde mediados de la década de 1970, con una oscura particularidad: la aplicación de una extrema violencia física y simbólica por parte de los Estados a partir de la acción de agentes militares en el poder político y en el marco de la interrupción del orden democrático-institucional.

Dentro de América Latina el caso argentino es paradigmático en cuanto al desarrollo de políticas de corte neoliberal. Los organismos internacionales que alentaron su aplicación a nivel mundial expusieron durante buena parte de la década de 1990 (ya con el orden democrático restablecido) el caso argentino como modelo exitoso de la aplicación de sus políticas. La postcrisis de 2001 también resultó un ejemplo en relación con sus graves consecuencias en términos socioeconómicos. Stiglitz señala lo falaz del discurso internacional: "en la década de 1990 [Latinoamérica] tuvo la mitad del crecimiento alcanzado en los años sesenta y setenta, las décadas marcadas por las políticas 'fallidas' de sustitución de importaciones." (2004: 5-6). La receta del Consenso de Washington no provocaría crecimiento con equidad, y la redistribución no era simplemente una cuestión de definiciones políticas de segundo orden, sino que su afectación era inmediata y central (Piketty, 2008).

En ese período, Argentina transmutó de una sociedad articulada en el marco del desarrollo industrial a otra de clara hegemonía financiera (Azpiazu y Schorr, 2010: 19). Las profundas modificaciones sociopolíticas producidas por el cambio de modelo de acumulación del capital con desarrollo de industrialización por sustitución de importaciones a otro de inserción financiera (Lindenboin, 2008: 28-29) le quitó vigorosamente la atención al mercado interno y, por lo tanto, al poder adquisitivo del trabajador, relativizando su importancia en la construcción de valor. La aplicación de estas políticas generó un profundo deterioro, entre otras consecuencias, comprobado en el proceso de precarización e informalidad laboral y desempleo (Altimir y Beccaria, 1999; Damill, Frenkel y Maurizio, 2002)[14] que produjo en Argentina el incremento de un 5 % de desocupación y de un5,4 % de subocupación registrados en 1974 a un 21,5% y un 18,6% respectivamente en 2001 (Neffa, 2008: 20). En ese mismo campo acontece una pérdida de participación de la industria en el PBI que de un 28,3% en 1974 descendió a solo un 15,3% en 2001 (Aspiazu y Schorr, 2010: 30, 90 y 148)[15] con su consecuente proceso de primarización de la economía, además de la conformación de oligopolios en las ramas productivas más importantes en relación con el PBI (Azpiazu y Schorr, 2010) y de un proceso de extranjerización del capital.

El fuerte incremento en el número de trabajadores marginales o informales, con trabajos temporales significó un quiebre en la unidad (homogeneidad) de la clase trabajadora y en los reclamos obreros del período comprendido entre 1945 y 1970. Estos y otros factores fueron generando un acentuado retroceso de amplios sectores de la población en las relaciones de reparto. Combinado con un fuerte retraimiento del estado de bienestar, que dificultó de manera creciente el acceso de amplios sectores de la población a derechos como: vivienda, educación, salud y trabajo, situación que alcanzó un pico de tensión entre fines del siglo XX e inicios del XXI. Las emergencias devenidas de la crisis social del período proponen, en lo disciplinar, la revisión, ampliación y redefinición de los componentes sociales de *los diseños*.

---

14. La concentración económica, el desplazamiento del estado, la apertura indiscriminada de la economía, el impacto negativo sobre la actividad productiva con las consecuentes crecientes dificultades de la población para obtener una inserción laboral satisfactoria, la paulatina precarización de las condiciones de empleo remunerado y el efecto negativo sobre la participación salarial en producto y capacidad de compra de ese salario fueron las características de las décadas finales del siglo XX (Lindenboin 2008: 29).
15. Cuadros generados en base a fuentes del INDEC y BCRA con series compensadas (Aspiazu y Schorr, 2010).

Lo tecnocientífico después de 1970

El desarrollo científico del período posterior a la Segunda Guerra Mundial y los cambios sociotécnicos en el marco de la información y comunicación también impactaron fuertemente en el continente americano. El lugar signado a Latinoamérica en el contexto de una creciente dependencia tecnológica se rubricará e intensificará en la contemporaneidad. El cambio sociopolítico de carácter ortodoxo amplió la brecha tecnocientífica entre nuestro territorio y los países de mayor índice de desarrollo en este campo. Se refuerza la consideración del rubro como gasto y con carácter no prioritario. La concepción tecnológica neutral del compendio sociopolítico aplicado en Latinoamérica redefine la tecnología como un factor externo de la vida cultural del continente que puede comprarse y utilizarse. La renovación de la infraestructura productiva sucede en términos cada vez más inclinados a la adopción o transferencia, con una magra vinculación, en las redes y agentes interinstitucionales, entre el tejido científico tecnológico y el sistema socioproductivo. Este panorama, como casi cualquier otro, posee matices o contradicciones en términos de casos y sectores que no se pliegan a estos lineamientos generales; entre ellos, y tal vez entre los más importantes en el marco nacional argentino, encontramos el proceso del compendio tecnológico de la energía nuclear.

Este contexto, que predomina en el período contemporáneo, tiene sus discordancias: en los primeros momentos de la década de 1970 se verificaban importantes debates acerca del rol de la tecnología. Miradas divergentes, acciones en el campo de la autonomía tecnológica, son parte del desarrollo latinoamericano (Varsasky, 1969; Herrera, 1973). Las mismas se retroalimentan de otras experiencias históricas y también presentes, como las de aquellos países centroamericanos que, en la búsqueda de independencia tecnológica, estudiaban dificultades de implementación sumamente concretas.

> Fue un disparate apurarse tanto con la industrialización. Quisimos sustituir todas las importaciones de golpe por la vía de la fabricación de productos terminados y no vimos las complicaciones enormes que trae la importación de productos intermedios (Ernesto Guevara en O'Donnell, 2012: 269).

Asimismo, se cuestionaba con la concepción neutral: "en los países en vías de desarrollo, la tecnología se convierte en un factor exógeno [...] Cuando se importa tecnologías se importan modelos culturales –modos de hacer, valores, sistemas de relaciones humanas, etc.– de cuya creación no participan." (Herrera, 1973: 58-70). Por entonces Argentina se vuelve un actor central en ese debate. La Fundación Bariloche[16] y los textos acerca de "estilos de desarrollo" acompañan, entre otros, la construcción acerca de la necesidad de una autonomía tecnológica y ponen un fuerte acento en la mirada sociopolítica alternativa por la generación de estrategias de desarrollo no imitativas de los procesos de países llamados desarrollados. La profundidad de su acción aporta, entre otras cosas, el "Modelo Mundial Latinoamericano" (1972-1975), intentado generar una mirada alternativa al desarrollo propuesto por los modelos economicistas, incluyendo esferas sociales subjetivas en los procesos y también las iniciativas para llegar a esa transformación (Aguilar, 2016: 128). Dentro de tal construcción, en conjunto con el posicionamiento del movimiento moderno, se desarrolla una fuerte crítica a la matriz de consumo que llega al discurso político del período: "La modificación de las estructuras sociales y productivas en el mundo implica que el lucro y el despilfarro no pueden seguir siendo el motor básico de sociedad alguna. En otras palabras, necesitamos nuevos modelos de producción, consumo, organización y desarrollo tecnológico que, al mismo tiempo, den prioridad a la satisfacción de las necesidades esenciales del ser humano, racionar el consumo de recursos naturales, disminución al mínimo posible de la contaminación ambiental."[17]

Con la interrupción del orden democrático en 1976 estas corrientes de pensamiento y su porosidad con la gestión estatal van perdiendo espacio sociopolítico en Argentina y también el continente, posicionando como discurso oficial la concepción neutral, con una cuasi irrestricta apertura

---

16. La fundación, cuya tarea se inició en 1963, fue un muy importante organismo de investigación científica en el marco de las ciencias naturales y sociales. Llegó a contener la tarea de más de 200 investigadores y becarios. Con el gobierno militar de 1976 el reconocimiento y sostenimiento económico estatal se modificó a persecución y control de la producción.

17. PERÓN, Juan Domingo. 1973. "Mensaje ambiental a los pueblos y gobiernos del mundo" (Madrid, 21 de febrero), cit. en Coviello, Pryluka 2016: 119.

técnica y una consecuente disminución de la masa crítica de científicos y tecnólogos y, por ende, un retraimiento en la capacidad local de generación de conocimientos socioproductivo. Contexto y lugar que el Territorio aún hoy continúa discutiendo, aunque cada vez con menor capacidad de elección.

La revisión latinoamericana de lo social en los diseños bajo las perspectivas sociopolítica y tecnológica contemporáneas

Como referimos en términos generales en el apartado anterior, el comportamiento disciplinar contemporáneo reacciona sobre el nuevo contexto sociopolítico mundial en clave de las particularidades del territorio. También mencionamos que se inicia un período en el que se verifican nuevos contrastes. Se observa un marcado incremento de la atención hacia *los diseños* desde las dinámicas de consumo y los mercados. En ese mismo escenario se inaugura una etapa con bases conceptuales alejadas de la mirada mercantilizada con fuerte atención hacia actores excluidos de los programas tradicionales de acción proyectual como señala, por ejemplo, el interés por las capacidades diferentes. El contexto social latinoamericano acompaña esas tensiones disciplinares de origen internacional, imprimiendo o no un acervo local. Se retoman los discursos construidos y en construcción, y se generan praxis en ese sentido. Ejemplo de la atención hacia sectores poblacionales excluidos de los programas de diseño son las acciones de algunas instituciones como, por ejemplo, el Centro de Investigación Barreras Arquitectónicas, Urbanísticas y en el Transporte (CIBAUT) que se crea en 1980 en el marco de la UBA[18] y, con anterioridad, el CIDI (1963), en algunos de cuyos programas, para la década de 1980, se verifica su preocupación por las temáticas de accesibilidad que también el clima de época componía.

---

18. "Las actividades y trayectoria del CIBAUT, iniciadas por la arquitecta Clotilde Amengual en 1980, con sede en la Secretaría de Investigación y Desarrollo de la FADU-UBA, se centraron en el desarrollo de proyectos de investigación, la formación académica de grado y posgrado y las presentaciones en ámbitos científicos y académicos, extendiéndose para asesoramientos y servicios de asistencia técnica a organismos, instituciones, ONG y la comunidad". http://www.cibaut.org/.

Por entonces se intensifica el interés en torno a la acción mercantil de las disciplinas proyectuales que, dadas las características del tejido productivo territorial, se desarrolla en forma heterogénea a partir del esfuerzo de sectores específicos y actores disciplinares que hacen punta en la inserción.

La estructura institucionalizada de la disciplina en el proceso de adopción de las bases de *los diseños* –en particular, la del diseño industrial– en términos de importación de componentes tecnológicos, reproducen el enfoque distorsivo de algunas de sus estamentos fundamentales. Como menciona Bernatene (2016), se pusieron "la ética y la honestidad como valor del lado de las formas, las funciones y las metodologías y no de la finalidad política y social de los proyectos y la distribución de las riquezas". Sus consecuencias en torno al hacer disciplinar se alinean con el marco contextual que orienta la sociopolítica aplicada al territorio.

Quizás en forma tardía, con casi tres décadas perdidas (Bernatene, 2016) se comienza a gestar en este territorio un conjunto de acciones disonantes que fueron tomando cuerpo con el devenir del siglo XXI. Se trata de referencias a los diseños sociales que comenzaron a conformarse a través de acciones proyectuales tendientes a la recuperación y/o reconstrucción de derechos vulnerados en el campo de la vivienda, del trabajo, de la salud, de la educación y de la participación en las decisiones de la política. Inclusive en tiempos más avanzados del período y en el marco del acompañamiento del contexto político, no solo se trató de la recuperación de los derechos sino también de su ampliación. Conceptos como economía social y solidaria, comercio justo, redes asociativas, trueque, comercializadoras sociales, cadenas de valor del mercado artesanal, filiación y tecnologías sociales, fueron reconstruyendo la esfera reflexiva y el hacer proyectual en el reencuentro de las prácticas sociales disciplinares con la problemática específica de la sociedad de pertenencia. Estas referencias no son exclusivas de las latitudes sureñas mientras, en cambio, sí lo es la singularidad con la que se trata el tema y los aportes que estos territorios brindan a lo disciplinar en su componente social.[19]

A diferencia del proceso de desarrollo y diversificación disciplinar moderno delineado en el contexto occidental europeo y estadounidense, en este período histórico Latinoamérica acompaña y aporta, colaborando en forma teórico-práctica, el desarrollo disciplinar, en particular en lo que atañe al componente social de los diseños, tanto con sus adaptaciones locales como por la conformación de puntos de vista singulares devenidos de las particularidades del contexto sociopolítico de la región en el período. Sus acciones son difundidas y estudiadas, sus intentos de sistematización, aún en proceso, son observados y discutidos. El continente profundiza sus debates y construcciones propias, propone críticas a las matrices formativas y sus prácticas en torno a la pertinencia en la acción territorial. Esta particularidad que se produce en el componente social de la disciplina no se circunscribe solo a él. Si bien excede el contexto de este escrito, podemos apuntar que, con matices, las prácticas en el marco privado/empresarial también demarcan una mirada crítica al modelo externo del modo proyectual, proponiendo revisiones en torno a las características y dinámicas del tejido local productivo y de servicios.

Estas revisiones se dan en paralelo al proceso de resignificación de los marcos teóricos ligados a lo tecnológico y lo social a partir de la conformación de la línea de pensamiento sociotécnico (Latour, 1989; Callon, 1992; Pinch y Bijker, 1987) y los aportes en clave latinoamericana a partir de los Sistemas Tecnológicos Sociales (Dagnino, 1996; Thomas y Fresoli, 2009; Picabea 2017). Es importante aclarar que no intentamos sostener que exista una relación directa entre estos acontecimientos, pero sí encontramos pertinente este marco teórico en torno a la acción de las disciplinas proyectuales.

En la actualidad, el corpus de prácticas proyectuales en torno al diseño social en la Argentina y en varios países de la región posee un trayecto que se extiende por casi dos décadas. Es muy extensa la casuística en este sentido. Sus áreas de acción se constituyen inicialmente en el marco de posicionamientos de grupos de trabajo y su adhesión más o menos cercana a ciertos marcos analíticos, o la acción en los intersticios de algunos de ellos, intentando vincularlos a partir de la necesidad del

---

19. Si bien estos no son exclusivos de los países latinoamericanos, el conjunto sí propone cierta singularidad. Ejemplos de este mismo proceso los tenemos en Europa con Gérad Paris Clavel y Pierre Bernard, trabajando de manera conjunta en Grapus o separadamente en Ne pas plier. Su enfoque social refiriere a temas como antirracismo, desocupación, etc.

contexto específico. Bajo las categorías de diseño para el desarrollo, diseño inclusivo, accesibilidad, diseño y cadenas de valor, diseño sostenible y ecodiseño, diseño participativo, diseño y hábitat popular, entre otras, se congregan líneas de acción y reflexión proyectual diversas tendientes a pensar la disciplina desde su vertiente social. No es intención de este artículo explicar o definir cada una de ellas; en todo caso, sí hacer mención de algunos esfuerzos en este sentido. Las categorías se encuentran en construcción, con diversos grados de maduración. Igualmente es posible vislumbrar la amplitud y diversidad de la temática junto con su singularidad en el contexto global. Se han efectuado intentos clasificatorios diversos a lo largo de este período, cuyo antecedente iniciático es el repositorio de experiencias de transferencia del año 1999.[20]

Entre algunos referentes de esta vertiente proyectual se cuenta María Ledesma que, a partir de su trabajo de mapeos, ha desarrollado un intento de distribución de las acciones en seis tipos.[21] Lucas Giono (2013) verifica tres ejes posibles a los que denomina abordajes abarcador, inclusivo y posicionado. Otros autores desarrollan clasificaciones duales como, por ejemplo, el modelo de diseño de mercado *vs* los modelos de diseño de productos orientados a las necesidades sociales (Margolin y Margolin, 2012: 162).[22] En los inicios del nuevo milenio, Galán (2011) enunciaba su caracterización del diseño para el desarrollo y la emergencia de un enfoque disciplinar sobre la gestión como superación de una objetística.

---

20. Este se realizó en el marco del proyecto UBACyT PA 022 de la Programación Científica 1999-2000, dirigido por la DI Beatriz Galán.

21. Ellos son: (1) producciones de índole propagandística para la generación de conciencia social (política, social, cultural, de salud o cuidado ambiental); (2) producciones tendientes a incluir grupos separados de la sociedad por motivos no económicos; (3) intervenciones de diseño destinadas a brindar un servicio profesional a quienes no pueden acceder a él; (4) orientación de desarrollos productivos incipientes (en movimientos sociales, en pequeñas comunidades); (5) construcción de identidades/conocimiento integral del territorio como modos de legitimar el saber colectivo; (6) intervenciones de diseño a nivel estatal orientadas a un desarrollo económico y humano con vistas a una mayor calidad de vida y un estado de bienestar social.

22. En comparación con el "modelo orientado al mercado", ha habido poca teorización sobre un modelo de diseño de producto orientado a las necesidades sociales.

A partir de una mirada sociotécnica, otros actores como Bernatene y Canale y otros (2010) trabajan el componente social en vinculación con el diseño sostenible. En el marco del Instituto Nacional de Tecnología Industrial, Biagetti (2006) y Melaragno (2011) aportan una mirada ampliada hacia lo contextual a partir de la conjunción con el enfoque de cadena de valor en su vertiente regional y la demarcación de los factores que afectan a los actores productivos en términos de poder. En torno a la dinámica mundial del mercado del microcrédito, desde el Instituto de Investigación y Desarrollo Tecnológico para la Pequeña Agricultura Familiar del INTA, Garbarini (2011) plantea su vinculación con lo proyectual y el trabajo con pequeñas unidades productivas. Desde el INTA, Justianovich (2015) aporta una mirada disciplinar para el desarrollo y la gestión de tecnología en los sectores rurales más postergados. A partir de equipos en el CONICET y de distintas cátedras universitarias como las de Louzeau y Galán en FADU-UBA, se desarrollan proyectos en diversas áreas de la producción comunitaria. Proponen una mirada hacia el tejido productivo local que demarca la vacancia de medios de producción especializados de baja escala. Desde las áreas urbanística y arquitectónica con su mirada puesta en los sectores sociales, enfoques sobre la reurbanización como los de Fernandez Castro (2010) y Jauregui (2008) proponen enfoques proyectuales que se vinculan con el derecho a la vivienda y la justicia espacial. En este mismo marco, el diseño participativo toma forma, por ejemplo, en la construcción y el fortalecimiento de estructuras organizacionales (mesas de urbanización) para la toma de decisiones territoriales en proyectos de reurbanización. Estas constituyen en la actualidad un espacio de participación que incluso resignifica el concepto de participación en el marco de una construcción política basada en el reclamo de derechos básicos. En la década de 1990, la gestión estatal brasileña a través del SEBRAE –servicio brasilero de apoyo para micro y pequeñas empresas– el programa brasilero de diseño (PBD), y otros organismos vinculados a la mejora de la producción artesanal y su vinculación con áreas proyectuales, aportó un ejemplo de gestión para la inserción de producciones excluidas en el mercado de productos e inclusive para la generación de nuevos mercados específicos. Colombia, con una mirada territorial singular devenida de los conflictos bélicos internos específicos, también ha efectuados sus aportes en línea a la perspectiva brasileña. Sin pretender exhaustividad en el análisis de los formatos clasificatorios ni en los marcos constituidos, mencionamos algunos actores y procesos como intento de ilustrar la tensión contemporánea en lo que atañe al componente social de los diseños, su intento de definición y el desarrollo específico en relación con Argentina y Latinoamérica.

El proceso construido por casi dos décadas, entonces, no es menor. En el devenir histórico, es iniciático para estas latitudes hacer aportes en el contexto mundial a la definición del campo disciplinar. La profundidad de los hallazgos latinoamericanos remite a la posibilidad de generar redimensionamientos de la disciplina y de lograr su singularización a partir de la problemática territorial específica.

Otro aspecto contemporáneo del fortalecimiento de los diseños sociales lo constituyen las muestras de su institucionalización. Si bien aún incipientes, se avizoran aperturas en los programas de las carreras de grado de los diseños en el área formativa. Son aún más nítidas en postgrados y maestrías acerca de la temática cuya oferta en tal marco se ha ampliado fuertemente, en especial en esta última década, así como se perciben más claramente en las áreas de investigación académicas, donde es posible atestiguar intensas y amplias acciones de extensión y transferencia.

En nuestra esfera estatal, en particular en la gestión ministerial, también han surgido recientemente programas específicos que estudian la temática y proponen acciones concretas: entre otros, el Programa de Diseño Asociativo (PAD) y PROCODAS dentro del Ministerio de Ciencia Tecnología e Innovación Productiva (MINCyT), el Programa de Sistemas productivos Locales (SPL) del Ministerio de Producción de la Nación y Marca Colectiva bajo el Ministerio de ⎸Buenos Aires y el Centro de Diseño del INTI, también han generado líneas de trabajo ligadas al diseño social. Asimismo, se han realizado acciones específicas en términos de convenios que también establecen antecedentes locales en este proceso, como es el caso de FADU/MDS. En el contexto del urbanismo, se ha producido legislación específica: es paradigmático el caso de las leyes de urbanización de las villas 20, 31 y Rodrigo Bueno de la Ciudad de Buenos Aires impulsadas por el trabajo proyectual y territorial en conjunto.

Las acciones enumeradas permiten verificar la trascendencia y penetración del componente social en nuestra área disciplinar. Los diseños sociales en Argentina y América Latina han constituido roles, prácticas y campo de acción. No es nuevo el uso del término; sí su modo singular de interpretarlo. Si el diseño moderno nace en el trayecto que va desde la unión del arte y la técnica hasta la utilidad y la síntesis formal, entendemos que el diseño latinoamericano contemporáneo, a partir de su componente inclusivo, busca propiciar una congruencia entre lo tecnológico, lo económico, lo social y lo ambiental a partir de un enfoque orientado a la recuperación y generación de derechos.

Bibliografía

AGUILAR, Paula. 2016. "Planificar una 'nueva sociedad': tiempo trabajo y política", en GRONDONA, Ana (comp.). 2016. *Op. cit.*

ALTAMIR, Oscar, BECCARIA, Luis. 1999. *El mercado de trabajo bajo el nuevo régimen económico en la Argentina.* Santiago de Chile: CEPAL.

ARJONA JIMÉNEZ, Gonzalo. 2011. "Historia de la Accesibilidad III: Evolución de la Accesibilidad: De la eliminación de barreras a la Accesibilidad Universal, pasando por el Diseño para Todos y la Vida independiente". *La accesibilidad es de tod@s.* http://laaccesibilidadesdetodos.blogspot.com/2011/01/historia-de-la-accesibilidad-iii.html

ASHTON, Thomas Southcliffe. 1948. *The Industrial Revolution, 1760-1830.* Oxford: Oxford University Press. Versión en castellano: La Revolución industrial, 1760-1830. Trad.: Francisco Cuevas Cancino. Mexico: Fondo de Cultura Económica, 1950.

AZPIAZU, Daniel, SCHORR, Martín. 2010. *Hecho en Argentina. Industria y economía, 1976-2007.* Buenos Aires: Siglo XXI.

BERNATENE, María del Rosario, UNGARO, Pablo, CALÓ, Julieta, CANALE, Guillermo. 2010. "Nuevos paradigmas pedagógicos en Diseño Industrial: Cadenas de Valor, Reconversión histórica, Generación de Entornos Innovadores y Sustentabilidad". 5° *Encuentro latinoamericano de docentes de diseño: "Latinoamérica hoy caminos hacia una nueva relación entre enseñanza, diseño y producción".* Mendoza: Universidad Nacional de Cuyo.

BERNATENE, María del Rosario. 2006. "Reflexiones epistemológicas y perspectivas de renovación académica, científica y cultural para el Diseño Industrial". *Arte & Investigación* (Universidad Nacional de la Plata). Año 5, N° 10, p. 55-59.

BERNATENE, María del Rosario. 2015. "Mitos y zonas oscuras en las narraciones de la Historia del Diseño Industrial", en BERNATENE, María del Rosario (comp.). *La Historia del diseño industrial reconsiderada.* Buenos Aires: EDULP, p.14-38.

BIAGETTI, Daniel. "Desarrollo profesional de los artesanos. El Subprograma Cadena de Valor Artesanal en el noroeste de la Provincia de Córdoba, un modelo para replicar". Saber cómo (INTI-Instituto Nacional de Tecnología Industrial). N:43, agosto. http://www.inti.gov.ar/sabercomo/sc43/inti6.php

BONSIEPE, Gui. 1998. *Del Objeto a la Interfase.* Buenos Aires: Infinito.

BONSIEPE, Gui. 2008. "Sobre la relevancia de la HfG Ulm", en GRADOWCZYK, Mario H. (ed.). 2008. *Op. cit.*

BOURDIEU, Pierre. 1980. *Le sens pratique.* Paris: Minuit. Versión en castellano: *El Sentido Práctico.* Trad.: Ariel Dilon. Madrid: Taurus, 1992.

BRIK, Ósip. 1923. "V proizvodstvo!". *LEF* (Moskvá). N° 1, p. 105-108.

BUESA, Mikel, MOLERO José. 1996. *Innovación y Diseño Industrial. Evaluación de las políticas de promoción del Diseño en España.* Barcelona: DDI.

CALLON, Michel. 1991. "Techno-economic networks and irreversibility", en LAW, John. *A sociology of monsters: essays on power, technology and domination.* London: Routledge, p. 132–165.

CALLON, Michel. 2005. "Why virtualism paves the way to political impotence". *Economic Sociology. European electronic newsletter* (Köln: The Max Planck Institute for the Study of Societies). Vol. 6, N° 2, February, p. 5-20.

CALÓ, Julieta. 2015. "Tradiciones y rupturas en la concepción social del diseño. Vkhutemas, Bauhaus, HfG-Ulm y su difusión en Argentina", en BERNATENE, María del Rosario. 2015. *Op. cit.*, p. 56-76.

CARRANZA, Martín. 2013. "Intercambios sobre la enseñanza del diseño en la Argentina desarrollista. El caso de la Escuela Superior De Bellas Artes en la Universidad Nacional de La Plata". *Anales del IAA*-Instituto de Arte Americano e Investigaciones Estéticas "Mario J. Buschiazzo" (Universidad de Buenos Aires, Facultad de Arquitectura, Diseño y Urbanismo). Vol. 43, N° 2. http://www.iaa.fadu.uba.ar/ojs/index.php/anales/article/view/117

CASTEL, Robert. 1995. *Les métamorphoses de la question sociale: une chronique du salariat.* Versión en castellano: *Metamorfosis de la Cuestión Social Una crónica del asalariado.* Trad.: Jorge Piatogorsky. Barcelona: Paidos, 1997.

CASTELLS, Manuel. 1996. "Prologue: theThe Net and the Self", en *The information Age: Economy, Society and Culture. Volume 1: The Rise of the Network Society.* Cambridge: Blackwell. Versión en castellano: "Prólogo: La red y el yo", en *La era de la información: economía, sociedad y cultura. Vol. 1: La sociedad red.* Trad.: Carmen Martínez Gimeno. Madrid: Alianza, 1997/ México: Siglo XXI. 1999.

CHIAPONI, Medardo. 1999. *Cultura Social del Producto, nuevas fronteras para el diseño industrial.* Buenos Aires: Infinito.

CIBAUT COPROMA-*Centro de Investigación Barreras Arquitectónicas, Urbanísticas y en el Transporte, Comisión Pro Medios Accesibles.* Facultad de Arquitectura, Diseño y Urbanismo, Universidad de Buenos Aires. http://www.cibaut.org/.

CLAVELL, Soledad, SENAR, Pedro, CAPARRÓS, Candelaria, ROTUNDO, Camila. 2016. "Reurbanización y fortalecimiento socio-productivo del tejido preexistente. Análisis socio-técnico de acciones territoriales de asistencia en proyecto". *Segundo Congreso Argentino de Estudios Sociales de la Ciencia y la Tecnología.* Bariloche: Universidad Nacional de Río Negro.

COVIELLO, Ramiro, PRYLUKA, Pablo. 2016. "Pautas del consumo como problema", en GRONDONA, Ana (comp.). 2016. *Op. cit.*

DAGNINO, Renato, THOMAS, Hernán, DAVYT, Amílcar. 1996. "El pensamiento en ciencia tecnología y sociedad en Latinoamérica: una interpretación política de su trayectoria". *Redes. Revista de Estudios Sociales de la Ciencia* (Bernal: Instituto de Estudios Sociales de la Ciencia y la Tecnología, Universidad Nacional de Quilmes). Vol. III, N° 7, septiembre, p. 13-51.

DAGNINO, Renato. 2011. "Tecnologia Social: base conceitual". *OBMTS-Revista do observatorio do movimento pela tecnología social da Aamerica Llatina* (Planaltina: Faculdade UnB Planaltina, Universidade de Brasília). Vol. 1, N° 1, julho.

DAMILL, Mario, FRENKEL, Roberto, MAURIZIO Roxana. 2002. *Argentina, una década de convertibilidad (Un análisis del crecimiento, el empleo y la distribución del ingreso).* Santiago de Chile: OIT.

DEVALLE, Verónica Estela. 2006. "Un nuevo planteo conceptual sobre la tipografía. Maldonado y la revista Nueva Visión". *Questión* (La Plata: Universidad Nacional de La Plata, Facultad de Periodismo y Comunicación Social). Vol. 1, N° 11, septiembre. http://hdl.handle.net/10915/30136

DEVALLE, Verónica Estela. 2008. "Las carreras de diseño en las universidades argentinas". *Reflexión Académica en Diseño y Comunicación* (Buenos Aires: Universidad de Palermo, Facultad de Diseño y Comunicación). Año IX, Vol. 9: "XVI Jornadas de Reflexión Académica en Diseño y Comunicación 2008", febrero, p. 128-129.

DOBERTI, Roberto, GIORDANA, Liliana, PETRILLI, Miguel. 1996. *El hábitat de la pobreza, configuración y manifestaciones*. Buenos Aires: Comisión de Tierras Fiscales Nacionales. Programa Arraigo.

DOBERTI, Roberto. 2014. *Fundamentos de teoría del habitar*. Buenos Aires, UMET.

ESCORSA CASTELLS, Pere, VALLS PASOLA, Jaume. 1997. *Tecnología e innovación en la empresa: dirección y gestión*. Barcelona: Universitat Politècnica de Catalunya.

ESTRADA RODRIGUES, Henrique. 2009. "A utopia contra a civilização". *Artefilosofia* (Ouro Preto). N° 6, abril, p. 147-157.

FERNÁNDEZ CASTRO, Javier. (comp.). 2007. *100 x 100 habitar. Nuevos modos de vivienda*. Buenos Aires: Facultad de Arquitectura, Diseño y Urbanismo, Universidad de Buenos Aires.

FERNÁNDEZ CASTRO, Javier, CRAVINO, Cristina., TRAJTENGARTZ, Daniela, EPSTEIN, Martín. 2010. Barrio 31. *Posibilidades y límites del proyecto en contextos de pobreza*. Buenos Aires: , IEHu, Buenos Aires.

FONTANA, Pablo Salvador. 2014. "Crisis del Estado de Bienestar: Keynes-KeynesianismoEl desmantelamiento de estado de bienestar". *Historia y Biografías* (Argentina). https://historiaybiografias.com/hacia_lao18/

GALÁN, Beatriz (comp.). 2011. *Diseño, proyecto y desarrollo. Miradas del período 2007-2010 en Argentina y Latinoamérica*. Buenos Aires: Wolkowicz.

GARBARINI, Roxana. 2011. "Diseño y microcrédito. Transferencia de diseño en microemprendimientos ligados al banco popular de la Buena Fe", en GALÁN, Beatriz (comp.). 2011. *Op. cit.*

GIONO, Lucas. 2013. *Diseño en función social. Del concepto al proyecto.* Clase de oposición para el concurso por el cargo de Profesor Adjunto de Taller de Diseño Gráfico 1, 2 y 3, Facultad de Arquitectura, Diseño y Urbanismo, Universidad de Buenos Aires, 26.06.

GÓMEZ, R. 2011. *Diseño inclusivo y responsabilidad social. "Diseño universal"*. Presentación del seminario Diseño universal (Facultad de Arquitectura, Diseño y Urbanismo, Universidad de Buenos Aires).

GORZ, André. 1988. *Métamorphoses du travail: Quête du sens. Critique de la raison économique*. Paris: Galilée. Versión en castellano: *Metamorfosis del trabajo*. Trad.: Mari-Carmen Ruiz de Elvira. Madrid: Sistema.

GOUGH, Maria. 2005. The Artist as Producer: *Russian Constructivism in Revolution*. Berkeley: University of California Press. Chap. 5: "Red Technics: The Konstruktor in Production".

GRADOWCZYK, Mario H. (ed.). 2008. *Tomás Maldonado. Un moderno en acción*. Caseros: EDUNTREF.

GRONDONA, Ana (comp.). 2016. Estilos de desarrollo y buen vivir. Buenos Aires: Ediciones CCC-Centro Cultural de la Cooperación.

GROPIUS, Walter. 1935. "The New Architecture and the Bauhaus". London: Faber & Faber. Versión en castellano: *La nueva Arquitectura y la Bauhaus*. Trad.: Beatriz de Moura. Barcelona: Lumen, 1966.

HABERMAS Jürgen. 1969. *Technik und Wissenschaft als "Ideologie"*. Berlin: Suhrkamp. Versión en castellano: *La ciencia y la técnica como ideología*. Trad.: Manuel Jiménez Redondo. Madrid: Tecnos, 1986.

HABERMAS, Jürgen. 1980. "Modernidad, un proyecto incompleto", en FOSTER, Hal (sel., pról.). *La posmodernidad*. Versión en castellano: Jordi Fibla. Barcelona: Kairós ,1985, p. 19-21.

HERRERA, Amílcar. 1973. "La creación de tecnología como expresión cultural". *Nueva Sociedad* (Buenos Aires). N° 8-9, septiembre-diciembre, p. 58-70.

JAUREGUI, Jorge Mario. 2008. *Economías informales*. Barcelona: Centre de Cultura Contemporània. http://www.jauregui.arq.br/econ_info.html

JOSELEVICH, Eduardo. 2005. *Diseño posindustrial. Teoría y práctica de la innovación*. Buenos Aires: Infinito.

JUSTIANOVICH, Sergio. 2015. "Nuevas prácticas para un nuevo discurso. Historia de proyectos de diseño Industrial que configuran un cambio en el perfil profesional de la disciplina", en BERNATENE, María del Rosario (comp.). *Op. cit.*, p. 99-118.

KIAER, Christina. 2009. "'Into Production!': The Socialist Objects of Russian Constructivism". Versión en castellano: "'¡A la producción!': los objetos socialistas del constructivismo ruso". Trad.: Marcelo Expósito. *EIPCP-European institute for progressive cultural policies* (Vienna). Marzo. http://eipcp.net/transversal/0910/kiaer/es

LATOUR, Bruno. 1987. Science in Action: *How to Follow Scientists and Engineers through Society.* Cambridge: Harvard University Press. Versión en castellano: Ciencia en acción. Cómo seguir a los científicos e ingenieros a través de la sociedadCiencia en acción. Trad.: Eduardo AIbar, Roberto Méndez, Estela Ponisio. Barcelona: Labor, 1992.

LEDESMA, María del Valle. 2013. "Cartografía del Diseño Social. Aproximaciones conceptuales". *Anales del IAA* (Buenos Aires, Instituto de Arte Americano e Investigaciones Estéticas "Mario J. Buschiazzo", Facultad de Arquitectura, Diseño y Urbanismo, Universidad de Buenos Aires). Año 43 (1), p. 97-106.

LINDENBOIM, Javier, DANANI, Claudia (coord.). 2003. *Entre el trabajo y la política. Las reformas de las políticas sociales argentinas en perspectiva comparada.* Buenos Aires: Biblos.

LINDENBOIN, Javier. 2008. "Auge y declinación del trabajo y los ingresos en el siglo corto de la Argentina", en *Trabajo ingresos y política en Argentina.* Contribución para pensar el siglo XXI. Buenos Aires: Eudeba, p. 23-59.

LÓPEZ, Andrés. 1998. "Reciente literatura sobre la economía del cambio tecnológico y la innovación: una guía temática". *Revista de industria y desarrollo* (Buenos Aires). Año 1.

MALDONADO, Tomás. 1949. "El diseño y la vida social". *Boletín CEA* (Buenos Aires: Centro de Estudiantes de Arquitectura). No 2, marzo-abril, p. 7-8.

MALDONADO, Tomás. 1965. "Nosotros y el mundo de las mercancías", en MALDONADO, Tomás. 1977. *Vanguardia y racionalidad. Artículos, ensayos y otros escritos* (1946-1974). Barcelona: Gustavo Gili.

MALDONADO, Tomás. 1997. "Proyectar hoy". *Contexto* (Buenos Aires). Año 1, N° 1, octubre.

MARGOLIN, Víctor, MARGOLIN, Sylvia. 2012. "Un 'modelo social' de diseño: cuestiones de práctica e investigación" *Kepes* (Manizales: Universidad de Caldas). Año 9, N° 8, enero-diciembre, p. 61-71.

MATTHEWS, William H. 1990. "Conceptual framework for integrating technology into business strategy", en DORGHAM, M. A. (ed.) *First International Forum on Technology Management: proceedings of the first IFTM Conference, July 17th-19th 1989.* Geneva: Inderscience Enterprises.

MCDONALD, Bethany E. 2017. "The Artist as a Revolutionary: A Portrait of the Life of William Morris". *Digitalcommpns@LibertyUniversity. Theses and Dissertations Collections. Senior Honors Theses* (Lynchburg: Liberty University). 664, Spring. http://digitalcommons.liberty.edu/honors/664

MELARAGNO, Marcela. 2011. "Diseño, aprendizajes e inclusión", en SCAGLIA, Juan Pablo, GALLARDO Verónica Cecilia (coord). 2011. *Diseñar la inclusión, incluir al diseño: aportes en torno al territorio de convergencia entre diseños y políticas sociales.* Buenos Aires: Azzurras.

NEFFA, Julio César. 2003. *El trabajo humano. Contribuciones al estudio de un valor que permanece.* Buenos Aires, Mexico: Editorial Lumen-Humanitas.

NORMAN, Donald A., DRAPER, Stephen W. (ed.). 1986. User Centered System Design: New Perspectives on Human-computer Interaction. Boca Raton: CRC Press.

O'DONNELL Pacho. 2012. *Che. El argentino que quiso cambiar el mundo.* Edición definitiva. Buenos Aires: Sudamericana.

OFFE, Claus. 1996. "El pleno empleo ¿Una cuestión mal planteada?". *Sociedad* (Buenos Aires: Facultad de Ciencias Sociales, Universidad de Buenos Aires). N° 9.

PAPANEK, Victor. 1970. *Design for the Real World: Human Ecology and Social Change.* New York: Pantheon. Versión en castellano: *Diseñar para el Mundo Real. Ecología Humana y Cambio Social.* Trad.: Luis Cortés de Álvaro. Madrid: H. Blume, 1977.

PEVSNER, Nikolaus. 1966. *Vorträge zur Ideengeschichte des Bauhauses. Zwei Vorträge. Fünfhundert Jahre Künstlerausbildung: William Morris.* Darmstadt: Bauhaus Archiv.

PICABEA, Facundo. 2017. "Los Sistemas Tecnológicos Sociales como herramienta para orientar procesos inclusivos de innovación y desarrollo en América Latina". Revista *Hábitat Inclusivo* (Buenos Aires). N° 10.

PIKETTY. Thomas. 2008. *L'economie des inegalités.* Paris: La Découverte. Versión en castellano: *La economía de las desigualdades. Cómo implementar una redistribución justa y eficaz de la riqueza.* Trad.: María de la Paz Georgiadis. Buenos Aires, Siglo XXI, 2015.

PINCH, Trevor, BIJKER, Wiebe. 1987. "The social construction of facts and artifacts: or how the sociology of science and the sociology of technology might benefit each other". *SSS-Social studies of science*. Vol. 14, N° 3, p. 399-441.

PORTER Michael E. 1985. *The Competitive Advantage: Creating and Sustaining Superior Performance*. New York: Free Press.

RICCINI, Raimonda. 2008. "Cultura de la técnica y teoría del diseño", en GRADOWCZYK, Mario H. (ed). 2008. *Op. cit.*

RIFKIN, Jeremy. 19965. *The End of Work: The Decline of the Global Labor Force and the Dawn of the Post-Market Era*. New York: Putnam. Versión en castellano: *El fin del trabajo. Nuevas tecnologías contra puestos de trabajos; el nacimiento de una nueva era*. Trad.: Guillermo Sánchez Gallego. Barcelona: Paidós.

RISLEY, Julia. 2008. "Marx según Maldonado, en la época heroica", en GRADOWCZYK, Mario H. (ed). 2008. *Op. cit.*

ROBERTS, Edward B. (ed.) 1987. *Generating Technological Innovation*. Oxford: Oxford University Press. Versión en castellano: *Gestión de la innovación tecnológica*. Madrid: Fundación COTEC para la innovación tecnológica, 1996.

RÓDCHENKO, Aleksandr. 1927. "Rodchenko v Parizhe. Iz pisem domoi". *Novi Lef,* N° 2 (carta fechada el 4 de mayo de 1925; versión en castellano: RÓDCHENKO, Alexander. 2009. *Cartas de París*. Trad.: Sergio Mendezona, Ginés Garrido y *Art in Translation*. Madrid: La Fábrica).

ROMERO, Alicia, GIMÉNEZ, Marcelo, SENAR, Pedro, BESADA, Paula. "Artes y Diseños en el Fortalecimiento Comunitario: Prácticas Colaborativas para el Desarrollo Social", en *IV Jornadas de Investigación en Disciplinas Artísticas y Proyectuales. III Congreso "Arte, Educación y Cultura Contemporánea en Latinoamérica"*. La Plata: Universidad Nacional de La Plata, Facultad de Bellas Artes, 2008, p. 84-85.

ROMERO, Alicia, GIMÉNEZ, Marcelo, SENAR, Pedro. 2006. "Diálogos Latinoamericanos en Diseño y Comunidad". *2º Congreso Arte, Educación y Cultura Contemporánea en Latinoamérica. Jornadas de Investigación en Disciplinas Artísticas y Proyectuales*. La Plata: Universidad Nacional de La Plata, Facultad de Bellas Artes, Agencia Nacional de Promoción Científica y Tecnológica.

SAAVEDRA TORRES, Edgar. 2015. "Aproximación a los discursos en torno a la dimensión social del diseño". *V Congreso Latinoamericano de Enseñanza del Diseño*. Buenos Aires: Universidad de Palermo. http://www.fadu.edu.uy/eucd/files/2015/02/ATM_INTRO_dimension_social_del_diseno.pdf

SANDHU, Jim S. 2001. "An Integrated Approach to Universal Design: Towards Inclusion of all ages, Cultures and Diversity", en *Universal Design Handbook.*, McGraw.

SELLE, Gert. 1973. *Ideologie und Utopie des Designs. Zur gesellschaftlichen Theorie der industriellen Formgebung. Köln: DuMont Schauberg.* Versión en castellano: *Ideología y utopía del diseño. Contribución a la teoría del diseño industrial.* Trad.: Eduardo Subirats Rûggeberg. Barcelona: Gustavo Gili, 1975.

STIGLITZ, Joseph Eugene. 2004. "El consenso post-consenso de Washington". *Papelesdesociedad.info.* ("ligera revisión de un trabajo presentado en una conferencia auspiciada por la Fundación CIDOB y Initiative for Policy Dialogue, celebrada en Barcelona en septiembre de 2004, 'Del Consenso de Washington a una nueva Gobernanza Global'").

THOMAS, Hernán, FRESSOLI, Mariano, SANTOS, Guillermo (comp.). 2012. T*ecnología, Desarrollo y Democracia. Nueve estudios sobre dinámicas socio-técnicas de exclusión/inclusiónsocial.* Buenos Aires: Editora MINCyT.

THOMAS, Hernán, FRESSOLI, Mariano. 2009. "En búsqueda de una metodología para investigar tecnologías sociales", en DAGNINO, Renato (org.). T*ecnologia Social. Ferramenta para construir outra sociedade.* Campinas: Kaco, p. 113-138.

UNIVERSITÄT FÜR ANGEWANDTE KUNST (Wien). *The Victor J. Papanek Foundation.* http://papanek.org.

VARSASKY, Oscar. 1969. *Ciencia, Política y Cientificismo.* Buenos Aires: CEAL.

VARSASKY, Oscar. 1974. *Estilos Tecnológicos.* Buenos Aires: Periferia.

VILLEGAS, León. 2017. "El Principio COOP. Hannes Meyer en el Museo Franz Mayer". *Arquine* (Mexico). 10 de abril. http://www.arquine.com/el-principio-coop-hannes-meyer-en-el-museo-franz-mayer.

II

LA UNIVERSIDAD Y OTRAS INSTITUCIONES

TALLER LIBRE DE PROYECTO SOCIAL
En el Barrio Carlos Mujica
info
Si tenés alguna pregunta
o sugerencia contactanos en:
www.tlps.com.ar
facebook/taller libre de proyecto social
Teléfono:
Temas relacionados
> Ley de urbanización
> Proyecto de urbanización
> Derecho a la vivienda
> Proyecto favela barrio
Estamos trabajamos en el barrio los Sábados de 11 a 15 hs.
Desde Julio hasta Noviembre.

Formación universitaria
para el proyectar con la comunidad

BEATRIZ PEDRO

En elaboración conjunta con el equipo docente del TLPS

Introducción

Desarrollaremos el enfoque sustentado desde el Taller Libre de Proyecto Social, sus concepciones y prácticas del *proyectar compartido con la comunidad*, que desde el reconocimiento del derecho a proyectar por parte de los "usuarios", en particular las mayorías que sufren la emergencia habitacional en nuestro país, parte del posicionamiento de priorizar sus necesidades y el reconocimiento de su protagonismo para la elaboración de propuestas y proyectos de mejoramiento.

Al hablar de emergencia habitacional resaltamos en particular la de los sectores a los que se les niega el derecho al hábitat residencial en las ciudades[1] y en particular a los habitantes de villas y asentamientos, quienes con su lucha de décadas han ido logrando instalar en la agenda pública, legislativa[2], académica y profesional la necesidad de reconocer sus derechos a la radicación, la centralidad y la justicia espacial que como parte del derecho a la ciudad[3], y han dado forma a la conceptualización de

---

1. Ver Carta Mundial de Derecho a la Ciudad. Foro Social de las Américas. Quito, julio 2004.

2. Ver en www.gcba.com.ar Las leyes aprobadas para la urbanización de varias de las villas de la CABA, sobre la base de la Ley 148, que siguen incumplidas.

3. Fernandes Edésio, La construcción del "derecho a la ciudad" en Brasil.

reurbanización[4] de villas y asentamientos con el objetivo de su "integración socio urbana".

El reconocimiento de una "comunidad con "derecho a proyectar y reproyectar" el mejoramiento de su hábitat por parte de los "autoproductores" pone en tensión las lógicas proyectuales disciplinares de diseñadores, arquitectos y urbanistas, profesiones (no las únicas) que más visiblemente inciden en el entorno material del hábitat humano y replantean los criterios y las metodologías que sustentan las políticas públicas de abordaje e intervención.

La experiencia del Taller Libre De Proyecto Social (TLPS)

> [...] trabajar con la parte de la sociedad donde los problemas son más cuantiosos en número de personas afectadas, más urgentes, hasta podría decirse, incómodamente, más propios; y también más novedosos y desafiantes para los [arquitectos y diseñadores]. (Víctor Pelli, 2001).

Con la profunda crisis y rebelión popular del 2001-2002, irrumpieron a la luz pública abruptamente las postergaciones, carencias y demandas populares. Las tremendas consecuencias sociales de la crisis impactaron en docentes y estudiantes de la Facultad de Arquitectura y Diseño en el ámbito de la UBA, donde se dictan seis carreras proyectuales, y motivaron múltiples iniciativas y acciones sociales, barriales y productivas, yendo al encuentro de los sectores populares, de sus luchas y de sus organizaciones sociales.

El TLPS es una experiencia académica emergente de ese proceso, que se propuso trabajar críticamente sobre la formación práctica y teórica de

---

4. No toda política de reurbanización tiene ni los mismos objetivos, ni las mismas metodologías. El termino reurbanización al que adherimos se origina en documentos de la pastoral villera, que parte de que la condición urbana del hábitat popular debe ser reconocida como identidad cultural con valores propios que deben ser respetados. Equipo de pastoral villera. La verdad sobre la erradicación de las villas de emergencia en el ámbito de la Capital Federal. Mimeo. 1980

los futuros arquitectos y diseñadores y sistematizar en la formación, un enfoque social del diseño y el proyecto para otros modos de ejercicio profesional.

Surgió al calor del encuentro entre estos dos conjuntos de profundas necesidades:

/ Quienes protagonizaban procesos sociales, y requerían del aporte de las disciplinas del proyecto; organizaciones y comunidades que tomaban en sus manos –y mantienen hoy– la solución de sus problemas más urgentes –que continúan mayormente irresueltos–, y con ello se volvían protagonistas del proceso de cambio de su realidad: trabajadores autogestionados en las experiencias de fábricas recuperadas, organizaciones barriales asambleario de cara a la solución de la precariedad habitacional y ambiental, emprendimientos de la economía social, comunidades elevando su voz y reclamando el derecho a la información, a la educación, etc.

/ Aquellos estudiantes y docentes y profesionales, que con fuerza creciente cuestionaban el modelo académico y profesional imperante que se vivía en los ámbitos de enseñanza de esas disciplinas.

Lleva quince años de intervenciones proyectuales en el territorio con el objeto de aportar, en trabajo conjunto, a procesos populares en curso, y desarrolló a lo largo de una década más de 50 proyectos que involucraron a cientos de estudiantes y graduados a lo largo y ancho del territorio argentino[5].

---

5. Entre otros, se han realizado proyectos de identidad visual, de comunicación sobre soportes gráficos y audiovisuales, diseño de producto y asistencia a la producción, talleres y capacitación para: Cooperativa Renacer, ex Aurora (Ushuaia); Cooperativa 18 de Diciembre, Brukman Confecciones (CABA); Cooperativa Barrio Almafuerte, Villa Palito (San Justo); Cooperativa Mujeres Artesanas de la Villa 31 (CABA); Asociación Civil Mercado Bien Público Bonpland (CABA); Cooperativa textil de la Federación de Cooperativas René Salamanca, (Laferrere), Cooperativa textil "Lucha y Trabajo" (CABA). Se han abordado problemáticas ligadas a la vivienda, el equipamiento, la infraestructura y el espacio públicos en barrios del AMBA y CABA: barrio Carlos Mujica (Retiro), barrio ACUBA (Lanús), Villa 21 (Soldati), La Loma (Vte. López), barrio 14 de Noviembre (Alte. Brown), barrios La Juanita y María Elena (Gregorio Laferrere), René Salamanca (González Catán), solo por nombrar algunos.

Orienta el diseño y la arquitectura y la actividad profesional hacia la atención y solución de las necesidades populares, en el camino de transformación de las condiciones sociales, aportando en la búsqueda de soluciones desde el campo específico, y en esa tarea transformar las propias condiciones socioprofesionales. Y desarrolla iniciativas que construyan nuevos espacios en la universidad y en la comunidad articulando acciones y saberes profesionales con la acción popular colectiva.

Desde entonces, se han producido cambios en diversos espacios académicos y profesionales que también buscaron sintonizar desde diversas perspectivas con los procesos que conmovieron y conmueven la sociedad. Toda esta experiencia fue permitiendo encontrarnos con otros docentes y profesionales que comparten la disposición de implicarse en la tarea de abordar derechos y necesidades populares.

Producción desigual y excluyente del hábitat socio urbano

La integración disciplinar de diseñadores, arquitectos y urbanistas con la temática social en nuestro país, requiere tener como referencia y punto de partida la realidad del hábitat con la que se enfrentan nuestras disciplinas. La misma forma parte de las condiciones de vida de nuestro pueblo, y en ella se expresan materialmente los intereses contradictorios de la estructura económica y social[6].

La dinámica poblacional, su distribución en el territorio y el desarrollo urbano se ordenan, modifican y construyen en complejos procesos sociales, económicos, culturales y políticos (de variadas escalas), en constante reconfiguración, en los que participan sectores desiguales que compiten por la apropiación y la determinación concreta que asumen los contenidos de los usos de la ciudad y el territorio con lógicas diferentes según sus objetivos, necesidades y prioridades.

Consideramos que es necesario comprender esos procesos macro que vive la sociedad en sus diferentes escalas, para poder entender el tipo y carácter de las formas de habitar consecuencia de los diferentes y desiguales procesos de producción que se realizan desde el Estado, desde el

---

6. Existe hoy en la Argentina un déficit de más de 3 millones de soluciones habitacionales, que afecta a más de 10 millones de personas.

"mercado" (en particular las intervenciones monopólicas) y desde los sectores populares.

El sostenido aumento, intensificado en la última década, de la población urbana en condiciones emergencia habitacional y ambiental en los viejos y nuevos espacios del hábitat popular,[7] tiene entre sus causas principales los procesos socioterritoriales de expulsión de población del campo y las formas excluyentes de urbanización del AMBA, que han convertido el territorio nacional en un "plano inclinado" que empuja y aglomera la población en las ciudades, desarrollándose un proceso de densificación y consolidación de situaciones con carencias espaciales y ambientales críticas en "villas miseria", "asentamientos" y zonas empobrecidas y relegadas de los centros urbanos.

Los datos muestran que el acceso al suelo urbano para los sectores populares se ha tornado cada vez más dificultoso constituyéndose las villas y asentamientos en un lugar posible para habitar la ciudad y esa situación[8] se desarrolla dentro de procesos de "gentrificación urbana" producto de la dinámica de reconfiguración urbana, tanto por procesos largos de mercantilización del hábitat y el habitar, como por procesos rápidos de desalojos.[9]

La formación y la práctica profesional dominantes en nuestras facultades que abordan disciplinas proyectuales están mayoritariamente disociadas de esta realidad. Los planes de estudio y las orientaciones generales dan la espalda a las necesidades insatisfechas y a los problemas urbanos estructurales, restringiendo y canalizando la formación hacia la demanda de un mercado orientado según los parámetros del negocio inmobiliario y aun de la especulación territorial y edilicia urbana, donde el Estado

---

7. Cravino, María Cristina. 2008. Magnitud y crecimiento de las villas y asentamientos en el Área Metropolitana de Buenos Aires en los últimos 25 años. Actas 14 Encuentro Red Ulacav. Buenos Aires. Argentina.

8. Construyendo barrios. Comp. Cravino, Maria Cristina. Ediciones CICCUS, 2912. Pag.181.

9. En la CABA hay dos casos emblemáticos del procedimiento de desalojo violento: la ocupación del Parque Indoamericano (12-2010) por miles de familias inquilinas de villas y asentamientos, fue desalojada violentamente con engaños y muertos; y el Barrio Papa Francisco tierra destinada a la reurbanización de la villa 20, desalojado luego de casi 6 meses en que se abandonó a suerte a las 700 familias facilitando una zona liberada para justificar el desalojo ante la opinión pública.

actúa, a través de regulaciones y políticas tendiendo a posibilitar la lógica de la ganancia en la producción del hábitat, siendo el telón de fondo del fenomenal desarrollo de edificios en altura y de barrios cerrados residenciales –con la consiguiente apropiación de tierras urbanas y rurales– en selectas zonas de la ciudad de Buenos Aires, el conurbano bonaerense y los principales núcleos urbanos del interior del país.

La falta de respuesta al programa de necesidades de esas masas de trabajadores que padecen las mencionadas carencias en materia de tierra y vivienda, da impulso a que tomen en sus manos (organizados o por iniciativas familiares o grupales) en condiciones desiguales, la autoproducción y gestión de su hábitat, construyendo espacios habitables, componentes urbanos y viviendas, guiados por el objetivo de satisfacer sus necesidades y derechos.

El Arq. Fermín Estrella (2003)[10] desde la propuesta de vivienda y urbanismo social caracteriza como "pueblos emergentes con necesidades a derechos" a las poblaciones que habitan y producen su hábitat en las múltiples formas que tiene el hábitat popular.

Conceptualizamos a este proceso, siguiendo los lineamientos que compartimos con otros pensadores y colectivos profesionales y académicos y que se enmarca en lo que se denomina teóricamente Producción Social de la Vivienda y el Hábitat,[11] de ahora en más PSH.

Llamamos PSH en sentido amplio a las complejas y heterogéneas prácticas populares que impactan fuertemente en nuestro medio, villas y asentamientos, edificios ocupados, conjuntos habitacionales de distinta escala degradados, barrios populares autoconstruidos, etc. Se expresa en ellos la vida y el esfuerzo de sus habitantes atravesados por décadas de pobreza estructural, informalidad e inestabilidad laboral, desocupación, migración, etcétera.

---

10. www.ferminestrella.com.ar Vivienda y Urbanismo Social.

11. "Esencialmente el concepto de Producción social del hábitat nos clarifica la comprensión de la existencia de un sistema de producción diferente al modelo dominante, que ha demostrado resultados concretos y sostenibles para los sectores tradicionalmente excluidos del modelo capitalista, donde el suelo y la vivienda se consideran mercancía y no un medio para el adecuado desarrollo de la vida." (Enrique Ortiz, 2007).

Este sector mayoritario de productores de vivienda y ciudad constituye un nudo fundamental de la problemática contemporánea de vivienda y hábitat. La inmensa mayoría de las "nuevas viviendas populares", gestionadas por los propios usuarios, sin apoyo técnico ni financiero, muchas veces en forma irregular en lo jurídico y urbanístico y con problemáticas de emergencia ambiental están sostenidas en tejidos sociales, organizacionales y vinculares que les han dado carnadura y que es necesario conocer y respetar.

Abordar en forma colectiva y tomando en sus propias manos la lucha por resolver el problema de la vivienda y el hábitat constituye una experiencia reiterada en nuestro país en distintas épocas y bajo diferentes situaciones político-económicas (Pedro, 2003).[12]

Derecho a proyectar y reproyectar, un derecho denegado

Abordar estos entornos autoproducidos, requiere comprender que su producción ha requerido la participación activa y protagónica en la gestión, decisión y /o acción de sus habitantes por iniciativa colectiva, o familiar; decisiones y criterios que requirieron de prácticas de carácter integral apoyadas en saberes populares sistematizados por la experiencia sin asistencia técnica profesional; con recursos que provienen de esfuerzos de trabajos informales y temporarios; y sus componentes físico espaciales se desarrollaron en procesos temporales y evolutivos de diferente escala temporal.

La valoración de este proceso requiere ampliar la concepción del proyecto, entendiéndolo como "la acción a través de la cual los colectivos sociales asumen la superación de obstáculos en diversos grados y construyen horizontes, mundos posibles. Al hacerlo, anticipan un horizonte remoto que orienta sus acciones, a fin de construir una nueva realidad más justa, más equitativa y más significativa" (Galán, 2011).

Pero bajo el capitalismo, como afirma Harvey (2007), "solo un sector minoritario de la población, aquellos que toman las decisiones, tienen

---

12. *Echar raíces.* Tesis de maestría Arq. Beatriz Pedro. UNLA, 2006. Inédito.

acceso a procesos [reconocidos por las lógicas proyectuales y las políticas públicas] en los que se practique el diseño y la imaginación, negándoseles a la mayoría el juego pleno de la creatividad humana constituyéndose así en una situación profundamente alienante".

Asumir que la humanidad, aprendiendo de sus aciertos y errores, ha construido su sitio de habitación desde mucho tiempo antes de que existieran la Arquitectura, la Ingeniería y el Urbanismo, como conocimientos sistematizados y las políticas públicas de vivienda y hábitat, ha sostenido las propuesta de intervención de Pelli (1995)[13] para el proyecto y construcción de nuevos barrios populares, del involucramiento de la población en la decisión y construcción de su hábitat, mediante la organización comunitaria en diversas modalidades.

Según Pelli, se requiere la "participación activa de los habitantes en el control de las decisiones mayores, y libertad para que puedan hacer su propia contribución al diseño, a la construcción y a la gestión de su solución habitacional en mesas (reales o virtuales) de concertación con todos los actores involucrados" (Pelli, 2007).

Nuevas respuestas y nuevas formas de articulación para un proceso participativo, interdisciplinario, progresivo e intersectorial

Estos enfoques interpelan a los modos y lógicas de proyectar, a las políticas, a los modos burocráticos de gestión, a las normativas y legislaciones; y requieren de profesionales capaces de encarar problemáticas sociales en contextos complejos, de trabajar con otros desde una relación de pares complementarios con roles diferentes, de valorar y respetar los saberes populares y su capacidad de elaboración de propuestas.[14]

Esto enfatiza la necesidad de trabajar desde una mirada integral las problemáticas del hábitat, desde una concepción interdisciplinaria, disponiéndose al reconocimiento y articulación con movimientos y

---

13. Pelli, Victor. *Habitar, participar, pertenecer. Acceder a la vivienda, incluirse en la sociedad.* Nobuko. 2006.

14. Pedro, Beatriz. Tesis de investigación del Doctorado en Arquitectura. *Proyectar con la Comunidad. De la autoría a la coautoría. Del Proyecto al Proyecto Social.* Inédito. 2015.

organizaciones sociales, donde la participación se constituye en un modo de trabajo general que guía las soluciones, abonando la cogestión y la coautoría con los actores sociales.

Las lógicas del proyecto para la intervención en este ámbito de la realidad, requiere la conformación de una nueva cultura proyectual que propiciando el conocimiento profundo de la sociedad en que se habita se disponga a poner el énfasis en el proceso social (producción social de vivienda y el hábitat), más que en el producto (producción de vivienda social) incorporándose en relación de pares a equipos interdisciplinarios.

Requiere una nueva valoración de los conocimientos proyectuales, que para Galán:

> [...] cuentan entre sus competencias la capacidad de leer los contextos, desarrollando una sensibilidad específica, de aprovechar oportunidades y de enfrentar perturbaciones. [...] Las virtudes que lo califican son su comprensión de los aspectos simbólicos implicados en las prácticas productivas, sus impactos humanos y sociales, su visión sistémica de la tecnología y la posibilidad de actuar en una dinámica productiva, y la utilización de recursos para facilitar procesos cognitivos (Galán, 2011).

Los conocimientos disciplinares y profesionales del proyecto son complementados por las ciencias humanas para poder diseñar un proceso temporal y participativo junto a un sujeto con nombre y apellido, que autogestiona o cogestiona el mejoramiento de su hábitat residencial.

Esto requiere una nueva relación entre profesionales y comunidad, de "encuentro de saberes y necesidades" (Pedro, TLPS) que supera en el accionar conjunto, las limitaciones en el conocimiento de las necesidades (habitacionales) y la determinación de las prioridades tanto de los habitantes, como de los especialistas, fundamentando la fertilidad de su articulación.

Un proceso de gestión del proceso progresivo de mejoramiento con asistencia técnica interdisciplinaria, requiere un Proyectista como actor que articula diversos recursos de sus saberes con la población involucrada y con el de otros actores públicos y privados. Se trata de una escala interfase entre el edificio y el territorio o la ciudad, donde se requieren roles de proyectistas y de planificadores. Partiendo de las necesidades y requerimientos "internos" de mejoramiento se tienen en cuenta las solicitaciones "externas" del entorno. El resultado final será **la elaboración de una propuesta de proceso** en el cual el producto es una consecuencia del proceso cogestado y cogestionado junto con la población involucrada.

La definición de necesidades y satisfactores (organizacionales y materiales) plantea la realización de un diagnóstico participativo desde las necesidades "internas" del sector autoproducido; de los criterios de reconfiguración de lo construido (espacial, de habitabilidad, de estructuras, cerramientos e infraestructura); del proceso de autoconstrucción; de los criterios de asignación de las viviendas reconfiguradas y producidas.

Los requerimientos para la elaboración de ese proceso son sintéticamente:

/ Reconocimientos de las formas organizativas existentes

/ Conocimiento de la dinámica de tejidos sociales compuestos de familias extensas y con múltiples tramas relacionales que son la base de una producción familiar intergeneracional[15] y colaborativa.

/ Compresión de la forma de los entornos físico espacial autoconstruidos como la articulación de recursos formales, materiales y socioculturales relacionados con el sujeto que los habita y su percepción, significación e identificación.

/ Elaboración de metodologías que aporten a procesos de toma de decisiones y producción participativos adecuados para diagnosticar, planificar y evaluar las acciones transformadoras de la realidad.

/ La elaboración de proyectos-procesos que elaboren un programa de soluciones progresivas y evolutivas.

Una propuesta experimentada para un plan integral[16]

Las políticas públicas tienen que incorporar el desarrollo y las metodologías participativas[17] con protagonismo popular en las decisiones[18], para estos procesos de proyecto[19]. Consideramos necesario practicar la

---

15. Jorge Di Paula. *La habitación como necesidad. El hábitat como satisfactor.* Ponencia RED ULACAV, 2010.

16. Esta metodología de trabajo se apoya en los fundamentos conceptuales de "arquitectos de la comunidad" elaborados por el Arq. Rodolfo Livingston.

participación para la elaboración conjunta de diagnósticos, propuestas de resolución y proyectos copensados en la Producción Social del Hábitat aunque esta sea desprolija, inconstante, inacabada, impredecible e implique conflictos y desorden, ya que favorece el desarrollo de las potencialidades humanas y la apropiación del conocimiento, de lo propuesto y de su realización.[20]

El abordaje de las diferentes problemáticas, sostenemos desde el TLPS,[21] requiere un etapa de acuerdo con la comunidad respecto las necesidades y sus satisfactores, que da origen a un trabajo conjunto y a la conformación de un equipo específico y que permite la definición de tareas concretas, en línea con los objetivos e intereses de las partes, funcionando como articulación de los lineamientos proyectuales y vinculares de los participantes.

La tarea tiene una función estructurante, y es bueno aclarar que entre la primera prefiguración del proyecto y el acuerdo específico de las tareas a asumir y su alcance, pueden mediar cambios y reajustes que impactarán inevitablemente tanto en los objetivos y resultados esperados, y por ende en el cronograma inicial, como en la pertinencia de saberes disciplinares

---

17. Robirosa, Mario. Observaciones sobre organización y estrategias de los sectores populares en vistas a una participación efectiva en proyectos y programas urbanos de desarrollo social y vivienda. 1992.

18. Jacubovich, Ariel. desarrolla una crítica muy aguda sobre las metodologías de "participación simulada" y explicita nuevas concepciones para una participación protagónica y articulada, en la que sintetiza su experiencia en ciudad Roca Negra en Lanús.

19. Sobre concepciones de metodología de participación, abordamos estas experiencias en forma crítica ya que, como sostiene Encina Javier, el termino participación viene siendo utilizado para diferentes propósitos, así como por diferentes actores y agentes sociales: como parte de lo discursivo y que no llega a plasmarse en prácticas; como excusa para iniciar cualquier tipo de cambio; como argumento indispensable para asegurar la eficacia de cualquier acción o, como forma de control social.

20. Fermín Estrella. Vivienda Productiva, Urbanismo Social, Generación de Empleo. "La comunidad es el motor fundamental en la solución de sus propios problemas, y los programas de vivienda social en todos sus aspectos deben organizarse no para sino con la participación activa y democrática de las familias involucradas".

21.http://www.tlps.com.ar/seminario-teorico-practico/bibliografia/ Cuadernillo N°1.

específicos, o en el grado de complejidad del proyecto, lo que puede requerir también un ajuste en la composición del equipo. Esto exige abordar los proyectos con flexibilidad.

El desarrollo de la experiencia de organizar y sostener "talleres de vivienda y hábitat" en barrios, villas y asentamientos[22] para el abordaje de proyectos de diferente escala, familiar, grupos de familias, manzanas, sectores barriales (ver www.tlps.com.ar) nos permitió poner en práctica y conceptualizar metodologías de trabajo que permiten el desarrollo de **proyectos procesos coautorales**.[23]

Primeras conclusiones

Desde nuestra concepción y experiencia, y en el marco de respeto por viejos y nuevos derechos, ocultados y denegados, apostamos a la articulación disciplinar y profesional con las organizaciones que los propios pobladores se dan, bajo nuevos modos de servicio profesional de arquitectura y hábitat y a otras políticas, que desarrollando un Programa- proceso de Intervenciones Proyectuales Integrales y participativas que permita un avance significativo en las necesidades de las familias (viejas y nuevas) de villas y asentamientos, dando respuesta a una lucha de décadas, aun en este difícil contexto de ciudades desiguales y excluyentes.

---

22. Se han abordado problemáticas ligadas a la vivienda, el equipamiento, la infraestructura y el espacio públicos en barrios del AMBA y CABA: barrio Carlos Mujica (Retiro), barrio ACUBA (Lanús), Villa 21 (Soldati), La Loma (Vte. López), barrio 14 de Noviembre (Alte. Brown), barrios La Juanita y María Elena (Gregorio Laferrere), René Salamanca (González Catán), barrio Papa Francisco (Lugano, CABA). Cuaderno de Formación del TLPS Nº1. Ed. TLPS. 2016.

23. Para otros ejemplos en nuestro país, la importante experiencia realizada en el contexto de los Programas Mejoramiento de barrios; Emergencia habitacional y de urbanización de villas y asentamientos.

Bibliografía

Barreto, M.A y Lentini, Mercedes con varios autores. *Hacia una política integral del hábitat. Aportes para un observatorio de política habitacional en Argentina.* Buenos Aires, Ed. Café de las ciudades. Colección Hábitat. 2015.

Cravino, María Cristina. *Magnitud y crecimiento de las villas y asentamientos en el Área Metropolitana de Buenos Aires en los últimos 25 años.* Actas 14 Encuentro Red ULACAV. Buenos Aires. Argentina. 2008.

Di Paula, Jorge. *La habitación como necesidad, el hábitat como satisfactor. 12 mitos a demoler para avanzar en la inserción de la problemática habitacional en la universidad y una propuesta.* Actas 14 Encuentro Red ULACAV. Buenos Aires. Argentina. 2008.

Equipo de pastoral villera. *La verdad sobre la erradicación de las villas de emergencia en el ámbito de la Capital Federal.* Mimeo. 1980

Estrella, Fermín. Vivienda y Urbanismo Social. www.ferminestrella.com.ar. 2015

Harvey, David. *Urbanismo y desigualdad social,* México, Ed. Siglo XXI. 1973 (1976)

Lefebvre, Henry. *El derecho a la ciudad.* Península Barcelona. 1969.

Max Neef, M y Elizalde, A. *Desarrollo a escala humana.* Barcelona. Ed. Icaria, 1993

Pampliega de Quiroga, Ana. *Crisis social y su impacto en la subjetividad Buenos Aires.* Ediciones Cinco, 2001.

Pedro, Beatriz H. *Barrio Maria Elena. 23 años de experiencia territorial. De la exclusión a la reconstrucción del tejido social de resistencia y potencialidad contra hegemónica.* Argentina. Ed. Herramienta. 2006.

Pedro, Beatriz. *Universidad y práctica social. Reconstruir una práctica y un saber para la transformación. Trabajos y experiencias del Taller Libre de Proyecto Social.* Argentina Ed. Herramienta. 2010.

Pedro, Beatriz. *Buenos aires, una ciudad desigual y excluyente en emergencia habitacional.* Argentina. Rev. La Marea N°36 2011.

Pelli, Victor. *Habitar, participar, pertenecer. Acceder a la vivienda, incluirse en la sociedad.* Argentina, Nobuko. 2006

Pelli, Victor. *La necesidad como basamento técnico y político de la gestión habitacional. Argentina.* Rev. Área N. 11. FADU-UBA. Agosto 2003.

Rodríguez, María Carla. 2009. *Autogestión, políticas de hábitat y transformación social.* Argentina. Ed. Espacio. 2009.

Rodríguez, María Carla. 2011. *Desigualdad en el acceso al espacio. Territorio, pobreza y concreción de derechos: una relación estratégica.* Argentina. Rev. Encrucijadas Nº 51. UBA. 2011.

Turner, John. *Vivienda. Todo el poder a los usuarios.* Ed. H. Blume. Madrid. 1977.

Taller Libre de Proyecto Social
en el barrio 14 de Noviembre

NOELIA MOVILLA

En el 2001, las familias asentadas sobre los bordes del arroyo San Francisco fueron intimadas en forma perentoria a relocalizarse por la operatoria de la Autoridad de Cuenca Matanza Riachuelo (ACUMAR)[1], que se ocupa del despeje de los arroyos. Desde el inicio de este proceso de relocalización, el TLPS acompaña a las familias con el objetivo de encontrar una solución habitacional que respete el arraigo de las familias, la remediación del espacio que queda vacante con equipamiento comunitario, la concreción de las obras de infraestructura y el completamiento del trámite de regularización dominial.

El ejercicio profesional del TLPS en el hábitat hace visible las relaciones de poder que atraviesan los espacios sociales. Es decir, permite visibilizar la confrontación y el conflicto que se genera entre los espacios públicos y privados (Ricart-Remesar, 2013). El ejercicio comprende la experiencia de comunicación, que son los procesos que cargan de sentido las prácticas sociales porque son producto de las relaciones e interacciones entre los actores que participan de la comunicación. Dado que estas relaciones entre los actores son desiguales, el taller propone democratizar

---

1. ACUMAR es un organismo público que se desempeña como la máxima autoridad en materia ambiental en la región. Es un ente autónomo, autárquico e interjurisdiccional que conjuga el trabajo con los tres gobiernos que tienen competencia en el territorio: Nación, Provincia de Buenos Aires y Ciudad Autónoma de Buenos Aires.

la voz de los vecinos en pos de "luchar contra las formas injustas de la vida" (Huergo, 2007). En este caso, el taller libre interviene con el objetivo de acompañar a la organización barrial –que representa a las familias del barrio 14 de Noviembre– en el reclamo a las autoridades estatales de una solución habitacional.

Con el objetivo de explicitar el marco de intervención, el equipo estudiantil-docente del TLPS realizó un acuerdo con la organización barrial para encontrar las respuestas acordes a las problemáticas planteadas y realizar una práctica formativa con el enfoque social del diseño y la arquitectura que lleva adelante el taller. Para ello, se realizaron reiteradas reuniones que tuvieron como propósito escuchar sus necesidades, asesorarlos, aportar información y documentación. Para que toda la comunidad estuviera informada sobre la labor de acompañamiento que iba a realizar, los docentes del TLPS convocaron puerta a puerta a los vecinos del barrio y les entregaron folletos diseñados por los estudiantes para invitarlos a las reuniones en las cuales se debatirían la búsqueda de un terreno aledaño en condiciones de expropiación para la relocalización de las familias y la construcción de viviendas en el nuevo barrio.

Entre los principales avances del proceso participativo del proyecto del nuevo barrio, de las viviendas y de los espacios comunitarios se encuentran el relevo de las viviendas afectadas con los datos de los integrantes de las familias documentadas en carpetas; la localización de un terreno para el nuevo barrio; el diseño y caracterización de los pasajes públicos y privados; y el acuerdo de la distribución de la tierra. A partir del antecedente de tipología de vivienda popular desarrollado por el Arq, Fermín Estrella, las familias eligieron adoptar un criterio de modulación flexible al crecimiento y desarrollo de las familias, materializada con el sistema tradicional de construcción y organizada en módulos. Este proyecto se presentó ante el municipio de Almirante Brown. Si bien el nuevo barrio aún no se construyó, continúan las tareas conjuntas para que se haga efectivo. Siguen los trabajos de relevamientos y de construcción de la red cloacal, el proyecto para cicatrización de la zona del arroyo y el proyecto de parque lineal con equipamiento comunitario. Mientras tanto, el taller sigue al día de hoy a disposición de la resolución de diferentes problemáticas que se presentan en el barrio.

Bibliografía

CARBALLEDA, Alfredo. *Escuchar las prácticas. La supervisión como proceso de análisis de la intervención en lo social.* Buenos Aires, Espacio Ed., 2007.

CARBALLEDA, Alfredo. *Los cuerpos fragmentados.* Buenos Aires, Ed. Paidós, 2008.

CARBALLEDA, Alfredo. *La intervención en lo social.* Buenos Aires, Editorial Paidós, 2da Edición, 2012.

HUERGO, Jorge. Interrogantes sobre comunicación popular y comunitaria: desafíos político-culturales actuales, *Políticas sociales de desarrollo y ciudadanía.* Buenos Aires, UNDP y Ministerio de Desarrollo Social de la Nación, 2007.

PEDRO, Beatriz Helena. *Formación para el ejercicio profesional en el hábitat popular urbano metropolitano. Enfoques, herramientas y experiencias.* Editado por Taller Libre de Proyecto Social, 2014.

RICART, Núria; REMESAR, Antoni. *Reflexiones sobre el espacio público. San José de Costa Rica,* En Congreso Iberoamericano, 2013.

URANGA, W. Comunicación popular y universidad: para invitar a la reflexión sobre la intervención. Buenos Aires, *Revista Territorio,* 2012.

Revisión colectiva de la "línea viva"; *2das. Jornadas de la Memoria*, 2014; Equipo del TLPS en coautoría e intervención de vecinos del barrio Carlos Mugica, 2014 / foto: Fernando Sileo.

II

Memorias visuales del territorio
El territorio visualizado en memoria y presente[1]

LUCAS GIONO

En elaboración conjunta con el equipo de investigación[2]

Entre 1930 y 1950, surgen los primeros asentamientos en Retiro y Lugano. Barrios obreros y pronto "villas miseria", crecieron siguiendo el devenir político, económico y social de la región; sufrieron desalojos en dictadura militar (erradicación casi total en Retiro); fueron reconstruidos y crecieron en democracia de la mano del éxodo rural, la desindustrialización y la inmigración limítrofe. "Ciudades dentro de la ciudad", con gran crecimiento poblacional y renovación generacional, y con la tensión que genera en ambos casos la discusión sobre las respectivas leyes de urbanización, del seno de distintas intervenciones y vínculos generados desde el Taller Libre de Proyecto Social (TLPS, FADU, UBA), surgió la necesidad de abordar las problemáticas actuales en una perspectiva histórica, que reconozca los protagonismos y los procesos barriales, y que en ellos busque recuperar una memoria comunitaria, un acervo simbólico que pueda nutrir al mismo tiempo los procesos en curso, sumando entonces una perspectiva de acceso ciudadano a la información, presente y pasada.

El objetivo del trabajo es conocer, visibilizar, comprender desde la perspectiva de sus protagonistas, los hechos, actividades y resultados que

---

1, Codiseño participativo de dispositivos de visualización de información para la reconstrucción de la memoria social Villas 20 (Lugano) y 31 (Retiro), Ciudad Autónoma de Buenos Aires.

2. Amelia Ojeda; Augusto Daniele; Magdalena Castría; Camila Álvarez; Andrea Cabrera.

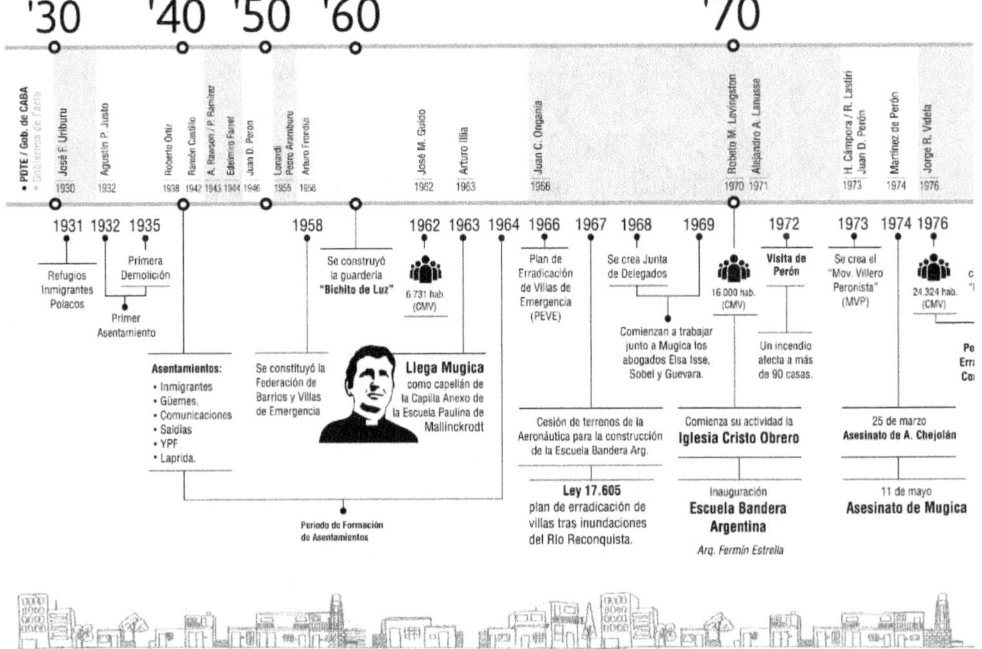

Línea "pocket". Equipo del TLPS en coautoría con vecinos del barrio Carlos Mugica, 2014.
Diseño: Laura Oli, Julia Elisa Cabrera.

dieron sustento y sostén al habitar en esas comunidades. Proponemos un proceso de construcción de la memoria colectiva desde distintas miradas y puntos de vista, junto con los antiguos y nuevos habitantes del barrio aportando desde el diseño participativo, a un proceso activo de reflexión e interpretación de los hechos pasados.

El diseño y la utilización de diversos recursos visuales del orden del *ícono diagramático* (iconografías, pictogramación, dispositivos gráficos y cartográficos) posibilitan una plataforma de trabajo que facilita la rememoración, el intercambio y la señalización de las temáticas.

Más específicamente, las líneas de tiempo, o cronografías, son uno de los recursos que pusimos en práctica con el objetivo visualizar de forma cronológica los recuerdos, anécdotas, datos, e hitos, tanto individuales

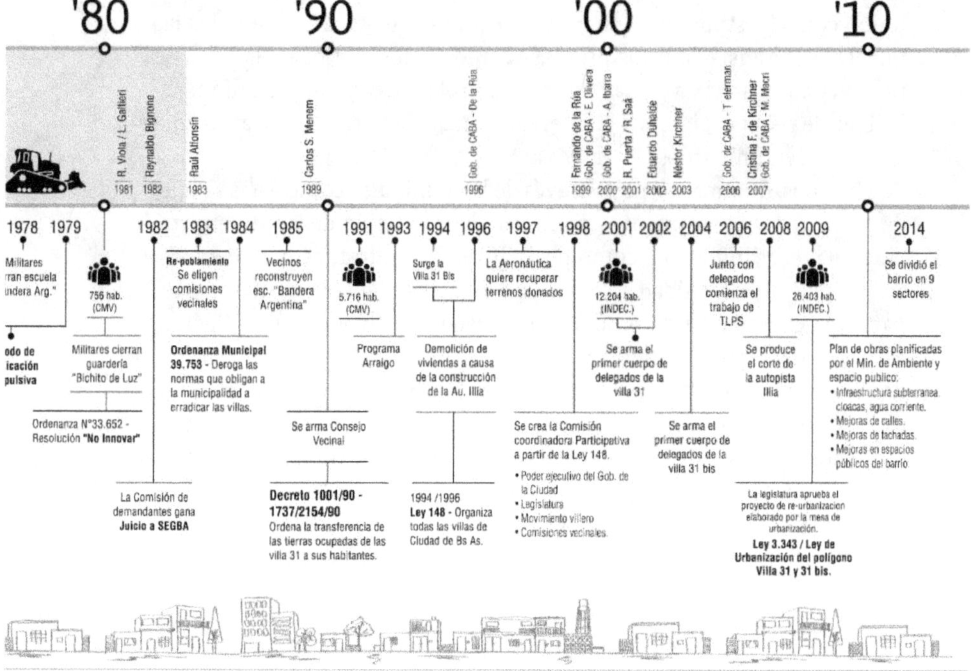

como colectivos, que marcaron la vida de los habitantes del barrio. Estos dispositivos se complejizan conceptual y gráficamente al operar con la metáfora visual de la ubicación, o locación, en una secuencia bidimensional, y permitir igualmente la combinación de elementos variados que se articulan entre sí, produciendo un sentido mayor al de la sola sucesión temporal.

De igual manera, las líneas no responden a un pretendido ideal de objetivación histórica, sino a su potencia como herramienta: en sus características está la complejidad del relacionamiento entre campos de conocimiento y experiencia, así como la permeabilidad a la intervención y apropiación por los participantes. Destacan en ese sentido aquellas que dan soporte a las "Jornadas de reconstrucción de memoria", que desarrollamos en distintas oportunidades en los barrios 31 y 20. Estas jornadas

131

permiten el intercambio y el trabajo en conjunto de vecinos entre sí y en unión con los estudiantes e investigadores para plasmar entre todos las imágenes (provistas por los propios vecinos) y los relatos en la línea de tiempo y compartir vivencias favoreciendo el intercambio y la unión. Así la línea de tiempo, abierta a la intervención de los vecinos, se transforma en lo que denominamos "líneas vivas".

Creemos, finalmente, que a través de herramientas como estas se puede movilizar el pensamiento crítico para la reparación de la estigmatización y la discriminación, como posibilidad de confrontación y de construcción de una identidad colectiva. Estos dispositivos, en tanto soportes para una experiencia de producción y sistematización de información, así como de lectura e interpretación, permiten que los autores-espectadores-lectores puedan proyectar sus propios campos imaginarios en sus espacios sociales y culturales, facilitando así el encuentro de personas de diferentes contextos socioculturales, generando conexiones entre diversos espacios sociales. Sujetos de su propia historia, los "historiados" son ahora, de forma conjunta, historiadores.

II

Arquitectura, diseño
y economía social sustentable

CEP ATAE

Centro Experimental de la Producción, Arquitectura y Tecnología Apropiada a la Emergencia

El Centro Experimental de la Producción Arquitectura y Tecnología (CEP-ATAE) fue creado en 1986 por el arquitecto Carlos Levinton y desde entonces reúne a arquitectos y arquitectas, docentes-investigadores, diseñadores y otros profesionales afines que investigan sobre cómo la arquitectura y el diseño pueden mejorar el medio ambiente y la calidad de vida de las personas en zonas de vulnerabilidad social. Los "residuos sólidos urbanos" (RSU) y los "residuos de construcción y demolición" (RCD) son transformados en recursos para la construcción, el equipamiento y la decoración, buscando minimizar la contaminación y colaborando así en la creación de un hábitat más saludable.

Con una marcada impronta productiva, el Centro vincula la investigación académica con problemas como el crecimiento poblacional, la escasez de recursos y el cambio global climático. Propone visualizar escenarios alternativos en los cuales, con creatividad y conciencia ecológica, puedan desarrollarse diseños y tecnologías capaces de reciclar residuos para convertirlos en materiales de construcción. De este modo los modelos de pasantías se combinan con el trabajo en el territorio, la interacción con cooperativas y distintas organizaciones, actores cruciales a la hora de trasladar la práctica, es decir, los modelos proyectuales pensados por los pasantes.

Una línea de proyectos es el realizado en combinación con la cooperativa Nuevamente y la asociación civil Abuela Naturaleza. La cooperativa, de manera autogestionada, organiza la recolección de materiales reciclables entregados por cuatro mil familias que viven en el partido de Morón, Buenos Aires. La asociación civil se encarga a su vez de potenciar el trabajo de cooperativas y emprendimientos dedicados al procesamiento de materiales reciclables. Tanto una como la otra son parte de un entramado institucional y productivo que desde el año 2009 hasta el 2014, ha participado en los programas municipales "Morón Recicla" y "Tu día Verde". Gracias a este entramado se pudo procesar un promedio de 45 toneladas de residuos sólidos urbanos (RSU) mensuales, involucrando en la recolección diferenciada a un 15 % de la población de Morón.

En cuanto a los emprendedores asociados a Nuevamente, han sostenido la producción de artículos realizados con materiales reciclables en un espacio físico de producción que acondicionaron en la sede de la Asociación Civil Abuela Naturaleza. Esta última mantiene convenio con la Facultad de Arquitectura, Diseño y Urbanismo de la Universidad de Buenos Aires que cede en usufructo maquinarias de procesamiento de materiales reciclables para que los emprendedores desarrollen y comercialicen productos. Ya se han consolidado tres emprendimientos, Contenido Prensado, Recyclope y Andy Va, y al mismo tiempo, siguen desarrollándose otros como la máquina cortadora de botellas y los veladores realizados con la reutilización de aparatos eléctricos y electrónicos. El Centro potencia así la economía social sustentable y demuestra cómo la arquitectura y el diseño, en combinación con la acción cooperativa, pueden colaborar a cambiar la desigualdad global y comenzar la transformación física de las ciudades en todo el mundo.

Ladrillos modulares
ecológicos.

Señalética baño sin distinción de género (FADU-UBA).
Diseño: Ismael Menegolla

II

Perspectiva de género en la gestión universitaria: un baño sin distinción de género

GRISELDA FLESLER

En este breve texto se describe un caso de inclusión de la perspectiva de género en la Facultad de Arquitectura, Diseño y Urbanismo (FADU) de la Universidad de Buenos Aires (UBA) en el ámbito de la gestión de gobierno. Concretamente una intervención espacial realizada por la flamante Unidad de Género en el marco de la implementación del "Protocolo de acción institucional para la prevención e intervención ante situaciones de violencia o discriminación de género u orientación sexual"[1] aprobado por la UBA a fines de 2015, por impulso de agrupaciones estudiantiles y docentes feministas.[2]

Con los objetivos de garantizar en la universidad un ambiente libre de discriminación de cualquier tipo y de hostigamiento y violencia por razones de identidad sexual y/o de género, así como adoptar medidas de prevención como principal método de combatir este tipo de acciones, se decidió intervenir un baño destinado exclusivamente a varones y transformarlo en un baño sin distinción de género "para todas las personas que

---

1. "Protocolo de intervención institucional ante denuncias por violencia de género, acoso sexual y discriminación de género". Rectorado UBA. EXP-UBA: 34.256/2015. http://www. uba.ar/archivos_uba/2015-12-09_4043.pdf [Consulta: 03-11-2017]

2. Otras universidades, como la de General Sarmiento y la de San Martín, entre varias más del país, pusieron en práctica también protocolos de este tipo, tras las movilizaciones masivas con la consigna "Ni Una Menos".

quieran utilizarlo". En FADU circula una de las poblaciones más grandes de la UBA, de los casi cuarenta baños operativos del pabellón III de Ciudad Universitaria, seis de ellos están adecuados en cumplimiento de la ley de accesibilidad.

Sin embargo, la perspectiva de género no había sido tomada en cuenta en el momento de pensar un espacio de accesibilidad.

Según Preciado "los retretes públicos pensados primero como espacios de gestión de la basura corporal en los espacios urbanos, van a convertirse progresivamente en cabinas de vigilancia del género. No es casual que la nueva disciplina fecal impuesta por la naciente burguesía a finales del siglo XIX sea contemporánea del establecimiento de nuevos códigos conyugales y domésticos que exigen la redefinición espacial de los géneros y que serán cómplices de la normalización de la heterosexualidad y la patologización de la homosexualidad. En el siglo XX, los retretes se vuelven auténticas células públicas de inspección en las que se evalúa la adecuación de cada cuerpo con los códigos vigentes de la masculinidad y la feminidad." (Preciado, 2009).

En esta línea y en relación con las posturas en torno a desnaturalizar los binarismos y discutir los espacios que lo reproducen, surge la necesidad de repensar en la Facultad de Arquitectura el diseño de los espacios como verdaderas "tecnologías de género".[3] Desde este enfoque, en el mes de Agosto de 2017 se inauguró (de manera oficial e institucional) el primer baño sin distinción de género en la Universidad de Buenos Aires.

La señalización del baño supuso un desafío ya que el objetivo era correrse de las tipologías estereotipadas y binaristas de los sistemas pictográficos tradicionales.

Para ello, en un inicio se acordó en la comisión consultiva que la señalización cambiaría cada cuatrimestre a partir de los diseños propuestos por lxs estudiantes y enviados a un correo administrado por la Unidad de Género.

---

3. Teresa De Lauretis define como "tecnología de género" al conjunto de instituciones y técnicas, por ejemplo el cine (y podríamos agregar también al diseño), que producen la verdad de la masculinidad y la feminidad. Ver: De Lauretis, 1991.

El primer diseño, realizado por algunas participantes de la comisión no hablaba de las personas sino del equipamiento (inodoro y mingitorio). En la actualidad la propuesta es una intervención a los pictogramas tradicionales respondiendo a la noción de identidad como una construcción narrativa, un devenir, una posicionalidad relacional, donde múltiples identificaciones se articulan solo temporariamente (Hall, 1996; Arfuch, 2002).

El proyecto de la señalización del baño sin distinción de género se sustenta en las articulaciones establecidas entre la comunicación visual y los debates producidos en las últimas décadas acerca de la identidad, en particular a partir de la crisis de ciertas concepciones universalistas y sus consecuentes replanteos deconstructivos.

En este sentido, se retoma el poder crítico que la teoría de género tiene para analizar el dilema que supone, por un lado, el posicionamiento estratégico para configurar una identidad política y, por el otro, la presencia de las diferencias al interior de cada colectivo.

Frente al desafío de conciliar el respeto por la diversidad de identidades (sexuales, genéricas y otras) con la capacidad de acción colectiva, el diseño gráfico surge como un dispositivo en el que se configuran y se materializan las tensiones en torno a las mismas. Así, aparece por un lado como una herramienta eficaz para construir y delimitar una identidad gráfica que reafirme una posición pero también corre el riesgo de transformarse en un dispositivo que reproduzca la fantasía de que las identidades pueden ser fijadas (Flesler, 2015). De este modo, contribuye a posturas ingenuas, como el tan mentado *target* y sus promesas de efectividad en el marco de una comunicación que se asume transparente.

Bibliografía

Arfuch, L. (2002) "Problemáticas de la identidad" en Arfuch, Leonor (comp.), *Identidades, sujetos y subjetividades,* Buenos Aires, Prometeo.

de Lauretis, T. (1991) "La tecnología del género". En: Ramos Escandón, C. (comp.) *El género en perspectiva. De la dominación universal a la representación múltiple.* (pp. 231-278). México: UAM.

Flesler, G. (2015) "Diseño y nuevas tecnologías: Una mirada desde los estudios de género al diseño, selección y categorización de tipografías en las plataformas digitales". En: *Actas 3º Congreso Virtual: las Nuevas Tecnologías. Su influencia en la formación y producción disciplinar.* San Miguel de Tucumán: Facultad de Artes-UNT.

Hall, S. (2003) [1996] "Quién necesita identidad?" en Hall, Stuart y Du Gay, Paul (coord.), *Cuestiones de identidad cultural,* Buenos Aires , Amorrortu.

Preciado, P. (2009) "Basura y género: Mear/cagar. Femenino/Masculino" En: *AA.VV. Parole de Queer 2.* https://www.scribd.com/fullscreen/79994784?access_key=key-1kzk7tzxrj9solcq2esc [Consulta: 03-11-2017]

Confluencias en torno a lo social del Diseño: Jornadas sobre Diseño Social

MABEL AMANDA LÓPEZ

> *...el* Diseño social, *tal como aparece hoy,*
> *excede los límites del diseño ético o la vocación política*
> María Ledesma

El *Diseño social* en nuestro ámbito se visualiza como un campo en construcción con múltiples solapamientos con otras áreas del diseño, con zonas más consolidadas, tanto en lo gubernamental como en lo privado, y otras menos institucionalizadas: colectivos gráficos, experiencias participativas, gráfica espontánea. Sin reducir esa diversidad, el equipo de investigación en diseño social, dirigido por María Ledesma, ha estudiado un grupo de manifestaciones de diseño no homogéneas que se autocalifican como sociales, y ha seleccionado la representación cartográfica como la herramienta metodológica más apropiada para mapear regularidades sin desarticular la riqueza de esas dispersiones.

Para llenar de sentidos esa *matrix*, era necesario conocer en profundidad y analizar el discurso –y sobre todo las acciones– de los protagonistas del campo que guiarían los recorridos por el mapa que habíamos empezado a bocetar. Como parte de las indagaciones, en 2015, se convocó al *Encuentro sobre Diseño Social* con una serie de conferencistas invitados, vinculados a la FADU, UBA y con participación de estudiantes de Diseño Gráfico. En 2016 se realizó la *Primera Jornada sobre Diseño Social*, exponiendo avances del equipo, en diálogo con productores en *Diseño social,* referentes universitarios y activistas gráficos. En esa primera jornada los integrantes del proyecto de investigación fuimos protagonistas.[1]

Nos sorprendió contar con un público tan interesado como calificado en el tema, que preguntaba con fundamentos, mientras contaba sus propias experiencias. Una masa crítica, un conjunto de actores que se sintieron convocados por el diseño social, que se hicieron visibles por su misma presencia en la sala. En el cierre, después de escucharlos atentamente, nos comprometimos a invitarlos a exponer al año siguiente. Del 14 al 16 de septiembre de 2017, las *II Jornadas sobre Diseño Social. Miradas sobre el Diseño con fines sociales*, realizadas en la FADU, UBA, reunieron a más de 35 expositores: investigadores, productores, tesistas, con participación de distintos sectores, ampliando los alcances de la propuesta. Estas reuniones científicas, lideradas por María Ledesma, constituyen un lugar de intercambio inédito para esta temática en el ámbito universitario. Se han convertido, de modo natural, en espacio convocante para quienes analizan, monitorean y transitan experiencias sobre *Diseño social* y sus productores. Se reseñan a continuación las actividades de las II Jornadas.[2]

La apertura con el panel *Coloquio Memoria Urgente. ¿Dónde está Santiago Maldonado? Aproximaciones al diseño de un sujeto político*, en el marco de la cátedra Rico, Taller de Diseño Gráfico, a cargo de María Ledesma, Jorge Caterbetti, Rubén López y Esteban Javier Rico, propone una dimensión política como punto de partida –y de llegada– al diseño social.

---

1. Proyecto UBACyT 2014-2017, código: 20020131006681BA, Grupos Consolidados, aprobado con financiamiento por resolución CS Nº 921/2014 del 20 de agosto 2014: Título: *Cartografías del Diseño Social: "Hacer mapas" a modo de agenciamiento*, dirigido por Dra María Ledesma. Resumen disponible en www.fadu.uba.ar/application/post/download-filename/519

2. Las *II Jornadas sobre Diseño Social* en el marco de la Facultad de Arquitectura, Diseño y Urbanismo de la Universidad de Buenos Aires, presididas por la Dra María Ledesma; contó con un Comité ejecutivo integrado por Prof. Paula Siganevich, Prof. Elvia Rosolia, Dra Mabel López, Dis. Noelia Movilla, Mag. Laura Iribarren, Arq. Gustavo López, Mag. Esteban Rico, Dra. Anabella Speziale, Mag. María Laura Nieto.

Las actividades se desplegaron en 3 jornadas: jueves 14, viernes 15 y sábado 16 de septiembre de 2017, en el Pabellón 3 de la Ciudad Universitaria, Facultad de Arquitectura, Diseño y Urbanismo, Universidad de Buenos Aires, con auspicio de la Secretaría de Investigaciones de esa casa de estudios. Programa disponible en http://www.comunicacionledesma.com.ar/comunidad/

Durante la segunda jornada expusieron tres conferencistas invitados: Beatriz Galán (FADU, UBA); Beatriz Pedro (FADU, UBA) y Luis Sarale, de la Universidad de Cuyo, en la mesa *El GPS del Diseño Social*, coordinada por María Ledesma. Fueron elegidos por sus dilatadas trayectorias como promotores de acciones y creadores de marcos conceptuales para pensar el área del diseño social industrial, urbanístico y gráfico en la universidad.

Completaron la jornada jóvenes investigadores, becarios y tesistas magistrales y doctorales, que indagan diversos aspectos del diseño en relación con la sociedad en el ámbito de la FADU, UBA, de la Universidad del Litoral y de la Universidad de Lanús. Finalmente se presentaron las producciones del Proyecto de investigación UBACyT, Cartografías del Diseño Social, "Hacer mapas a modo de agenciamiento", dirigido por María Ledesma, a cargo de sus integrantes.[3]

El sábado, en la jornada de cierre, expusieron los investigadores Mercedes Filpe (UNNOBA, Universidad Nacional del Noroeste de Buenos Aires) y Pedro Senar (FADU, UBA), invitados por su trayectoria y producción en la temática.

La universidad nunca ha negado la dimensión social del diseño, sin embargo, no está claro qué se entiende por *lo social* en las prácticas educativas que, en la mayoría de los casos, dependerá de las interpretaciones personales. Desde el ámbito universitario se presentaron recorridos con múltiples entradas que, en su diversidad, no dejan de expresar un modo de acercamiento con características comunes.

Por ese motivo, me detendré en dos exposiciones de las jornadas cuyas propuestas, tan diferentes como provocadoras, se desvinculan del contexto académico y se relacionan con la sociedad desde otro lugar: los talleres de diseño en la cárcel de Devoto, a cargo de Mariano Cerrella y *Marcas que marcan* por Jéssica Oyabide y Marina Serafini.

Mariano (Coco) Cerrella contó su experiencia de enseñanza del diseño en contexto de encierro en los talleres de Diseño y Afichismo de la cárcel de Devoto, bajo el programa de Educación Universitaria en Cárceles, UBA

------

3. Se presentó el diseño de la cartografía digital interactiva y 2 libros impresos: *Activismo gráfico Conversaciones sobre diseño, arte y política*, de Paula Siganevich y María Laura Nieto, Buenos Aires: Wolkowicz Editores, 2017; y *Retóricas del diseño social*, de María Ledesma y Mabel López (comp.), por publicarse en Buenos Aires: Wolkowicz Editores, 2018.

XXII. Para Cerrella, "la exploración de recursos expresivos, allí donde la comunicación es una necesidad vital", el lenguaje gráfico como herramienta para pensar, es lo que da sentido a la práctica, más allá de la enseñanza de un oficio, que sería el objetivo más obvio enunciado y aprobado en la propuesta.[4]

Marcas que marcan, diseñar propósitos creando comunidad es el lema rector de la charla expuesta en FADU. "Hacer lo esencial visible a los ojos" es lo que promete la organización creada por Jessica Oyarbide, con la intención de capacitar sobre el propósito detrás de las marcas y el desarrollo de identidad gráfica a micro emprendedores, ONG, cooperativas y empresas sociales mediante una metodología innovadora en equipo, solidaria y participativa, que requiere un camino de autoconocimiento por parte de los interesados, incentivado por la interacción en grupo.[5]

Los dos casos explotan el *formato taller*, la horizontalidad de una tarea coconstruida entre los participantes, como modo de participación real en la experiencia transformadora. Aunque se diferencian por los marcos ideológicos de los que parten, sus contextos, sus propósitos y por su modalidad de funcionamiento, ambos tienen una intención emancipadora, que intenta liberar y liberarse, a su modo. Más allá del resultado diseñado, en ambos, lo social del diseño se entiende como experiencia o experimento que transforma.

Las Jornadas confirman que el *Diseño social* es un lugar de encuentro; de múltiples sentidos, de gran heterogeneidad de propuestas y modos de ser, de muchos actores, algunos anónimos. Aunque se reconocen referentes, no lideran escuelas con reglas dogmáticas para aprender a diseñar *para otro o en beneficio de otro*. Por el contrario, hallamos entusiastas inspiradores de acciones que no pueden ser replicadas sino recreadas junto con los usuarios o destinatarios en una situación sociohistórica real. Aprendimos que no todo el diseño social está textualizado, ni hay un único relato sino más bien una dispersión de acciones, retazos de vivencias, algunas voces extinguidas y otras diseminadas.

---

4. En la charla TED x Rosario, Coco Cerrella cuenta experiencias del Taller de Diseño del CUD; puede verse en https://www.youtube.com/watch?v=t3PlyEYC3Ao

5, Para conocer más sobre la organización en Argentina: https://www.marcasquemarcan.org/

Marcas que marcan.
Talleres participativos en diferentes contextos y culturas.

Corrección de afiches en el Taller de Diseño Gráfico, en el Centro Universitario Devoto,
Unidad Penitenciaria N°2. Bs. As. Argentina. 2014.
Los estudiantes solo cuentan con papeles, revistas, plasticola, lápiz y papel.
No cuentan con *software*, ni familias tipográficas, ni internet, ni elementos cortantes.
Tampoco con formación previa en diseño gráfico.

II

Talleres de diseño en contextos de encierro

COCO CERELLA

En la cárcel de Devoto se encuentra el Centro Universitario Devoto (CUD). Allí dictamos un taller de Diseño Gráfico con contenidos teóricos y prácticos. Las temáticas van desde símbolos de identidad hasta piezas de difusión como afiches sobre derechos humanos y otras temáticas de relevancia colectiva. Los alumnos solo cuentan con papeles, revistas, plasticola, lápiz y papel. No cuentan con *software*, ni familias tipográficas, internet o elementos cortantes. Tampoco con formación previa en diseño gráfico. Intentamos que los conocimientos que adquieren puedan ser luego utilizados en el ámbito libre favoreciendo la salida laboral. Es un espacio de reflexión, de espíritu colaborativo y pensamiento crítico que luego se plasma al papel. Naturalmente, también es un profundo aprendizaje para los que entramos cada semana a enseñar. Los gritos más fundamentales de la dignidad humana, siempre están en los márgenes de la cultura y es nuestra responsabilidad darles visibilidad. Aprendí que en un contexto de opresión y marginalidad la Comunicación Visual alcanza su más necesaria y noble razón de ser.

Muro del Inmigrante (2016). 70x100cm. Collage digital.Algunos reconocimientos obtenidos:
Bienal de Cartel de México, 2016. Incluido en "The Design for Dissent" de Milton Glaser
y Mirko Illic.

Derecho a la Educación. Autor: Patón Villanueva (2014). A3. Lápiz y marcador.
Algunos reconocimientos obtenidos: Bienal Iberoamericana de Diseño. Madrid. 2016; expuesto
en Argentina, Madrid, Lisboa, Costa Rica y Uruguay.

Trabajo y producción en conjunto en el espacio Taller con alumnos de la carrera de Diseño y excombatientes de Malvinas.

Diseño para quién. Experiencias educativas humanistas en los talleres proyectuales

MERCEDES FILPE Y SARA GUITELMAN

> *El estudiante universitario es precisamente*
> *el reflejo de la universidad que lo aloja.*
> Ernesto Che Guevara, Reforma universitaria y revolución, 1959

Ante la magnitud y crecimiento de las inequidades sociales y la crisis por uso abusivo de los recursos naturales sobre los que se sustenta el capitalismo, la necesidad de *hacer un mundo mejor* renace con el poder de lo evidente. Y una de las principales batallas es "la batalla es cultural", tal como expresó Ticio Escobar[1]: es urgente desplazarnos de la matriz identitaria hegemónica del mercado, fundada en el consumo –funcional al proceso de globalización iniciado en los 90– y volver a matrices identitarias de las comunidades, afirmadas en valores éticos, solidarios, comunitarios.

Si el diseño participa de la *prefiguración* del mundo, tenemos mucho por hacer. Inscriptos en las prácticas sociales y culturales contemporáneas, es insoslayable que los talleres de diseño requieren una perspectiva que facilite que los proyectos se desarrollen en diálogo con discursos sociales, "otros" desde los cuales reconstruir esas matrices identitarias. Este es el objetivo de las propuestas teórico-metodológicas que aquí compartimos, y que se vienen desarrollando en las cátedras de diseño de la Facultad de

---

1. Escobar, Ticio (2015) "Cultura: Nuevas Subjetividades, Neoliberalismo y Proyecto Emancipador" *Conferencia en el Foro Internacional por la Emancipación y la Igualdad*, Buenos Aires, 12 de marzo.

Bellas Artes de la Universidad Nacional de la Plata, y la cátedra de Diseño de la Universidad Nacional del Noroeste de la provincia de Buenos Aires.

Emir Sader se preguntaba ¿por qué los *shoppings* no tienen relojes ni ventanas? ese despojo de nuestro espacio y tiempo es apenas una muestra de la invisible y violenta forma en que el mercado global nos necesita consumidores de lo mismo. "Hubo una herencia, la más pesada, la ideología consumista del estado norteamericano. Esto es lo que ellos proponen para nosotros: una utopía para algunos, la utopía del *shopping center* [...] en el *shopping center* nadie tiene prohibido entrar pero por algún milagroso control solo entran los consumidores, no hay pobres. [...] ese tipo de sociedad que ellos vienen a proponernos destruye la manufactura local, el artesanado local, los tipos de vida diferenciados de cada localidad, región, país, para que todos consumamos exactamente lo mismo que consumen ellos. Cuando la gente entra en el *shopping center* se olvida de su calle, de su barrio, de su país, de su gente, de sus problemas [...] queda reducido a un consumidor, esa es la batalla que tenemos que dar [...]"[2]

Hoy la mayoría de los diseñadores no estamos formados para dialogar con esos *discursos otros* sino desde una posición dada por la supuesta legitimidad discursiva de nuestro decir.

Solo toleramos el gusto *otro* distanciadamente: seleccionado, recortado, aislado de su espacio originario y enmarcado, destilado por la moda, en la vidriera de una tienda exclusiva, situada en algún barrio que garantice la distancia respecto de su origen.

Se habla desde hace décadas[3] sobre esta necesidad: que el diseño replantee seriamente su por qué, su para qué y su para quién. Gabor Palotai[4] preguntaba hace ya muchos años "¿queremos un diseño que homogenice, o por el contrario, que respete identidades y en ese gesto dignifique la vida de las personas?" La pregunta es cada día más actual. Es necesario revisar los enfoques y las prácticas que se ponen en juego en nuestras carreras, para escapar de lo que hace años era eurocentrismo y hoy es la fuerza implacable del gusto que pone en juego el mercado global. Es

---

2. AAVV (1999): "First things first Manifiesto 2000", Eye N° 33.
3. Palotai, Gabor (2002): "Maximizar la audiencia". En: *Tipográfica* N° 5, p. 22. Buenos Aires.
4. Vattimo, Gianni (2015) "Actualidad de las Tradiciones Emancipatorias". Conferencia en el *Foro Internacional por la Emancipación y la Igualdad*, Buenos Aires, 12 de marzo.

necesario pensar que el Diseño es una de las disciplinas que hoy, y en el futuro inmediato, tienen un protagonismo decisivo a la hora de pensar en la construcción de un nuevo modelo de sociedad en el que las voces, los gustos, los deseos de todos, puedan seguir teniendo lugar.

Si bien es cierto que el debate reabierto sobre fines del siglo XX en cuanto al rol social del diseño ha dado espacio a muy productivas discusiones y reflexiones, y que estas han sido el punto de inicio de numerosas propuestas de diseño alternativo, "crítico", o comprometido en luchas sociales y causas justas, es claro que el diseño oficial sigue siendo un protagonista poderoso en la promoción de deseos que nos impulsan a trabajar para comprar cosas que no necesitamos.

El diseño que podría formar parte de la configuración de la globalización alternativa que proponía Vattimo[5] sigue transitando caminos marginales. Si creemos que es hora de dar fundamentadas respuestas a aquel reclamo universal de los diseñadores tan revisitado en los últimos años[6], quienes nos dedicamos a la enseñanza de la disciplina tenemos una responsabilidad decisiva en la educación de diseñadores humanistas. La universidad es el ámbito donde esto puede ser posible. En este marco se inscriben nuestras propuestas.

Presente.
En la UNNOBA, Centro de Edición y Taller de Diseño

La edición y publicación del libro *Presente / Relatos de excombatientes*, se inicia con una solicitud al CEDI –Centro de Edición y Diseño de la UNNOBA– por parte de las licenciadas en psicología Paola Tonellotto y Yamila Avagnina Iun Ferrero, quienes en el marco de un programa de salud mental del INSSJP proponían que este colectivo de 21 excombatientes pudiera poner en palabras aquello que no se pudo decir en tiempos de guerra, y a la vez encontrar formas "nuevas de hacer" con el objetivo de que su pueblo los mire, los vea, los lea.

---

5. AAVV (1999): "First things first Manifiesto 2000", *Eye* N° 33
6. Morin, Edgar (2000): *Los siete saberes necesarios para la educación del futuro.* Unesco, Santillana, México

El proyecto articularía al CEDI con el Centro de Excombatientes Islas Malvinas Junín, en el marco del Programa de Asistencia y Prevención de la Salud Mental al Veterano de Guerra y su Grupo Familiar, perteneciente a la UGL 31 de PAMI.

Se les propone trabajarlo como una experiencia áulica por múltiples objetivos que se detallarán más adelante, tanto para el grupo de excombatientes como para los estudiantes.

Tomando como base para la descripción de la problemática la experiencia de los profesionales a cargo del Programa antes mencionado, es importante destacar varios aspectos:

La planificación de las actividades está basada en los conceptos de prevención y asistencia: se intenta fortalecer la promoción de la salud integral buscando una mejor calidad de vida para este grupo en riesgo y su entorno familiar.

La realidad del excombatiente y su familia no solo pueden estar relacionadas con la espera por parte del profesional de las consultas en consultorio, sino que los agentes de salud deben comprometerse desde lugares diferentes para poder llegar de manera plena a intervenir sobre la salud y el mejor bienestar de los excombatientes a nivel personal, profesional, social, familiar y afectivo. La intención de la aplicación de esta metodología está vinculada a que los participantes encuentren un ambiente propicio para poner en palabras, comenzar a decir y a explorar desde lo más íntimo sus conflictos, angustias y demás perturbaciones de su vida diaria y de su historia, ya que en la mayoría de los casos el ámbito del consultorio resulta poco propicio por su condición impersonal y fría.

Las actividades se desarrollan mediante intervenciones grupales a modo de talleres con tres objetivos programáticos: el eje histórico, el eje testimonial y el eje social comunitario.

El trabajo con los excombatientes ha logrado crear un espacio conjunto de circulación de la palabra que es reparadora, de real contención y referencia para cada uno de ellos respecto de buenas conductas saludables.

Se pensó en realizar un proyecto en donde los excombatientes pudieran generar una producción a partir de sus testimonios. En base a las entrevistas realizadas por las psicólogas a los excombatientes de Malvinas, se propusieron dos etapas: una realización editorial impresa (libro) y la producción de un audiovisual que refleje las necesidades actuales de

Trabajo y producción en conjunto en el espacio Taller con alumnos
de la carrera de Diseño y excombatientes de Malvinas.

los Veteranos hoy. El material se produjo con estudiantes de la carrera
de Diseño Gráfico y estuvo basado en los documentos y testimonios que
aportaron los excombatientes. Asimismo, se propuso que la campaña de
difusión en torno a la presentación del libro y el audiovisual, se enmar-
caran en la idea de comunicar para transformar conductas sociales, hacia
una mayor aceptación e integración del grupo de excombatientes.

La participación de los excombatientes y los voluntarios pretendió,
por un lado, generar un vínculo a partir del cual se pudiera transmitir, sin
mediaciones, vivencias ocurridas durante y después de la guerra, y por
otro, revalorizar la figura del excombatiente en la sociedad a partir de la
planificación de acciones con la universidad, con el objetivo de producir
un impacto positivo en la salud y el autoestima de los excombatientes.

También se buscó promover la comunicación del excombatiente con la sociedad, "generar un ámbito transdisciplinario e interinstitucional a fin de propiciar acciones que promuevan el bienestar del excombatiente y su familia."

La vinculación de los estudiantes con los excombatientes, propició el escenario donde pudieran transmitir a las nuevas generaciones "sus" historias recientes.

Los alumnos de la carrera de Diseño Gráfico de la UNNOBA mostraron gran motivación y agradecimiento, ya que participaron de manera protagónica y real en el desarrollo de una pieza editorial de valor histórico y alcance nacional.[7]

Haikus Libres.
En la UNLP, Taller de Diseño en Comunicación Visual C
y Taller de escritura del Penal de Olmos

El Taller de Diseño en Comunicación Visual C, carrera de Diseño, de la Facultad de Bellas Artes de la Universidad Nacional de La Plata fue creado en la convicción de que es desplazando a la disciplina de una perspectiva puramente tecnicista y acercándola a las ciencias sociales, en nuestro caso con la perspectiva de la teoría de la complejidad[8], entre otras, desde donde podemos empezar a hacer un diseño humanista.

La identidad es el tema nodal del Taller C y el punto de partida de una propuesta académica orientada a formar profesionales capaces de contextualizar de esta práctica discursiva, y comprometidos con la posibilidad de usarla para contribuir a respetar y mejorar la vida.

Para esto, el programa de la materia en sus distintos niveles, propone una articulación de estrategias combinadas sistémicamente, que abarcan contenidos, metodología, y replanteo de prácticas como la extensión

---

7. Link de la producción audiovisual realizada por los alumnos de diseño en conjunto con excombatientes: https://www.youtube.com/watch?v=W_LfmqiHelQ
8, Morin, Edgar (2000): *Los siete saberes necesarios para la educación del futuro.* Unesco, Santillana, México

universitaria. Reseñamos una experiencia que por su dimensión ilustra la variedad de estrategias combinadas que articulamos en la cátedra.

Educación experiencial, interiorizando la extensión

Nos detendremos particularmente en detallar la experiencia que llamamos *Haikus Libres*, porque forma parte de *Diseño activo*, un programa de extensión de la cátedra que funciona desde el 2001 y que se sustenta en el modelo de la educación experiencial. Los temas y actividades abordados desde *Diseño activo* son múltiples y cambian año a año de acuerdo a las necesidades que vayan surgiendo, las entidades que se acerquen a proponernos un trabajo conjunto (a ver qué podemos hacer juntos,) o los vínculos que vamos generando desde la cátedra con otras instituciones.

En este marco articulamos una actividad con el Taller Literario de la Escuela de Adultos Nº 746 de la Unidad Penal Nº 25 de Lisandro Olmos, una localidad cercana a la ciudad de La Plata.

Los alumnos del mencionado taller literario habían producido en el verano del 2012 una antología colectiva de poesía: *Haikus libres. Universos poéticos en contexto de encierro*. El coordinador del Taller tenía el proyecto de editar ese libro, por su calidad literaria y con la finalidad de que el mismo sea un vínculo con el afuera, con sus familias y amigos. En el Taller C tomamos esta necesidad y la convertimos en un una actividad curricular.

Desde el punto de vista de los contenidos curriculares disciplinares, los temas identidad y diseño editorial están incluidos en el programa de la materia. La particularidad planteada es que se trata de identidad de un libro de poesía (específicamente una antología de haikus) con distribución a través de circuitos editoriales alternativos.

De esta manera, se propuso a los estudiantes un diálogo sensible con campos sociales infrecuentes:

> • La literatura, en particular la poesía como discurso en diálogo con el diseño.
> • Los circuitos editoriales alternativos.
> • Las personas privadas de libertad, como un "otro creador".

Los condicionantes del problema planteaban una contextualización compleja: la particularidad gráfica del haiku, la división de la obra por autores al tratarse de una antología, las formas de circulación de la obra adentro/afuera de la cárcel, las limitaciones económicas para la edición impresa.

En el cuadro 1, sintetizamos la articulación de saberes/herramientas/ métodos puestos en juego en esta propuesta de educación experiencial.

La presentación del libro y la muestra organizada por el Taller C se realizó en el bar Oliver, en junio de 2013.

El relato de esta experiencia tiene como finalidad hacer visible de qué modo, en un solo trabajo práctico pueden articularse objetivos en un entramado cohesionado por un fin que abraza a los demás: formar profesionales comprometidos en la construcción de un modelo de sociedad más solidario. Para esto se necesitan personas sensibles. Nos hace más sensibles el conocer *identidades otras*, el conocimiento de un vasto mundo posible (como el de los circuitos editoriales alternativos, que son solo un ejemplo que se multiplica en cada esfera social en la que indaguemos). Y sobre todo, el trabajo en equipo, el enseñar y aprender a escucharnos y construir proyectos en los que los buenos y no tan buenos resultados, sean producto del trabajo colectivo.

La formación de ciudadanos activos es otro de los ejes de la enseñanza basada en experiencia: la experiencia involucra la participación en procesos en los cuales el diálogo, la discusión grupal y la cooperación son centrales para definir y negociar la dirección de la experiencia de aprendizaje. Aprender solidaridad a través de un hacer colectivo y un "hacer con" más que "hacer para". Entender que "beneficiarios" de estas experiencias no son solo las personas de la comunidad, sino también los propios estudiantes, quienes al salir al terreno encontrarán oportunidades de formación como profesionales y ciudadanos que no siempre se pueden ofrecer en los claustros.

Por último, la propuesta compartida aquí nos convoca a que la extensión se "meta" dentro del currículo, que forme parte de las obligaciones de las cursadas regulares.

HAIKUS LIBRES
Universos poéticos en contexto de encierro

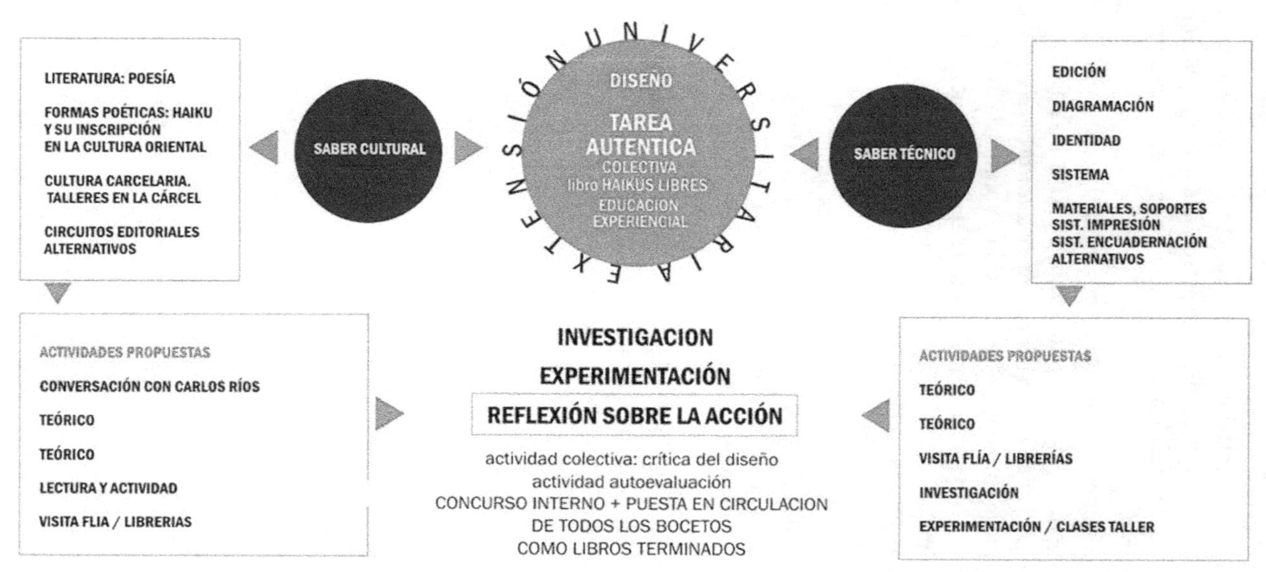

Cuadro 1

"Si tenemos relaciones auténticas con la gente, los verdaderos temas emergen muy rápidamente y se presenta la ocasión de trabajar para personas y por causas todavía desconocidas en lugar de estar reproduciendo un discurso".[9]

Si pensamos la *identidad* como una de las cuestiones nodales del diseño, la extensión tiene mucho que aportar. Más allá de sus objetivos iniciales, es *por excelencia el espacio del encuentro con el otro.* Por esto entendemos que los programas de extensión y voluntariados no pueden seguir siendo solo "extras" sino que deben ser ejes articuladores de la formación universitaria.

La construcción de la cátedra Taller articulando contenidos y metodología en torno a la problemática de la identidad, abordada desde una perspectiva filosófica y sociológica, nos ha abierto a docentes y alumnos la posibilidad de empezar a proyectar conscientes de la responsabilidad ética del diseño. Es un primer paso.

"Todo puede ser pensado de otra manera. Y la principal 'otra manera' es buscar no incurrir en un pensar calculatorio que todo lo piensa en términos de los propios y los otros. Todos somos primero otros. Esa es una buena manera de empezar a salirnos de nosotros mismos que es la principal limitación que nos aqueja en una sociedad individualista".[10]

9. Paris Clavel, Gerard (1997) Entrevista en revista Tipográfica. Buenos Aires. Recuperado de Edición en la UBA. https://edicionenlauba.wordpress.com/2012/03/25/paris-clavel-en-revista-tipografica-1997/

10. Sztajnszrajber, Darío (2013): Reportaje. En: revista *El amor al cine.* Fuente: http://www.telam.com.ar/notas/201302/7046-el-filosofo-sztajnszrajber-exhibe-el-amor-al-cine.html

II

Implicancias del territorio
para pensar la innovación en diseño

PAULA SIGANEVICH

Vincular un pensamiento sobre el territorio con la gestión de diseño lleva a adoptar diferentes estrategias de innovación con perspectiva social. En la experiencia llevada adelante en el Taller de Tesis de la "Maestría en diseño orientada a la estrategia y la gestión de la innovación"[1], alumnos provenientes de la Universidad Nacional de Misiones, de la Facultad de Arte y Diseño de Oberá, relacionaron de diversos modos territorio con gestión de diseño[2]: por una parte como intervenciones en una comunidad destinadas a orientar desarrollos productivos incipientes (en movimientos sociales, en pequeñas comunidades); también como intervenciones de diseño en una comunidad destinadas a colaborar en la construcción de identidades, en el conocimiento integral del territorio como modo de legitimar el saber colectivo propio de la comunidad; finalmente como intervenciones de diseño a nivel estatal (provincial o municipal) orientadas a un desarrollo económico y humano con vistas a una mayor calidad de vida y un estado de bienestar social. Al llegar a Oberá nos encontramos con un territorio particular: la tierra roja, los bosques autóctonos, las

---

1. Maestría en Diseño Orientada a la Gestión y a la Innovación, Universidad Nacional del Noroeste de la Provincia de Buenos Aires.
2. La propuesta de los modos de vinculación se encuentra en el Proyecto UBACyT "Cartografías del Diseño Social" Universidad de Buenos Aires, FADU/UBA, dirigido por la Dra. María Ledesma (2014/2017).

ondulaciones del terreno, en suma, un espacio geográfico de características especiales unido a un entorno multicultural donde la población original se mezcla con diversas inmigraciones, perdurando producciones ancestrales con necesidades contemporáneas. En este sentido, el contexto nos impone reflexiones de las que teóricos ya se han ocupado y que podemos retomar, referidas al diseño en un mundo complejo (Manzini:1990) y al cuestionamiento a la homogenización de la cultura al enfrentar la globalización (Galán: 2010).

Es así que para pensar este vínculo tenemos por un lado el aporte del concepto de diseño en un mundo complejo de Ezio Manzini que propone que en la actualidad se combina la alta tecnología y las tecnologías avanzadas con la artesanía y antiguos conocimientos que pueden ser reciclados para muy novedosos sectores. Resalta el autor que en el mundo del capitalismo avanzado presentar un producto en el ya saturado mercado de ofertas se centra en las innovaciones, e introducir un nuevo producto "significa producir y presentar no solo un significante, sino también un significado (es decir su colocación en el imaginario social)". Por un lado, enfatiza los cambios que se dan en este tiempo en la evaluación de "lo nuevo" donde prima lo inmaterial, el sentido, por sobre lo tecnológico. Llama a lo nuevo la velocidad y la disposición de irrupción de las capacidades innovadoras que no llegan como algo acabado sino como algo que puede y debe ser reinterpretado. El diseño en un mundo complejo pondera por sobre todo el componente cultural y a partir de eso la actividad emprendedora que lleva siempre a una actividad de proyecto en un mundo caracterizado por la fluidez y el cambio.

A la par de la complejidad está la problemática donde se debate que en lugar de la esperada homogeneización de los modelos culturales y productivos en una única racionalidad dominante, se vuelven a descubrir las diversidades, ya que el diseñador interpreta su propia cultura, según Beatriz Galán. Refiriéndose a la relación entre lo global y lo local, Galán sostiene: "La gestión estratégica de diseño para el desarrollo local queda definida por la búsqueda de un acoplamiento estructural entre un contexto externo, articulado en la lógica de la globalización que se impone como necesidad, y uno interno, cuya lógica viene dada por los recursos y las respuestas locales". Es así que preguntándose sobre el desarrollo afirma que es el resultado "del acoplamiento sustentable entre estas estructuras, lo que depende del grado de conocimiento alcanzado por las comunidades: autoconocimiento, conocimiento del contexto y conocimiento de las articulaciones posibles". La gestión estratégica de diseño es el reordenamiento de recursos, ya sean materiales o simbólicos, para mejorar la posición de un grupo, comunidad o empresa, y su desempeño, en un contexto productivo y social.

Por último, relacionado con lo anterior, es decir la complejidad y la vinculación entre lo local y lo global, para conectar diseño y territorio debemos tener en cuenta específicamente el aspecto metodológico: a diferencia de las ciencias naturales que trabajan a partir de la repetición de la experiencia para llegar a la ley, en el caso del diseño se procede por experiencia para llegar a la innovación o creación; en el Taller llamamos a esto "experiencia proyectual". Para la experiencia proyectual el diseñador debe encarar la complejidad de la cultura del diseño en el territorio y pensar siempre en la innovación. También tiene en cuenta su biografía profesional ya que la actividad profesional le va a dar un caudal de experiencia que debe poner en juego. El diseñador hace una traslación de su experiencia profesional a la académica, un relato propio y a la vez compartido con lo cual se complejiza la cuestión de la identidad, y para eso tiene que encontrar las categorías comunes para proponer el proyecto. Muchos de los alumnos tienen una buena experiencia profesional y en varios casos también docente, sin embargo las dificultades comienzan cuando deben conceptualizar un objeto de estudio e investigación. Y las mayores dificultades se dan cuando llega el momento de desarrollar una metodología donde se cuente con el aporte de la cultura y la memoria de otros. Dice Manzini que un punto de partida que lleve al hombre a la relación con su ambiente puede ser una reflexión actualizada sobre el término "hacer" que lo llevan a pensar qué significa proyectar y producir. En realidad el hombre tiene la particularidad de producir un sistema de significados en cuyo interior sitúa su propia experiencia y también su hacer. La experiencia proyectual propone que el investigador se sitúe entonces en el centro, al modo etnográfico, para realizar las entrevistas y trabajos de campo, pero dé un paso más adelante cuando proponga un modelo de innovación y de gestión estratégica para que su hacer de diseño se proyecte como valor agregado a una comunidad. Expondremos algunos de los casos presentados por los alumnos en el Taller como ejemplos para reflexionar y ampliar el campo del diseño social.

Raquel Analía López. Objeto de la comunidad Kuña pirú 1, ciudad de Aristóbulo del Valle. Allí funciona la Escuela Bilingüe N° 657 «Kaáguypoty», y es el lugar donde conviven numerosos artesanos que sustentan su economía con las producciones artesanales comercializadas a la vera de la Ruta Provincial N° 7.

Como intervenciones en una comunidad destinadas a orientar desarrollos productivos incipientes (en movimientos sociales, en pequeñas comunidades)

El proyecto de Raquel Analía López, "La intervención del diseño en la cadena de valor de las artesanías aborígenes de Misiones", pretende que los artesanos aborígenes puedan desarrollar envases con material autóctono de tal forma que al realizar sus artesanías las mismas se realcen y se incorpore como valor la presentación del producto con un contenedor que replique memorísticamente aspectos formales del objeto. El plan contempla la experimentación con el packaging aplicado a las tallas de los artesanos de la comunidad haciendo ellos mismos la experiencia con material de la zona.

La propuesta de Daniela Pasquet, "La inestable identidad del diseño. Procesos y estrategias visuales en comunidades productivas de la provincia de Misiones, Argentina", busca identificar qué tensiones se presentan en términos estéticos, narrativos y productivos entre los modelos

164

Daniela Pasquet . Trabajo realizado junto a Ministerio de Trabajo, Empleo y Seguridad Social de Nación. Programa formación con equidad para el trabajo decente. Año 2015 - 2016 en las comunidades Mbya Guaraní de Kaaguy Poty, Kaaguy Mini Rupá y Tamandua.

organizacionales globales y locales, revisando los conceptos construidos por el diseño alrededor de la identidad visual. Pasquet propone que la identidad marcaria, la marca gráfica, no es fundamental o importante para la identificación visual sino que esta se da por medio de un sistema gráfico acordado en común en un espacio/tiempo donde conviven prácticas y pensamientos diferentes. Señala un proceso deconstructivo donde la identidad se aleja del concepto de mímesis para construirse mejor como un proceso narrativo donde todos participan en forjar la representación.

Como intervenciones de diseño en una comunidad destinadas a colaborar en la construcción de identidades, en el conocimiento integral del territorio como modo de legitimar el saber colectivo propio de la comunidad

Ezequiel Perini presentó el proyecto de "Gestión de la participación ciudadana en la identidad de Montecarlo", localizado en la ciudad de Montecarlo en Misiones, donde se enfatiza a través de la categoría de

Ezequiel Perini. Caminos de tierra colorada.

"identidad vivida" la vinculación del diseño con el territorio. ¿Cuál es la implicancia de la experiencia territorial en lo proyectual en este caso? Basándose en uno de los aspectos del trabajo de Gilberto Giménez, *Territorio, cultura e identidades, la región sociocultural*, esta propuesta señala que el territorio marca la producción. En este caso la ciudad de Montecarlo tiene un importante centro productivo y turístico. El objetivo es volcar en los espacios públicos las características con un producto que refuerce la identidad local, por ejemplo bancos, en los espacios públicos a partir de la participación ciudadana. El modelo a construir parte de una teoría del territorio, del concepto de "identidad vivida", cuya propuesta es encontrar identificaciones específicas mediante encuestas y entrevistas a las personas del lugar.

Por su parte Andrea Wedekamper propone gestionar a través de un mapa territorial el diseño de estrategias innovadoras para la visibilización y salvaguarda de la gastronomía misionera, considerando a la misma como patrimonio intangible. Su propuesta está vinculada con la cuestión de la construcción de las identidades sociales ya que los consumos, los gustos, las prácticas y las representaciones gastronómicas son aspectos que identifican a las personas. Según sostiene, los platos indican el

Andrea Wedekamper . Selva adentro

origen y la trayectoria de sus consumidores, expresan la identidad de las personas y establecen su pertenencia a un sector social determinado. La alimentación como práctica cultural ha sido estudiada a partir de los "discursos que se constituyen para ordenarla, las relaciones de conocimiento que se establecen entre los actores sociales que participan de ella y la producción de la corporalidad del sujeto".

Como intervenciones de diseño a nivel estatal (provincial o municipal) orientadas a un desarrollo económico y humano con vistas a una mayor calidad de vida y un estado de bienestar social

El desarrollo del Programa "Hecho en Misiones", llevado adelante desde el 2009 por el Ministerio de Desarrollo Social de la Provincia le permite a Martín Errecaborde pensar el concepto de diseño estratégico y proponer un modelo de diseño estratégico para el diseño gráfico y la comunicación para este programa tomando como puntos de comparación otros casos: a nivel nacional el Programa "Marca Colectiva" del Ministerio de Desarrollo Social de la Nación; en el plano regional, el programa "Ñandeva", enfocado en el sector artesanal que involucra a Argentina, Brasil

167

y Paraguay, en la perspectiva compleja de la gestión artesanal en una frontera tripartita, entre otros. El programa "Hecho en Misiones" tiene el objetivo de otorgarle una herramienta a los productores locales de los diferentes rubros (alimentos, textiles, artesanías, otros) para producir y vender en la provincia, generando un círculo virtuoso que promueva el desarrollo local; agrupa a los productores locales mediante la marca registrada "Hecho en Misiones" para darle mayor trascendencia local, regional y nacional a los productores locales. En este caso son relevantes las ferias, el catálogo de promoción, y las capacitaciones enfocadas en los diferentes sectores. El caso busca encontrar un modelo de análisis y relevamiento de este plan mediante un estudio comparado con otros de la zona (Plan Posadas, Marca Colectiva, Ñaneva, etc.) y el país.

Entonces, todos estos casos que de un modo u otro vinculan la gestión de diseño con el territorio presentan cuestiones que son comunes y que podríamos establecer como constantes de un trabajo de investigación. Todos investigan sobre mundos simbólicos dentro del campo del diseño y cada uno propone una experiencia de innovación y diseño estratégico dentro de una comunidad, para poner en el centro y en tensión la cuestión identitaria como modo de legitimar un saber colectivo. Las implicancias de lo territorial en lo proyectual forman parte de una política del diseño. Estos casos de implicancias de lo territorial en lo proyectual como experiencias pueden ser pensados como micropolíticas de los sujetos en el territorio. Para darle una perspectiva de lo político que tiene esto podemos pensar como dice Gerald Raunig, en las intervenciones como invenciones tanto si surgen como iniciativas privadas como estatales (Raunig, 2008). Este autor menciona la teoría de Deleuze y Guattari sobre el territorio para pensar las invenciones como líneas de fuga para destrabar la univocidad del conocimiento. La noción de territorio debe rápidamente ser vinculada a las otras de desterritorialización y territorialización, propuestas por Deleuze y Guattari. Así ellos entienden el territorio en un sentido muy literal, que desborda la acepción que recibe en las ciencias sociales y corresponde a un espacio vivido así como a un sistema percibido con el cual el sujeto se siente familiarizado.

Metodológicamente considerar estos casos como experiencias proyectuales, un hacer que entre en la lógica del diseño y sus categorías, implica un saber crítico sobre la historia del diseño que desde su origen y en su tradición estuvo vinculado a la sociedad industrial y al sistema capitalista. Como consecuencia de esto, si nos preguntamos cuál es la lógica del diseño decimos que es la que sirvió a los usos de la sociedad industrial, vinculados al producto y a la funcionalidad. La pregunta que todos estos casos se hacen, en cambio, tiene que ver con saber si es posible llevar el diseño hacia un saber de lo colectivo tanto en la gestión de pensar el producto como de hacer circular el mismo. Así se trate de generar un sistema gráfico de packaging, de diseñar un sistema textil o pensar el emplazamiento de un producto de diseño como es el banco de la plaza, siempre se deben considerar más allá de las instancias individuales de enunciación, los agenciamientos colectivos, entendiendo colectivo no solo en el sentido de agrupación social sino también permitiendo la entrada de distintas colecciones de objetos técnicos, de flujos materiales, de entidades incorporales y también de ideaciones estéticas entre otras: la idea de innovación constituye una máquina, no solo en el sentido técnico, sino también como máquina teórica, social, y otras, donde nunca funciona de manera aislada sino por agregado o agenciamiento.

Referencias bibliográficas

http://deleuzefilosofia.blogspot.com.ar/2007/07/f-guattari-glosario-de-esquizoanalisis.html Recuperado 2-12-17

Galán, Beatriz (2010). "Diseño, academia y comunidad. Transferencia de diseño en comunidades productivas emergentes". En *Diseño y territorio.* Recuperado el 9/6/15 de   http://dementeterritorial.com/repositorio/diseno_y_territorio_acunar_unal.pdf

Gimenez, Gilberto. *Territorio, cultura e identidades, la región sociocultural.* Recuperado el: 23-6-15. http://www.culturascontemporaneas.com/contenidos/region_socio_cultural.pdf

Ledesma, María del Valle (2013). "Cartografías del Diseño Social. Aproximaciones conceptuales", *Anales* N° 43, http://www.iaa.fadu.uba.ar/ojs/index.php/anales/index

Manzini, Ezio (1990). *Artefactos. Hacia una nueva ecología del ambiente Artificial.* Madrid: Celeste Ediciones

Raunig, Gerald. (2008). *Mil máquinas. Breve filosofía de las máquinas como movimiento social.* Madrid: Mapas. Traficantes de sueños.

El diseño como interventor político-social

RICHARD ANGEL CORREA

Allá por el año 2014 en esta pequeña provincia de Misiones, más específicamente en la "ciudad de los inmigrantes", Oberá, surge la propuesta de un trabajo práctico desde la cátedra del Taller de Diseño Gráfico Tres a cargo de la Dg. Daniela Pasquet, de la carrera de Diseño Gráfico, Facultad de Arte y Diseño de la Universidad Nacional de Misiones. La tarea consistía en abordar una problemática histórica y delicada de la provincia, la del trabajo infantil en la "tarefa" (cosecha de yerba mate). Misiones es la principal productora y proveedora de yerba mate de toda la Argentina y del mundo, siendo ésta una de las mayores actividades productivas de la provincia.

Desde el primer momento se trató de un trabajo difícil debido a la sensibilidad del tema y los prejuicios en torno a la práctica del sector. Sin embargo, las charlas con una antropóloga que desarrollaba su tesis sobre este tema nos acercó a la problemática a través de la observación de campo; charlas con dirigentes tareferos que contaron sus experiencias en primera persona e intercambios con una ONG llamada "Un sueño para Misiones". Esta ONG estaba lanzando la campaña "Me gusta el mate sin trabajo infantil", campaña que alcanzó repercusión nacional, saliendo en la mayoría de los medios y en las redes sociales con el *hashtag* #MeGustaElMateSinTrabajoInfantil; incluso llegó al Congreso de la Nación para debatir un proyecto de Ley al respecto. El proyecto de diseño tomó entonces esta campaña para desarrollar la propuesta gráfica.

En mi caso particular, decidí que quería manifestar el papel fundamental que cumple la educación para erradicar esa situación y sacar al niño tarefero de los yerbales, ya que esta actividad era la principal causa de analfabetismo en el departamento de Oberá, debido a lo que se denomina "alumnos golondrinas".

¿Cómo se planteaba que a partir de la educación se transformaría esta realidad? Mediante la capacitación docente, para que trabajen con estos chicos particularmente, ya que eran niños que no tenían el mismo apoyo que los demás, y que debido al trabajo pesado no tenían tiempo, ni ganas, ni motivación y, posiblemente, no llegaban a tener fuerzas para concentrarse; resultando en una dificultad para que permanezcan en el sistema educativo.

Otra de las principales problemáticas que derivaba en el abandono de los chicos, era la edad de ingreso o reingreso al sistema educativo, ya que la escolaridad se convertía rápidamente en una experiencia negativa para ellos: había incompatibilidad entre el contenido y los métodos educativos utilizados, sus edades y las necesidades intelectuales, sociales y emocionales. Esto aumentaba el sentido de inadecuación: sabían que eran mayores que sus compañeros de aula y sin embargo, muchos no llegaban a alcanzar las expectativas de la escolaridad formal y por ello tenían problemas de aprendizaje. Motivo que bastaba para desalentarlos a seguir en la escuela.

Por lo tanto, a través de la campaña se planteó el derecho del niño a acceder a una educación que se adecúe a su situación particular. Para esto es indispensable implementar una educación transicional (no formal), que brinde a los niños extrabajadores una "segunda oportunidad". Que hayan pasado la edad de entrada a la escuela y que en la mayoría de los casos sean analfabetos, no quiere decir bajo ningún punto de vista que sean incapaces intelectualmente. Estos chicos debían tener la posibilidad de aprender a su propio ritmo y de formas que aprovechasen la experiencia que habían adquirido al trabajar. Debían ser estimulados a "aprender a aprender", y esto podía nivelarlos con los demás compañeros para que lograsen adaptarse nuevamente al sistema de educación formal.

Por esta razón, el destinatario más adecuado al que debía ir dirigida la campaña era el gremio de docentes que conformaban la UDPM (Unión de Docentes de la Provincia de Misiones) en el departamento de Oberá. Ellos eran los representantes directos y quienes debían intervenir ante el Consejo General de Educación o inclusive ante el Ministerio de Educación si fuese necesario, para que estos puedan tomar las medidas necesarias con respecto a la educación, y así comenzar a erradicar el trabajo infantil en la tarea e insertarlos nuevamente en el sistema educativo.

Para poder concretar esta propuesta y que resulte lo más eficaz posible, definí una estrategia con dos puntos claves, uno en relación a la gráfica y otro sobre la distribución de las piezas.

Para el desarrollo gráfico trabajé con una colega ilustradora, Melisa Horrisberger, quien se encargó de volcar todos los aspectos definidos a un estilo. Se buscó aludir a la lucha de estudiantes del Mayo Francés y del Cordobazo, cuya gráfica se basaba particularmente en la lucha, manifestación, protesta, siendo la ilustración el principal recurso para representarlo. Se trató de establecer así una familiarización con el destinatario, docentes, quienes justamente en su período de escolarización y/o formación, vieron de cerca estos hechos, pero remitiendo al contexto de la tarefa. El niño como protagonista pasaba a ser el enunciador de la pieza, estableciendo un modelo de lectura cómplice y pedagógico, porque presentaba información y alternativas. Busqué, además, situarlo en una acción de lucha por sus derechos, su oportunidad de insertarse en el sistema educativo pero considerando su situación de trabajador o extrabajador.

El trabajo derivó en dos afiches principales, un folleto tríptico con información sobre la problemática (propuesta de solución, contactos y demás datos de interés), señaladores y calcos. El otro punto de la estrategia fue la definición de los canales de distribución ¿por qué esas piezas y no otras? En primer lugar, por costos de implementación y, por otra parte, porque se aprovechó que en el mes planificado para su lanzamiento estaría llevándose a cabo en la ciudad de Oberá la Feria Provincial del Libro. Esta feria convoca público en general y en especial a escuelas y colegios. Por lo tanto, las piezas gráficas serían distribuidos en los stands de la feria y los calcos, para pegar en los termos, elemento indispensable junto al mate en la recorrida por el predio. Además estas piezas serían distribuidas en las escuelas primarias de la ciudad y en los gremios docentes como UDPM.

Con este trabajo logré observar cómo a través de las herramientas que nos ofrece el diseño podemos interpelar problemáticas reales, que involucran a distintos sectores de la sociedad, muchas veces los más desfavorecidos o vulnerables. Cómo a través de la pieza gráfica se establece una relación con el contexto, con la comunidad a la que pertenece y convive en un determinado momento. De esta manera ir construyendo un sentido de representación de la sociedad, de la cultura, para lograr plantear una forma de comunicar que no responda únicamente al modelo dominante del mercado sino que sea también una manera de intervenir en la praxis política social de la que formamos parte.

TENGO DERECHO
A UNA EDUCACIÓN DE CALIDAD COMO TODOS
MÁS MAESTROS
EDUCACIÓN
OPORTUN
conaeti
Campaña
ME GUSTA EL MATE
SIN TRABAJO INFANTIL
El trabajo infantil en los yerbales es la principal causa de analfabetismo y abandono del sistema educativo en el departamento de Oberá.
La educación, es quien juega aquí, un papel fundamental para erradicar esta situación y sacar al niño tarefero de los yerbales, para de esta manera, abrirles una puerta hacia un futuro mejor.
¿De qué manera?
A través de la capacitación de docentes, para que se encarguen de trabajar con estos chicos particularmente y así poder insertarlos al sistema educativo nuevamente, estableciendo métodos y estrategias de enseñanza-aprendizaje adecuados para que estos niños puedan descubrir en la educación, el placer de aprender.

II

Una estrategia de diseño para la innovación social: Contenido Neto

MARÍA SÁNCHEZ

Corrían los años de la crisis más tremenda que creo haber vivido en mi vida: 2000, 2001, 2002. En ese entonces vivíamos en los alrededores verdes de Buenos Aires, a 30 km de la capital porteña; mientras que en meses anteriores demoraba más de 40 minutos en recorrer esa distancia para ir de casa al trabajo (el CMD en Barracas), empecé a notar que en cada viaje demoraba menos. La autopista se vaciaba más cada día, dejaron de circular camiones de carga, fueron disminuyendo los autos...y dado que en ese momento no había velocidad máxima restringida mi viaje se fue acortando. Ciertamente que mirado desde un punto de vista parcial y coyuntural disminuir el tiempo de transporte para ir y volver del trabajo era un regalo, en cambio la verdadera razón era que Argentina estaba literalmente quebrada y ya no era necesario transportar nada porque la cadena comercial –y por lo tanto productiva– se había roto.

En 1994 habíamos regresado a Argentina luego de 15 años viviendo en el exterior. Nos llamaba poderosamente la atención el uso de tarjetas de crédito para la compra indiscriminada, situación en que las personas pagaban altísimos porcentajes de recargo en esta compra "de tiempo" que remandaba hacia el futuro la realidad del pago de productos y servicios. Paralelamente a esta sensación de "extendida irracionalidad", venía recopilando y archivando folletos publicitarios de una importante cadena latinoamericana de venta de productos para la construcción y domésticos; en ellos se comunicaba cada uno de los productos disponibles a la venta junto a un pequeño ícono de un barco carguero que explicaba el país de proveniencia de la mercadería. La gran mayoría de ellos eran importados...y nuestra pregunta era: ¿qué está sucediendo?, ¿cómo puede un país sobrevivir dignamente cuando paga semejantes recargos en las tarjetas de crédito y además las compras son de productos de importación? ...hasta que *boom!* explotó.

La reflexión ("no quiero vivir inútilmente") y continua pregunta cotidiana durante los traslados en auto a mi trabajo –en el Centro Metropolitano de Diseño– alrededor del año 2000, era imparable y casi obsesiva, todo giraba alrededor de: ¿qué podíamos hacer desde el diseño en el CMD para intentar aportar positivamente a una situación que colapsaba incesante e ininterrumpidamente?

¿Qué tenemos? ¿con qué contamos en la Ciudad de Buenos Aires para plantear una mejora? ¿podemos pensar en innovar en medio a semejante situación?, ¿podemos encontrar "partículas de bien" sobre las cuales construir?

Durante los meses anteriores había potenciado mi trabajo estratégico articulando con el área "Microemprendimientos" de la Ciudad de Buenos Aires donde se hacía incuestionable el cambio de la situación: una significativa fuerza social salía a recorrer –particularmente de noche– las calles de Buenos Aires, *cirujeando* para encontrar –sin comprar– nuevas "materias primas" que una vez transformadas con trabajo humano podían intentar vender dichos productos resultantes en las ferias a cielo abierto que se desenvuelven en las plazas de la ciudad durante los fines de semana. Tal era el caso de la asociación "Nuestro hogar" en La Boca, que con la colaboración amable de un adulto mayor litoraleño experto en tallar con cuchillo formaba a los más jóvenes en el trabajo de las piezas de madera que encontraban tiradas (muy estacionadas por cierto), con las únicas tipologías de herramientas que tenían: cuchillos tipo tramontina, y mucha lija, y tanto *olio di gomito* (traducción del italiano: aceite de codo). Las piezas resultantes poseían el atractivo levigado del trabajo humano hecho con mucho tiempo y cariño, piezas que potencialmente también podrían perfeccionarse y ganar en significado, funcionalidad y belleza a través del diseño, multiplicando su valor original.

Según Stuart Kauffman "lo posible adyacente es la sombra futura que surge desde los bordes del presente de las cosas. Es un mapa de todas las posibilidades en que el presente puede reinventarse a sí mismo. Así, se define lo posible adyacente como un mapa de todas las posibilidades en que el presente puede reinventarse a sí mismo."

Así las partículas de bien sobre las cuales construir comenzaron a aflorar en el territorio del "adyacente posible": gran cantidad de personas disponibles, personas dispuestas a dar lo que sabían y conocían, nuevas materias primas para reciclar, diseñadores, instituciones con intención de colaborar. ¿Cómo armar entonces una "cadena de valor" virtuosa que pudiera potenciar esos factores detectados en semejante escenario?

Era importante encontrar diseñadores adecuados: en 1995 había coordinado un *workshop* para la empresa Alessi (Italia) desde Argentina; mi intención al gestionar y organizar esta experiencia de diseño fue la de hacer conocer a la firma Alessi proyectistas argentinos –diseñadores y arquitectos– durante el desarrollo de una semana, de trabajo conjunto en algún lugar del mundo, que estuviera de alguna manera conectado al tema a proyectar. Así, en esa primera ocasión el tema central fue diseño de objetos para el agua y el lugar elegido fue la isla de Santorini, del medio al mar Egeo, Grecia. Era tiempo del 1 a 1, un peso: un dólar. En esa oportunidad y durante una semana participó un grupo muy interesante de profesionales del diseño, cada uno con personalidades peculiares muy marcadas, de modo que al momento de imaginar quienes podían tomar y desarrollar con decisión este reto de un país que se desangraba decidí convocar al CMD a Miki Friedenbach y a Alejandro Sarmiento en el rol de diseñadores. Ellos nunca habían trabajado juntos; eran muy diferentes y con visiones complementarias sobre el proceso de diseño, y por ello el vínculo podía ser aun más interesante, o no.

Era ineludible buscar cómo financiar toda esta operación durante los meses de proyecto, de experimentación, posterior realización del prototipo resultante y exhibición. Para ello desde el CMD convocamos al Banco Ciudad, que aceptó pagar a los diseñadores para que diseñaran lo que luego dio en llamarse "Contenido neto, una propuesta de neto contenido social". Como dijo Ricardo Blanco en ese momento: "Contenido Neto no es una operación ingenua ni utópica. Aquí simplemente los diseñadores han profundizado su agudeza perceptiva: si no hay posibilidad de nuevos insumos, miremos dónde los podemos ubicar. El transformar una botella de PET en una cinta para tejer y realizar artesanías (o diseños), no se trata de una mirada inocente, ni casual ni resignada ni folclórica. Es solo una mirada profesional de gente formada, responsable e inteligentemente especulativa. Es otra manera de presentar la profesión de diseñadores industriales. Alejandro y Miki no se apartan de su profesión, ellos obsesivamente diseñan: si hay que hacer objetos, se hacen; si hay que generar procesos, los generan; si hay que inventar materiales, los inventan."

Cuando IDEO habla de Design Thinking tres son los procesos que considera necesarios a tener en mente: inspiración, ideación e implementación, entendiendo la *inspiración* como el problema o la oportunidad que motiva la búsqueda de soluciones; en cambio la *ideación* es el proceso de generación, desarrollo y testeo de ideas; finalmente la *implementación* es el recorrido que conduce desde el proyecto mismo a la vida de las personas. "Contenido Neto" –en cambio– nació en una etapa anterior a la Inspiración, nació dentro de lo que denominamos "Etapa Metaproyectual", etapa previa al Proyecto en la que una serie imprecisa de múltiples factores desordenados –y a veces caóticos– vienen percibidos por alguno/as diseñador/as como un potente pedido de auxilio, son proyectistas con la intuición y la sensibilidad por lo social, el pensamiento sistémico, el conocimiento de la tecnología, la cultura proyectual estratégica, la imaginación y la decisión para hacerlo realidad.

No podemos cerrar esta reflexión sin apelar a los brillantes desarrollos de Ezio Manzini en cuanto a diseño para la innovación social que, en su visita a Argentina en el 2015, insistía continuamente en la necesidad de **observar la realidad**. De hecho Alexis Carrel, premio Nobel de Medicina en 1912 decía: Poca observación y mucho razonamiento llevan al error, mucha observación y poco razonamiento llevan a la verdad. Complementando este pensamiento deseo también traer a gala a Merleau Ponty, en su *Fenomenología de la percepción*, diciendo: "todo el universo de la ciencia está construido sobre el mundo vivido, y si queremos pensar la ciencia misma con rigor y apreciar exactamente su sentido y su alcance, nos es menester despertar toda esta experiencia del mundo de la que la ciencia es su segunda expresión". Manzini, en su libro *Cuando todos diseñan*, observa y detecta en particular 4 casos que se constituyen en los testimonios icónicos del tema "diseño para la innovación social"; dos de ellos calificables como casos "excepcionales" que comenzaron hace varios años y que aún hoy indican la posibilidad de lo que el Diseño puede hacer por la innovación social ("Democratic psychiatry" y "Slow food") y en ellos

destaca tres característica principales: La primera es el rol de los promotores: ambos ejemplos muestran claramente como los eventos que lideran
ambos no pueden estar separados de la personalidad, energía y carisma de
sus promotores. Y de su capacidad de crear alrededor de ellos un grupo de
entusiastas capaces, crear una organización y actuar a nivel institucional.
Ambos sabían cómo operar a niveles organizacionales e institucionales,

y lo hicieron muy bien. La segunda característica es que estos dos casos muestran como **Diseño para la Innovación Social** es una combinación de visiones culturalmente profundas, de largo alcance, de cómo podría ser mejorado el mundo, sumado a una especial capacidad de relacionarse con las personas directamente implicadas en el proceso y una especial creatividad necesaria para imaginar factibles soluciones y crear las condiciones para combinar con la energía social disponible. La tercer importante característica concierne las dimensiones estratégicas. Cada uno de estos movimientos comenzó identificando el problema en la dimensión local y en la general, y desde allí cada uno produjo una profunda, de largo alcance y factible propuesta para acciones locales, todo abrazado dentro de una amplia visión de diseño: un "marco de diseño" focalizado en la creación de una cultura más favorable, un sistema institucional y una política pública. Entonces Ezio arriesga una primer definición: "Diseño para la innovación social es todo lo que un experto de diseño puede hacer para activar, sostener y orientar procesos de cambio social a través de la sustentabilidad". Es decir que "no es necesario introducir nuevos modelos o nuevas definiciones. Diseño para la innovación social se refiere a un vasto campo que surge de la intersección del entero rango del fenómeno de la innovación social con expertos en diseño en todas sus contemporáneas formas y perfiles. Es decir que es una constelación de actividades, cada una caracterizada por diferentes sentidos [...]" En términos prácticos es una mezcla de diferentes componentes: visiones e ideas originales (desde la cultura de diseño), instrumentos prácticos de diseño (desde las diferentes disciplinas) y creatividad (es un don personal), dentro del marco de un enfoque de diseño (derivado de una experiencia previa de reflexión de diseño).

En el año 2006, en uno de mis primeros viajes a la Universidad Nacional de Misiones, caminando por el centro de una pequeña ciudad del interior de esa provincia, me acerco a ver los productos que exponía una artesana local en la escalera del banco Nación. Para mi sorpresa proponía una serie muy interesante de soportes para termos y mates además de cestos, todos de un color verde brillante, realizados con fibra de PET verde Seven up con fondos metálicos; al preguntarle acerca de por qué y cómo usaba la fibra de PET me cuenta que lo había aprendido de un artesano en la provincia de Salta... ¿Cuál fue el recorrido de toda esta operación desde el CMD en el 2002 hasta Misiones, pasando por Salta?, ¿cómo se expandió a través de talleres, patrocinadores, formación de formadores en Argentina y otros países?, ¿cómo se filtró por la web y se viralizó, se abrió al globo y está disponible para cualquiera que tiene acceso a internet? Esto es tema de otra investigación.

III

DISEÑADORES, ESTUDIOS DE DISEÑO

Todo diseño es social

PABLO BIANCHI

Desde hace algunos años, en ciertos ámbitos relacionados con la innovación y el desarrollo de nuevos negocios comenzó a hacerse popular un enfoque denominado *design thinking* (literalmente, "pensamiento de diseño") que consiste, para decirlo sencillamente, en aplicar la metodología que utilizamos los diseñadores industriales a cualquier problema, especialmente aquellos vinculados con la innovación. En lo personal, desde que comencé mi recorrido como estudiante en la carrera de diseño industrial de la FADU/UBA, intuí que el diseño, más que una profesión o una disciplina, es una manera de entender la realidad, una ideología. Los enfoques de Ricardo Blanco, Beatriz Galán y Gastón Breyer en sus materias de grado permitían avizorarlo.

De hecho, podemos considerar al proceso de diseño como una serie de mapas mentales que proponen distintos caminos, todos ellos posibles, para poder transformar una idea en una realidad. Este enfoque tan amplio y abarcador del concepto de diseño permite entender lo profundamente enraizada que está esta práctica en nuestra cotidianeidad (por eso, debe quedar claro que el pensamiento de diseño no se circunscribe a los diseñadores, sino que nuestra disciplina ha profesionalizado dichos enfoques). Entonces, entiendo al diseño como una herramienta apta para enfrentar y resolver toda clase de problemas, especialmente aquellos que surgen en contextos con alto nivel de incertidumbre y que necesitan respuestas innovadoras.

Esta somera descripción de las potencialidades del pensamiento de diseño y de su ubicuidad permiten que surjan oportunidades para la disciplina en ámbitos que exceden lo meramente objetual. A estas oportunidades, a este crecimiento, a este desborde del diseño por fuera de los límites del objeto es lo que llamo Diseño en expansión.

En la actualidad, podemos considerar que la práctica del Diseño tiene como objetivo el conjunto integrado de los productos, servicios y comunicaciones de las organizaciones, cualquiera sea su escala. Por eso, es interesante entender el potencial que el diseño tiene más allá del marco del producto, para poder comprender los paradigmas que engloban las condiciones en el que esos productos y servicios deben funcionar. Pensar

188

en la expansión del diseño implica ampliar sus alcances mediante la aplicación de su metodología hacia las transformaciones globales que impactan en las organizaciones de todo sector y envergadura. En este sentido, la organización no debe ser considerada como preexistente al proyecto sino que ella misma es objeto de diseño.

Pero ese no es el límite de la expansión del diseño, sino los límites de su acción en los márgenes del mercado. Asumir la potencia de la expansión del diseño, y el rol transformador que debe jugar, implica considerar al diseño (y a los diseñadores) desarrollando sus prácticas más allá de los límites con los que el capitalismo encorseta nuestra disciplina, poniendo en valor las maneras específicas que el diseño tiene para abordar la solución de problemas complejos. Por ello, la expansión del diseño incluye a diseñadores trabajando en el diseño de políticas públicas o estrategias para el cambio social.

Entonces, entiendo al *Diseño social* como uno de los vectores más potentes de la expansión del diseño. Más aún, podríamos pensar que todo buen proyecto de diseño debería incluir, aunque sea, un pequeño matiz transformador. Sin esa voluntad de modificar positivamente la realidad el diseño se ve castrado. Por ende, todo diseño es social (o, al menos, todo buen diseño). Esos vectores en expansión se disparan hacia espacios disímiles, transitando caminos que están más cerca del producto; o más lejos de éste, allí donde el diseño se transforma en estrategia de cambio. O integrando ambos enfoques, como intentamos hacer en el proyecto para la Cooperativa Creando Conciencia. Creando es una cooperativa de trabajo pionera en la implementación de proyectos que reúnen el cuidado del ambiente con el desarrollo social; pero también una organización innovadora, alejada de los habituales estereotipos (que incluyen prejuicios de clase que no dejan de asomar cuando hablamos de cooperativas). Allí, junto a mi colega Facundo Spataro, diseñamos una nueva "unidad de negocios", a la que denominamos Creando Equipamiento. La misma produce equipamiento urbano que la Cooperativa denomina "mobiliario urbano con impacto social y ambiental".

En un taller especialmente acondicionado de la localidad de Benavidez (provincia de Buenos Aires), se producen dos líneas de productos (denominadas Flor y Becco) que incluyen bancos de diferentes características, mientras se suman otros productos que apuntalan el crecimiento del proyecto. Todos se fabrican utilizando de manera intensiva la madera plástica, que es un material realizado a partir del reciclaje de plásticos 100% postconsumo, particularmente adecuado para estas tipologías de productos por su resistencia a la intemperie. Nuestro trabajo incluyó no solo el diseño del producto y de los elementos de comunicación del mismo (web, catálogos, etc.) sino la definición estratégica del proyecto. Es decir, como diseñadores, y junto a los referentes de la Cooperativa, definimos las condiciones generales de la operación, pensando primero qué diseñar y en qué condiciones, y luego haciéndolo. Por ende, este es un modesto ejemplo de la expansión del diseño, donde, a través de los enfoques propios de nuestra disciplina, podemos desarrollar proyectos que no solo respondan de manera adecuada a las variables de producto y mercado (es decir, bien diseñados, con calidad constructiva y rentabilidad y precios de venta adecuados) sino que puedan sumarle otros valores: el valor ambiental (en este caso, por estar fabricados con material reciclado) y el valor social (por estar fabricados por una cooperativa que brinda posibilidades de ascenso social a las franjas menos favorecidas de nuestra sociedad).

III

Luminarias diseñadas a partir del reciclaje de plástico postconsumo

PROYECTO MUTAN

Mutan es uno de los proyectos que surgen desde el Atelier Brotes, una incubadora de proyectos sustentables y colaborativos.

Proyecto Mutan diseña objetos a partir del reciclaje de plástico postconsumo así como la tecnología necesaria para producirlos.

En este caso las luminarias están realizadas a partir del proceso que se les realiza a las tapitas plásticas obtenidas gracias a la Fundacion Garrahan. El material previamente triturado es transformado mediante calor, tomando forma esférica pero dejando a lo largo de la superficie zonas abiertas y cerradas. Es el propio material el que determina desde este comportamiento orgánico las áreas de luz y sombra. Las luminarias proponen una nueva forma de usar el plástico (postconsumo en este caso), revelando su carácter orgánico, su pasado reciclado, su historia. Es plástico con carácter propio.

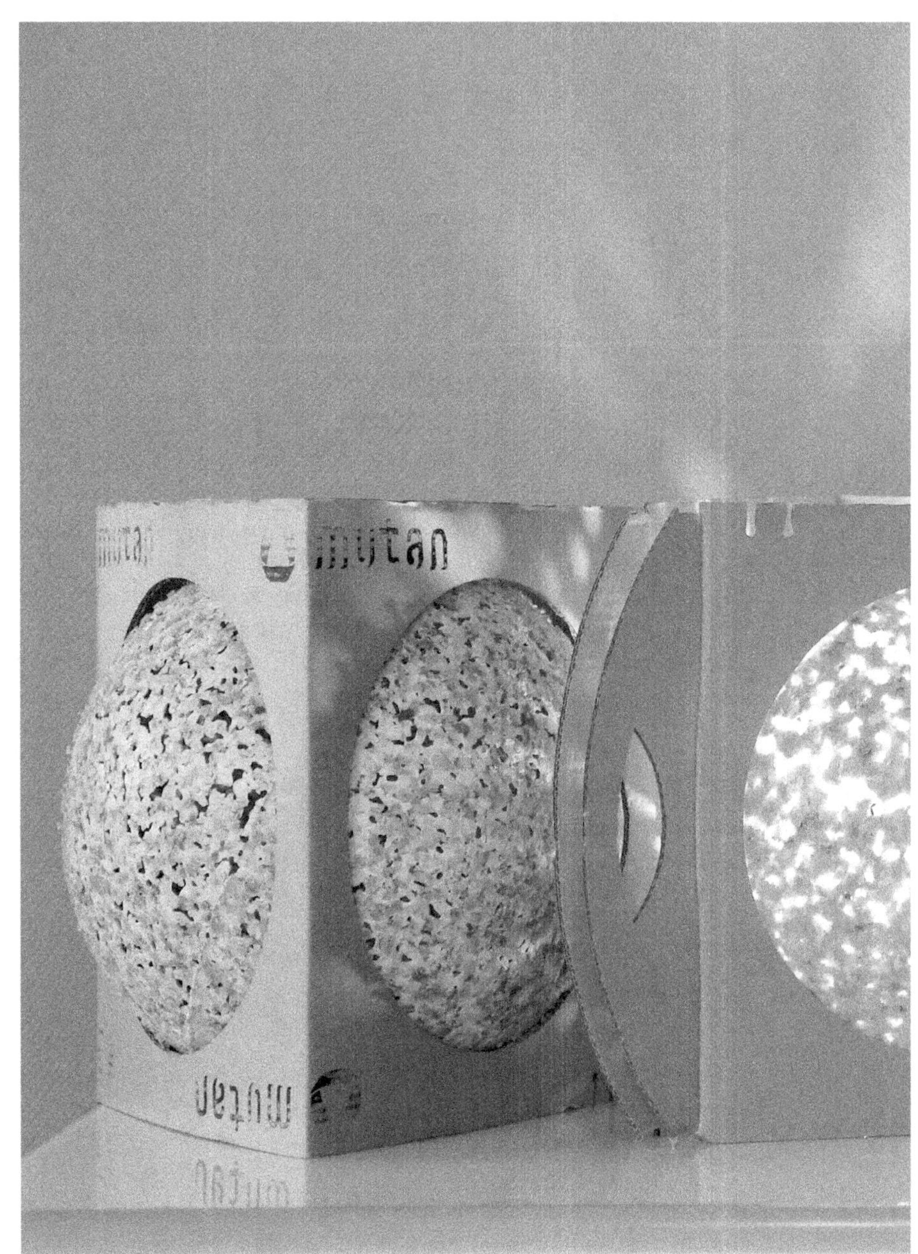

mutan
mutan
mutan

mutan
mutan

Un proyecto en conjunto con mujeres artesanas de la comunidad qom

COOPERATIVA DE DISEÑO

Formamos la Cooperativa de Diseño en 2011, en la búsqueda por construir un espacio de trabajo y reflexión acerca del rol social y político de los diseñadores en el país y Latinoamérica. Seis mujeres conformamos esta organización laboral autogestionada, horizontal y con un punto de vista popular. Prestamos servicios de diseño industrial, gráfico y audiovisual, impulsando el desarrollo de la producción nacional y bajo gestión obrera.

Nuestro método de trabajo plantea considerar las necesidades reales de las mayorías, socializar la toma de decisiones, fomentar el debate y la participación de los comitentes, incorporar a otros equipos de trabajo de forma asociativa y entender las particularidades de cada encargo con el objetivo de generar resultados que respondan a su contexto, considerando su historia.

En estos 6 años desarrollamos proyectos con fábricas recuperadas como Durax, Safra, e IMPA, entre otros, siendo esta última la sede de nuestro espacio de funcionamiento. También trabajamos con cooperativas de *software* libre, medios de comunicación comunitarios, artesanas qom de J. J. Castelli (Chaco), y distintos sectores del campo popular. Venimos confluyendo en las necesidades y las luchas de las/os trabajadoras/es, las mujeres y los pueblos originarios, poniendo al diseño como herramienta a su servicio. Seguimos construyendo redes y organizándonos.

Proyecto qom Lashepi Alpi

Desde el año 2013 venimos impulsando un trabajo en conjunto con las mujeres artesanas qom de J. J. Castelli, Chaco. El proyecto comenzó con la construcción del vínculo, en el que pudimos conocer la técnica ancestral a través de la cual desarrollan su tejido a partir de la hoja de palma de Carandillo. Fue un proceso de trabajo integral que incorporó al diseño como herramienta con el objetivo de visibilizar su trabajo y mejorar su condición laboral. Se diseñaron de forma conjunta una serie de productos a partir de la palma y de la incorporación de correas, el diseño identitario para su colectivo, la incorporación de herramientas para optimizar los procesos productivos y la capacitación de las más jóvenes en la utilización de herramientas digitales para las vías de difusión y comercialización. En el proceso se fue constituyendo el grupo de trabajo y a través de una metodología participativa se amplió la información, aprendizaje y acuerdos colectivos. Hoy en día se ha logrado además que la hoja de palma sea declarada de interés municipal, medida que ayuda a preservar al territorio y a las plantas frente al desmonte.

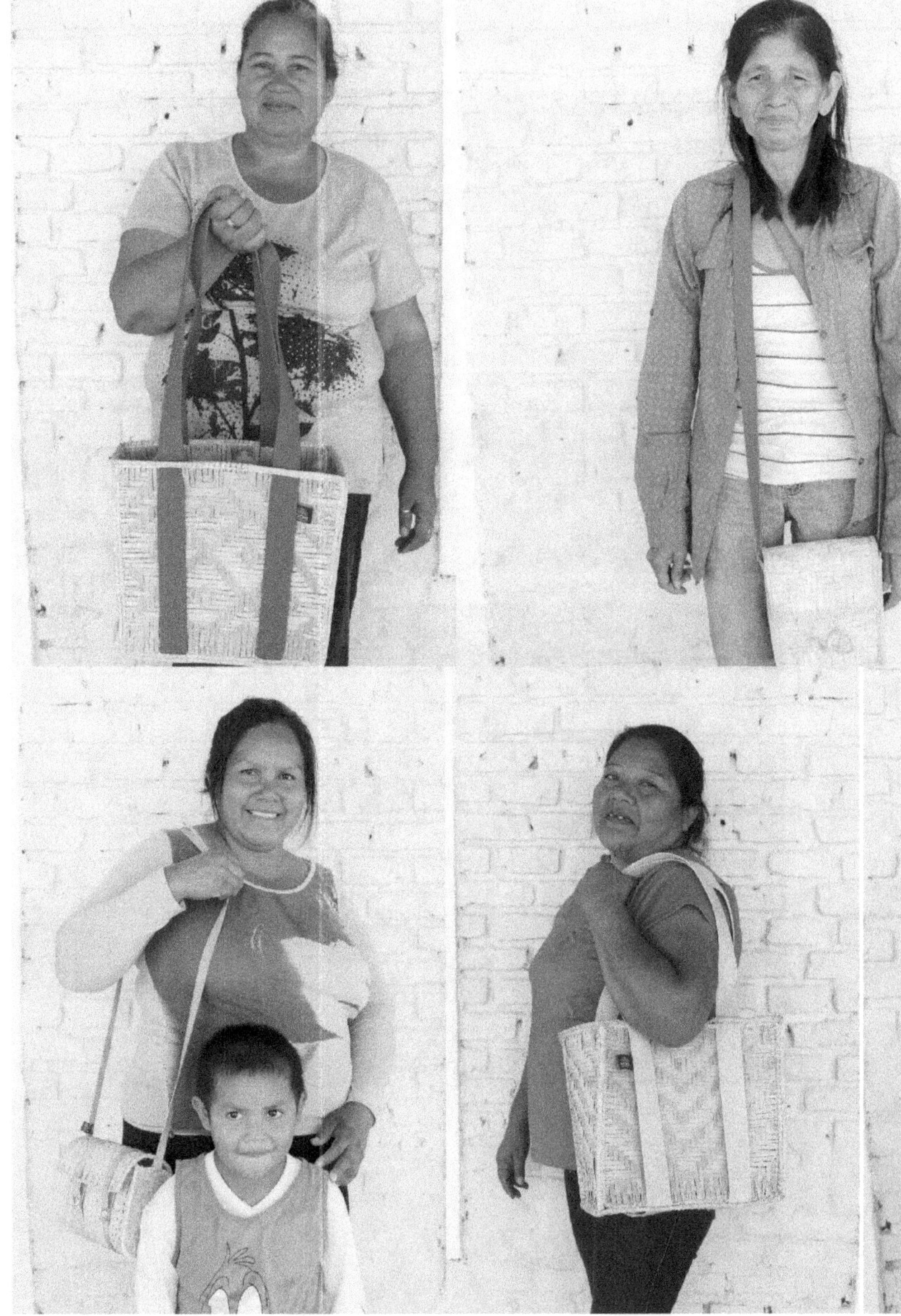

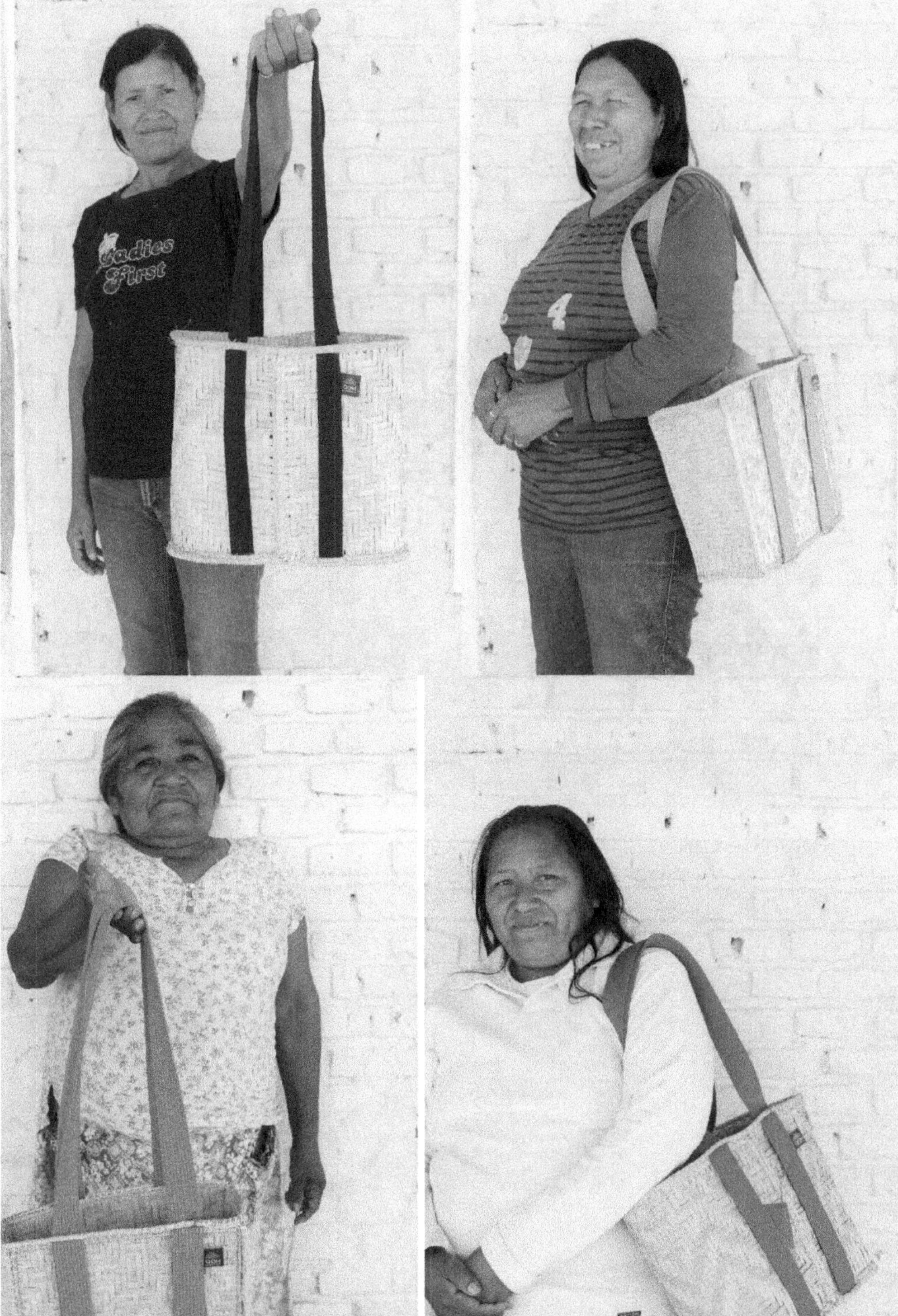

Mi ciudad es hermosa y horrible como yo
Afiche para Célébrer la ville, en el marco de la 3ra edición de la Fête du Graphisme, Paris,
Francia, 2016.

III

Una manera de pensar

FANTASMA DE HEREDIA

Iniciadores de una actividad original y creativa a principios de los años noventa, El Fantasma de Heredia mantiene, desde un estudio profesional de diseño con ya 27 años de existencia, un modo particular de entender su actividad, a la que desde ese entonces suelen definir como una gráfica política, social y cultural. Trabajando con todo tipo de organizaciones y preocupados por la recepción y la comunicabilidad de las piezas, sus integrantes han sentido la tensión entre la producción informal y el aporte que puede hacer un diseñador formado en una tradición gráfica. Hay un estilo Fantasma que ha pasado a la tradición local y que es reconocido: "todo lo que hacemos tiene la forma de una manera de pensar".[1]

---

1. Fragmento de *Activismo gráfico: conversaciones sobre diseño, arte y política*. SIGANEVICH, Paula y NIETO, María Laura. 2017.

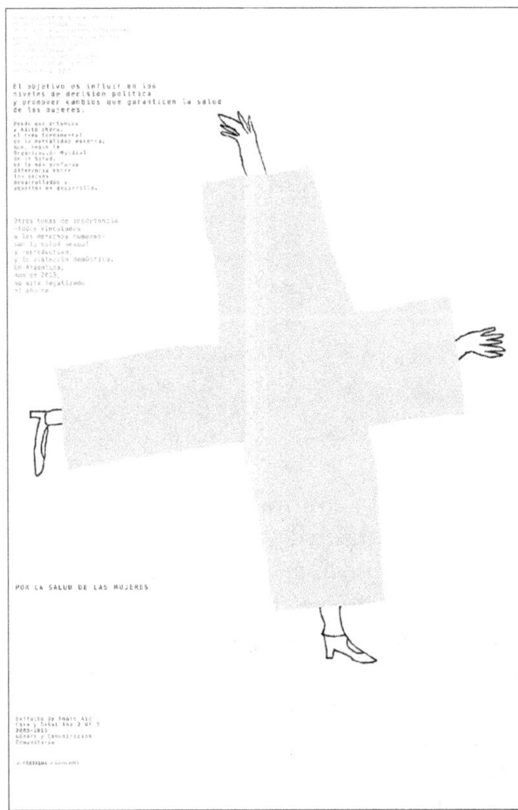

La salud de las mujeres
La Organización Mundial
de la Salud dice que la
mortalidad materna es la
diferencia más profunda
entre los países desarrollados y los «no desarrollados».
La salud sexual y repro-
ductiva, y la violencia
doméstica son otros de los
temas sustanciales.
Extracto de Cara y Señal,
Amarc Alc, 2005-2015

Abajo:
Afiche en parada de
colectivo en Varsovia.

Ciudad abajo
Fabián Polosecki fue un talentoso joven periodista que inauguró una nueva manera de hacer entrevistas televisivas. «El otro lado» se convirtió en material de culto. Sus programas fueron la base para una ética y una estética en la TV argentina. En 1996 Polo se suicida. Este afiche promociona «Ciudad abajo», un ciclo itinerante de sus programas en un centro cultural de Buenos Aires, organizado por José Luis Meiras. 2015.

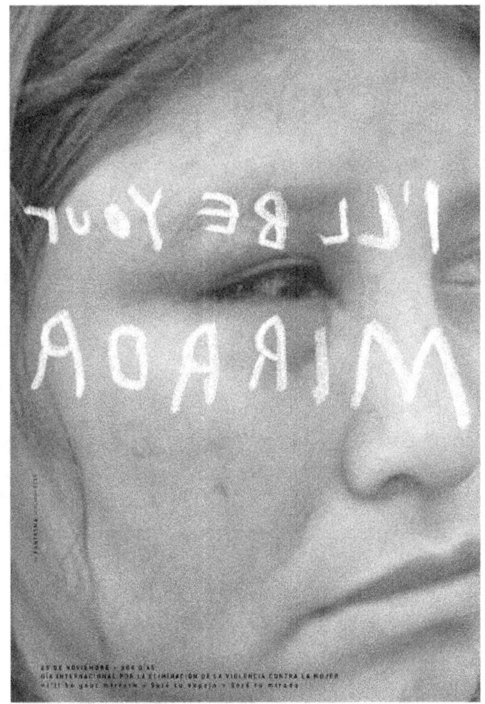

Seré tu espejo – seré tu mirada
La palabra mirror, leida de derecha a izquierda cuando está
espejada, se convierte en la palabra mirada. Una doble lectura
para este afiche para la eliminación de la violencia contra la
mujer, que formó parte de las exposiciones de afiches feministas
«Egalité mon oeil», Limoges y Paris, Francia. 2015. Grand Prix
de la Trienal de Afiches 4th Block, 2018.

Eclipse
Afiche diseñado en 2001 para la cumbre de la Unión Europea en Bruselas, en el marco de las muchas actividades que el Centro Cultural Les Halles des Schaerbeek promovió en ocasión del G8.
Primer premio – Medalla de Oro en la 7ma Trienal del Afiche Toyama, Japón y Premio del Jurado en el 14 Festival de Chaumont, Francia, 2003.
Se reedita para el G20 en Argentina, en 2018.

Un mundo sin esclavos
Identidad para emprendimiento textil de mujeres de la comunidad qom.

Seamos liebres
Experiencia artística de formato libre, para menores
en situación de vulnerabilidad. 2017.

Territorios de la precariedad
Anabella detrás de la escultura de vidrio para Territorios de la precarie-
dad∗, exhibición colectiva en el Centro Cultural Recoleta, organizada
por AAVRA (Asoc. de Artistas Visuales de la Rep. Argentina). 2013
∗en algunos barrios, es común poner pedazos de botellas de vidrio rotas,
en lo alto de las paredes que delimitan la propiedad privada.

Espacio Cultural Doblar el viento
Identidad. 2014.

III

¿Para qué y para quién?

ESTUDIO dosRÍOS

El estudio dosRíos [diseño y comunicación] formado en 2013 por Florencia Croccia y Gastón Mato, surge del encuentro de dos recorridos profesionales, académicos, vivenciales y de militancias, donde lo profesional es una de las múltiples caras de este espacio, cumplimos con otros trabajos, compartimos afectos y dos décadas de amistad. Hemos coincidido, desde recorridos separados, al finalizar la carrera en plena crisis de 2001, participar uno en grupos como el Taller de Gráfica Popular, Taller Libre de Proyecto Social, Comunicación+Desarrollo Humano, y otro en grupos religiosos y del tercer sector, seguir referentes como Grapus, y continuar reflexionando desde la docencia sobre la práctica del diseño en el contexto de Argentina.

El inicio del estudio parte de la necesidad de seguir poniendo en práctica profesional la reflexión sobre el diseño ¿para qué y para quién? y de desarrollarnos en un contexto complejo desde una posición muchas veces de incertidumbre y en conflicto. Temáticas como la denuncia del *fracking* y la lucha por la soberanía ambiental; la búsqueda de instalar la diversidad cultural como un valor en un país formado por un gran porcentaje de inmigrantes; reforzar circuitos alternativos del arte hegemónico, son expresiones de contextos en conflicto, donde nos preguntamos cómo es la visualidad de estas problemáticas y donde aparecen otros modos de hacer diseño que implica, entre otras cosas, un poner el cuerpo más intensamente.

Formamos un estudio que entiende lo profesional como una de las múltiples caras de la realidad, esto es una postura en cuanto a una mirada integral de la práctica profesional, cierta indefinición que nos reconoce como sujetos situados (Ana Quiroga, 2005), nos piensa en contexto de una historia subjetiva, familiar y social, nos identifica con ciertos referentes, pertenencias e ideales, ciertos modos opuestos entre nosotros, en dinámicas de orden/desorden, hombre/mujer y por ello enriquecedores para el abordaje de los proyectos.

Nos vinculamos con grupos del ámbito cultural, la educación y la investigación-acción para el desarrollo humano. Buscamos hacer visible los temas o problemáticas requeridos por el grupo/ comitente, partiendo de la escucha de sus necesidades, priorizando el aspecto humano y profesional en cada caso. Creemos que desde esa escucha y el análisis del contexto y sus prácticas el Proyecto se enriquece y puede tornar visible aquello requerido desde una mirada nueva y singular.

Revuelo Creativo
Guía de investigación y producción artística - Tapa publicación

Observatorio Petrolero Sur
Identidad institucional y sitio web.
Página interior de revista: Ultima Frontera. Políticas públicas,
impactos y resistencias al *fracking* en América Latina.

En el mapa se ubican las principales concesiones de HNC de México y Argentina a modo de referencia.

La estimación de recursos está hecha en base al Informe de la Agencia de Información Energética (EIA) de 2013. Cuestionamos este estudio debido a que su objetivo es promocionar el desarrollo de los HNC en el mundo, y lo usamos como referencia para destacar este hecho.

El shale gas está medido en billones de pies cúbicos (mmmmpc), mientras que el shale oil en miles de millones de barriles (mmmb).

Diseño como factor de cambio

FABIÁN TRIGO / STUDIO

La imagen existe para hacer visible el mundo invisible.
La mirada existe para crear una metáfora de ese mundo.

La imagen es una intención proyectada.
La mirada es un estado emocional.

La imagen, la mirada, la metáfora,
son las puertas de lo invisible,
van directo a la emoción como el aroma de un perfume.
Fabián Trigo

Studio

Me gusta pensar el estudio como un tren del que subís y bajás entre metáforas poéticas y proyectos de bien común. También podés caminar en él, descansar un tiempo, mirar el paisaje, dejar algo atrás, desear llegar cuanto antes a algo nuevo. En ocasiones pasarte de estación también...

Diseño como Factor de Cambio

Existe solo un mundo, y es falso, cruel, contradictorio, seductor y sin sentido.
Un mundo constituido de esa manera es el mundo real.
Necesitamos mentiras para conquistar esta realidad, esta "verdad".
El arte es la expresión de voluntad y nos da poder
sobre las imperfecciones del mundo.
Nietzsche

La mejor definición, o la que más me gusta, para decir qué es el Diseño como Factor de Cambio pertenece a las Jornadas de diseño y transformación del FAD, *Foment de les Arts i del Disseny*, Barcelona, del 2015: "Creemos que el arte y el diseño son un factor promotor de cambio. Podemos ir hacia una nueva sociedad a través de prácticas creativas. El diseño es agente de transformación social. Desde una letra a toda una ciudad, esta disciplina siempre ha ejercido su papel revolucionario y transformador con diferentes rangos de resultados. Nuestro proyecto y los actos que los componen permiten aprender y debatir alrededor de objetos y conceptos que a través del diseño promueven, instigan, alimentan o detonan la transformación social."

Diseño como Factor de Cambio Social y Ambiental, es un espacio de reflexión y construcción de pensamiento y de experiencias de diseño sobre el campo real. El diseño opera como un interlocutor que, al dar visibilidad mediante metáforas poéticas a las problemáticas sociales, permite un acercamiento sensible, distinto del periodístico o el documental y la denuncia o el reclamo. Se trata de hacer visible "lo que pocos quieren ver", diría Charly García.

Me gusta abordar los temas de derechos humanos. Por un lado el diseño me dio una estrategia para resolver las cosas y por el otro el arte me dio una poética para evocarlas. Para elegir cada proyecto con el cual vamos a interactuar e involucrarnos emocionalmente tiene que ser algo auténtico, un caso real, tengo que conocer a esa persona, o a ese grupo y sentirme inspirado.

Entre todos los que trabajamos en estas causas fuimos aprendiendo que las acciones que involucran al diseño desde una concepción de compromiso, como factor de cambio social, para enfrentar casos reales llevan a resultados muy buenos. Porque son testimonios verdaderos. El entrelazado, el cruce de experiencias en un fluir creativo con estudiantes, profesores, público y amigos, ha enriquecido nuestras miradas y nuestras almas. Acaso, ese sea el propósito. Visualizar con imágenes la problemática de las causas con el objetivo de entenderlas emocionalmente, permite convertir sus contenidos en sentimientos.

No podemos medir el impacto de las acciones de nuestros proyectos, pero sí podemos imprimir una huella en una persona o grupo de personas. Por tanto, no deben juzgarse por la efectividad de sus resultados o por sus alcances, sino deben ser considerados en sus intenciones e interpretados como sistemas, programas, *work in progress*, que se extienden en el tiempo como excusas de diálogo y nuevos escenarios de encuentro entre el proyecto / el tema / el motivo y el público.

Los proyectos para causas sociales los desarrollamos *ad honorem*, aun así me lleno de otras riquezas: el contacto con artistas, artesanos, diseñadores, mentes inquietas, almas buscadoras, llenas de energías; a mí me enloquece, me hace sentir muy bien. Y esta congregación de talento y creatividad, tiene un propósito, no sé si es ayudar a alguien, porque nosotros tampoco es que ayudamos, hacemos lo que podemos hacer, pero tenemos una convicción: que tenemos que hacerlo sí o sí. A mí me cambió en todos los sentidos, venía del diseño corporativo y me volqué al sector cultural. Gente que se agrupa sin más motivo que hacer algo juntos, porque es una fiesta. No quieren ganar plata, quieren sumarse a algo más grande que ellos, que es una idea del amor, el amor más noble. Y transmutás, no sos el mismo cuando empezás el proyecto que cuando lo terminás. Estás en algo que no es tu problemática cotidiana, hay otra cosa, hermosa y horrorosa al mismo tiempo. La mirada es un arma poderosa, decía mi maestro Alfredo Saavedra. Cuando alguien viene con una problemática, cualquiera sea, si podés escuchar y a través de tu mirada convertir eso en una imagen y hacerla visible eso es muy poderoso, es invencible.

Se es artista por el dolor de no encajar en el mundo.

Se es diseñador para aportar algo valioso al mundo.

Proyecto Patrón

*La gran saturación de imágenes que produce
la industria de la moda y la publicidad,
¿qué nos impide ver?*

Solo en ciudad de Buenos Aires y alrededores:
3000 talleres textiles clandestinos
25000 trabajadores en condición de esclavitud.

PATRØN es una marca/proyecto, creada especialmente a beneficio de Cooperativa Alameda que dedica sus esfuerzos a rescatar personas en condición de esclavitud en talleres textiles clandestinos. PATRØN es un proyecto con la colaboración de artistas, creativos y modelos, producida amorosa y dedicadamente por Cooperativa Alameda. Como *work in progress*, seguirá activo hasta lograr el objetivo de alcanzar una ley nacional que instruya a las empresas textiles a incluir en sus prendas una etiqueta con la leyenda: "Esta prenda fue confeccionada en condiciones dignas de contratación".

Las etiquetas de composición de prendas son además de un requisito legal, algo valorado por el cliente a la hora de prestar atención para el cuidado y duración de la prenda. El incorporar el asterisco "Trabajo digno" al sistema de pictogramas, haría que la prenda esté dotada de un valor central: la prenda fue hecha por trabajadores en condiciones dignas. El asterisco debería ser buscado por los compradores a la hora de realizar su decisión de compra, "reclamando" a las prendas que no lo tengan que lo incorporen en la etiqueta.

Toda marca es una promesa. Lo que las marcas prometen es un estilo de vida, un comportamiento, una felicidad, sugerida en forma elegante, sofisticada, impregnada de belleza en sus modelos y en la estética de sus locales comerciales. Toda marca se propone como la llave de acceso a esa felicidad, el atajo, la clave secreta. Pero solo es una promesa. Un falso espejismo.

Esta felicidad como meta, es siempre lejana, es condición que resulte inalcanzable para poder construir deseo. Desplazada desde los valores espirituales hacia el consumo de los productos, tiene que ser saciada y es

una de las formas de la insatisfacción, que, como tal, genera deseo. Y el deseo, necesidad. Y la necesidad, consumo. Y el consumo, insatisfacción otra vez.

Pero esa idea-promesa de marca, se opone a la realidad, muy especialmente a la realidad de los trabajadores y a sus entornos de trabajo, en los que los productos son confeccionados. No todas las marcas, pero un gran número de ellas, promueven un estilo de vida que no le brindan a sus propios trabajadores. Incitan a su público a verse motivados, a ser parte de una cosmogonía de felicidad, pureza y perfección que no promueven puertas adentro.

Esa contradicción, en ocasiones extrema, desalmada y vergonzante, es el objeto de enunciación de PATRØN que utiliza todas las herramientas de la publicidad de la industria de la moda, para realizar una campaña contra los talleres textiles clandestinos y crear conciencia en la comunidad de diseño.

PATRØN fue exhibido en el Centro Cultural Recoleta en 2010 y fue distinguido con el Sello del Buen Diseño Argentino en 2016. Actualmente es objeto de estudio y charlas en UBA FADU, carrera de Diseño Gráfico.

Quizás diseño, comunicación, campaña de bien público o arte social, la búsqueda de creación de sentido surge desde un concepto, y tiene un propósito más allá del arte en sí mismo.

Y si alcanza una utilidad para servir a otros, me doy por satisfecho.

Dedicado a las costureras de Cooperativa Alameda.

III

Nosotrxs lxs otrxs

ÓITA LA COOPERATIVA

La voluntad de una Fundación de acompañar a las organizaciones sociales de base territorial en el ejercicio y promoción de la autonomía ciudadana; la preocupación de un grupo de vecinos del barrio El Buen Samaritano de Aristóbulo del Valle por el deterioro de su Sede de Organización Social y la estigmatización que reciben por ser familias que se dedican a la tarefa[1]; la convocatoria por parte de un Club de Voley femenino de Mojón Grande para llevar adelante el desarrollo de su "insignia" debido a que no cuentan con "algo" que las identifique en los torneos que participan. Estos son algunos casos y situaciones diferentes en distintos lugares de la provincia de Misiones, y con protagonistas que presentan algo en común: la voluntad de construir colectivamente.

Enraizadxs en este contexto e involucradxs con estas personas, nosotrxs, diseñadorxs hijxs de la educación pública, nos organizamos cooperativamente movilizadxs por una voluntad proactiva hacia nuevas formas de pensar y de hacer con diseño en Misiones: "nosotrxs no damos las cosas por sentado. Sostenemos que puede haber otro orden para tomar decisiones y dar el paso".

Nos plantamos en el territorio y pensamos, a partir de la interacción con el contexto, porque visibilizamos un potencial de innovación que

---

1. Término utilizado en Misiones para designar a una persona que cosecha artesanalmente la yerba mate.

reside en los sectores productivos primarios, en los emprendimientos locales de baja escala, en las iniciativas comunitarias autogestionadas, en los colectivos culturales emergentes, en lxs históricamente invisibilizadxs, en lxs otrxs. Ante esta coyuntura, nosotrxs nos comprometemos a mostrar otras realidades, alimentando el pensamiento crítico para que el acto de lectura genere infinitas diseminaciones que permitan resignificar su complejidad naturalizada y proyectar nuevos escenarios.

Nos organizamos como cooperativa porque sostenemos que puede haber otro orden para tomar decisiones, uno divergente, que ante la dictadura del canon proponga la democracia de las voces. Vinculadxs a distintos organismos, instituciones, colectivos y a las personas que habitan el territorio, proponemos la articulación de proyectos a partir de un abordaje conceptual cocreativo que estimule la generación de valor compartido, entendiendo que la diferencia nos enriquece y el encuentro nos transforma.

Sabemos que dar el paso y hacer en este contexto abundante de oportunidades, y muchas veces desprovisto de recursos, implica proyectar entre todxs y convertirse en un *faistudo*[2]. Pensar el diseño en perspectiva social y plantearlo con un fuerte anclaje territorial conlleva comprender el contexto y hacer de todo, si se cuenta con la voluntad de hacer que las cosas sucedan. Por eso lo hacemos cooperativo poniendo el diseño como proceso de pensamiento y como herramienta para desarrollar comunicación con las personas que están haciendo y con aquellas que acompañan a las que hacen.

Esto es "ÓITA la Cooperativa", donde la identidad se construye a partir de la deconstrucción de los modos tradicionales de pensar y de hacer diseño en Misiones, donde no tenemos límites sino fronteras, donde no hablamos un idioma sino que hacemos mezclas y donde desde un acá nos animamos a hacer de todo porque *faistudo* somos todxs.

---

2. Derivado del portuñol "hace todo"

Esperanza Yerbatera
Diseño de comunicación estratégica y packaging para el proyecto de marca colectiva
"Esperanza Yerbatera" perteneciente al Consorcio Yerbatero de la Provincia de Misiones
en el marco del programa PyMES D del Plan Nacional de Diseño.

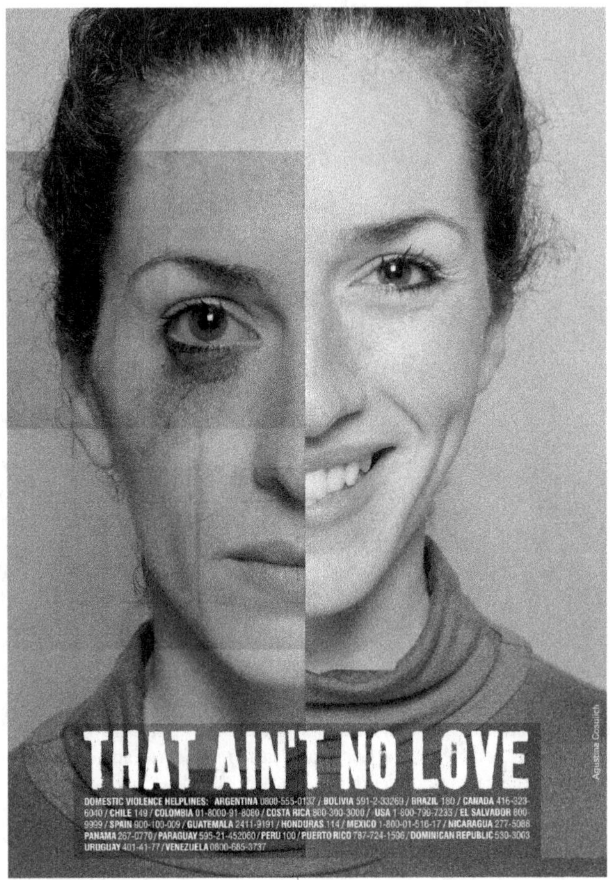

That ain't no love
Algunos reconocimientos: 12º BICM - Bienal Internacional del Cartel en México (2012), International Invitational Poster Festival (Dumlupınar University, Turquía, 2013), Italian Poster Biennial (Finale Ligure, Italia, 2013).
∗ Nota: La mujer que aparece en la imagen es una modelo y no una víctima real de violencia de género.

III

(Eso no es amor)

AGUSTINA COSULICH

El cartel "That Ain't No Love" (Eso no es amor) es un trabajo personal, fruto de mis propias inquietudes e investigaciones sobre la problemática de la violencia de género. Una característica común que se observa en muchas mujeres víctimas de violencia física y psicológica por parte de sus parejas, es la convicción de que detrás de esa violencia hay amor. Son muchos los casos de mujeres que se sienten merecedoras de ese "castigo" y que no cuestionan el amor de su pareja. Este cartel intenta ser una llamada de atención a esas mujeres; una forma clara y directa de gritar que eso no es amor, y que existe la posibilidad de volver a ser feliz, lejos de esa relación abusiva. Asimismo, busca despertar sensibilidad en la sociedad, mostrando la problemática de la violencia de género desde el punto de vista de la víctima y en relación a sus sentimientos hacia el victimario. Al pie del cartel figuran todos los teléfonos de atención a las víctimas de violencia doméstica de América del Sur, Central y Norte (vigentes a la fecha de realización del cartel, año 2012).

III

La Morcilla de la Cuesta

JUAN CARBONELL

La Morcilla de la Cuesta –Embutido Cultural Serrano– es un fanzine estacional (trimestral) producido por Cuesta del Negro/Gráfica & Editorial, integrada por Juan Carbonell y Roberto Ackermann, ambos residentes en Merlo, San Luis. Como buen embutido es una pieza de cultura picada: poesía, ilustración, astrología, comic, humor gráfico, crónicas deportivas, espectáculos. Surge ante la falta de espacios populares de expresión cultural y promueve el desarrollo de la cultura local. Se distribuye en Los Molles, Carpintería, Merlo, Cerro de Oro y Traslasierra Sur. Principalmente se vende en centros culturales, bibliotecas populares, ferias artesanales y las ferias itinerantes de la Feria del Libro Independiente y Alternativa.

La Morcilla de la Cuesta
Tapas, realizadas con tetrapack y vinilo ploteado.
Ilustraciones de Juan Carbonell para la sección Humor Gráfico.

hj
mancha
de tinta
®

III

Mancha de Tinta:
encuadernación artesanal e inclusiva

VERÓNICA GARCÍA

Mancha de Tinta es un proyecto editorial que diseña cuadernos temáticos y los encuaderna de forma artesanal.

A medida que avanzamos con este proyecto, nos dimos cuenta de que queríamos hacer algo por –y con– las personas con discapacidad que tienen talento y habilidades para la ilustración. Así, buscamos abrir un nuevo espacio en el que personas con discapacidad puedan desarrollar su talento y encontrar una fuente laboral que incluya, valore y respete su hacer cotidiano.

El objetivo principal de este proyecto es rescatar el trabajo artesanal en la era digital: nos interesa poner en valor las prácticas ligadas a los orígenes de la imprenta y del libro impreso como un "objeto irreemplazable".

Nuestra propuesta se orienta a promover la inclusión de fotógrafos, ilustradores, diseñadores, artistas y escritores mediante ediciones limitadas que privilegian la impresión y la encuadernación artesanal. Todos los diseños de Mancha de Tinta presentan texturas visuales y táctiles que buscan despertar emociones.

¿Qué descubrimos?

En la Argentina, el 12,9% de la población corresponde a personas con discapacidad. Este porcentaje es el equivalente a 5 millones de personas. De la población económicamente activa, solo el 44,6% tiene trabajo.[1]

¿Cómo iniciamos la línea inclusiva?

Desde Mancha de Tinta, estamos desarrollando una línea de cuadernos inclusivos. Galo[2], nuestro primer ilustrador, tiene síndrome de Down. Su ilustración nos gustó muchísimo. Tanto él como su mamá confiaron en nuestro proyecto con gran entusiasmo.

¿Qué tipo de productos hacemos?

Nos interesa enfocarnos en desarrollar una línea de cuadernos centrada en el valor de la integración, porque consideramos que las personas con discapacidad tienen talentos para mostrar. Con Mancha de Tinta queremos darles la posibilidad de hacer visible su trabajo.

¿Cómo trabajamos con los ilustradores?

En ocasiones, les damos consignas y en otras, seleccionamos ilustraciones que hayan realizado. El soporte para su ilustración es la tapa de los cuadernos o de las agendas. Mancha de Tinta edita a los ilustradores en series limitadas. Los ilustradores nos ceden el derecho de publicar su obra en nuestros cuadernos y un porcentaje del precio de venta de estos productos se destina a su autor durante el tiempo que dure la comercialización.

¿Cómo trabajamos con los encuadernadores?

Enseñamos gratuitamente el oficio de la encuadernación a personas con discapacidad, porque nuestro proyecto tiene el propósito de sostener en el tiempo la participación de personas con discapacidad, ya sea para ilustrar, encuadernar, de acuerdo al interés de cada uno de los participantes.

¿Cómo son las respuestas y devoluciones de los participantes?

Las personas con discapacidad que ven publicada su ilustración en tapa sienten un fuerte estímulo por seguir creando.

¿Cómo responde el resto de la sociedad a este proyecto?

Su mirada respecto de las personas con discapacidad cambia.

Entendemos como beneficiarios del emprendimiento tanto a las personas con discapacidad como al público en general. Dado que Mancha de Tinta posibilita, por un lado, a los ilustradores darse a conocer y visibilizar sus habilidades, y por otro, proyectarse sin prejuicios, el proyecto invita a mirar a la persona, dejando de lado la discapacidad.

---

1. Fuente: https://www.infobae.com/salud/2016/12/02/el-panorama-de-la-discapacidad-en-argentina/

2. https://www.facebook.com/ColorGalo/

Activismo audiovisual:
una mirada más allá del espejo

ANABELLA SPEZIALE Y DAMIÁN ZANTLEIFER

Bill Nichols (1991; 2001), al referirse a los modos de representación audiovisual que intervienen en lo social, nos advierte que no existen enunciados neutrales. Toda expresión exige una toma de posición, una postura política.

No hay, entonces, acto de producción ingenuo desde su condición de enunciación de sentido.

En una operación de inversión de esta lógica, podríamos afirmar que ese sentido, a veces, emerge desde la urgencia del acontecimiento social. Y en esta urgencia inaugura y moldea nuevas formas de construcción y enunciación. Cuando a estas relaciones se les suman quiebres en los paradigmas tecno-relatuales, puede ocurrir una reacción en cadena que favorezca la novedad en la producción de sentido hacia lo político.

Argentina 2001: año de acción y convulsión económica, política y social. Un sonido y una visualidad particular signan esos acontecimientos. En esos meses el país sufría una –otra– profunda crisis que impulsó a que se ocuparan las rutas de las provincias y las calles de las ciudades. Un gobierno en crisis terminal y las arcas del estado quebradas disparan fuertes sucesos: una movilización popular con ansias de tomar (al menos) la palabra y hacerse oír.

En esta acción se inauguran otras prácticas tanto discursivas como no discursivas para manifestar el descontento social. El rasgo más característico de esas jornadas fue tal vez el hecho de que a la acción visual de las banderas y las pancartas, al canto de consignas políticas y al folclórico retumbar de bombos y palmas, se sumaran los sonidos de las cacerolas bramando.

Paula Siganevich y María Laura Nieto (2017) estudiaron las renovadas experiencias culturales durante aquellos años de crisis, las que dieron lugar a distintas modalidades de acción en el espacio público, ligadas a nuevas subjetividades y sensibilidades. En ese entorno hubo también otras acciones de protesta y choque: su instrumento de materialización fue, una vez más, la cámara.

La producción audiovisual tiene una larga y rica historia como instrumento de acción social. Filmadoras y videocámaras fueron herramientas de registro, discurso y denuncia casi cada vez que se desencadenaran eventos relevantes en el orden de lo político y lo social.

Pero ahora las pequeñas y portátiles cámaras digitales imprimen vértigo y presente a cada plano obtenido. Comienza a acortarse definitivamente la brecha entre pasado/presente/futuro de la lógica de producción audiovisual de la era analógica, en la que los hechos sucedían en un presente, para convertirse en un registro futuro de un pasado al que aludir. Esta relación perdura en las lógicas de la era de la imagen digital. Pero su inmediatez (luego aumentada y multiplicada, entre otras razones, por la irrupción de los repositorios de imágenes en internet y el desarrollo de las redes sociales) genera una nueva temporalidad para la acción política de la imagen: la del presente/presente. Se comienza a producir una superposición temporal entre los acontecimientos y la construcción de las piezas y acciones audiovisuales que dan cuenta y participan de ellos.

Desde la crisis del 2001 distintos actores y colectivos tomaron sus cámaras y salieron a las calles con una urgencia testimonial irrefrenable. Registraron las protestas diarias, las asambleas y ollas populares, las marchas, las tomas de las fábricas cerradas y los actos de los anónimos heroicos que lo daban todo en esas jornadas de lucha. Actuaron tanto como documentalistas, así como actores sociales a partir de sus producciones. Otra brecha que comienza a difuminarse en la relación entre sucesos sociales e irrupción de nuevas tecnologías. Distintos colectivos artísticos se conformaron en estas fraguas.

En los videos generados en ese marco, en un primer momento, tal vez no hubo discusiones estéticas, o la estética era la acción más que la reflexión morfológica y de lenguajes o estilos. Siempre, en todo caso, hubo toma de posición, punto de vista concreto. Por ejemplo, el trabajo de Ernesto Ardito en el proyecto "Kino nuestra lucha" o en "RDI: realizadores documentales integrales", cuyos videos indagan profundamente en estos procesos sociales. Obviamente no fueron las únicas expresiones que siguieron este camino. Entre muchas, se pueden mencionar a los trabajos de Cine Insurgente, Contraimagen, Venteveo video, Argentina arde y Ojo izquierdo. Grupos que en su mayoría se disolvieron, pero cuyas expresiones aún son rastreables en la web. Estos colectivos pusieron voz en aquellas circunstancias que no tenía espacio, desde una contra acción política, en los medios masivos de comunicación. Y esta, seguramente, es otra de las claves: la de la inauguración de nuevos circuitos para la circulación de lo narrado en disputa con la tradición televisiva del noticiero. Sin embargo, los orígenes de estas manifestaciones simbólicas en Argentina se pueden encontrar en el cine militante de los sesentas y setentas, como las producciones documentales de Raymundo Gleyzer.

Si el activismo audiovisual tiene arraigada tradición en nuestro país, sin duda la instrumentación de las tecnologías de producción portátiles y, sobre todo, las digitales, les imprimieron un ritmo definitivo a estas prácticas. De hecho, con la llegada del siglo XXI, y con la regeneración de los ciclos de crisis en nuestro país y en nuestro continente, se produjo un contexto fértil y creativo para su propagación no solo dentro del ámbito del cine documental militante, sino también dentro de los circuitos artísticos y experimentales. Para Clara Garavelli (2014), estas producciones videográficas, a las que denomina "de urgencia", estuvieron interpeladas a partir de tres aspectos centrales: el poder e impacto de los medios de comunicación, la resignificación de antiguas formas de protesta y el *boom* cultural y la tendencia a la colectivización del trabajo productivo.

Son muchos los ejemplos rastreables. Entre ellos la paradigmática tarea de Sebastián Ziccarello: artista multifacético de visibilidad restringida (creemos) por propia decisión. Buscar sus huellas en las prácticas del activismo audiovisual nos ubica en un período anterior al de la crisis del 2001. Ziccarello es autor de obras experimentales desde finales de los noventa. Entre ellas se encuentra *Elipse*, una pieza en video de 6 minutos de duración creada en el año 2000. La misma, fue realizada para ser exhibida solo en salas oscuras con pantalla grande ya que, para el artista, perdería su potencia si se visionara en monitores de escaso tamaño. Estudioso de las técnicas del movimiento y de su vínculo representacional con el universo político de lo real, Ziccarello indaga acerca de lo brutal, de lo horroroso, en las acciones represivas de los aparatos estatales. *Elipse*, desde su estrategia electrónica de edición y de manipulación de imágenes, nos interpela en ese sentido. Una secuencia se nos hace, en primera instancia, indescifrable. El latido estroboscópico de las imágenes nos impide reconocer verazmente lo que observamos. Cuando parece que vamos a reconocer lo que las imágenes nos ofrecen, la secuencia va a negro una y otra vez impidiéndolo. El efecto estroboscópico se ralentiza. De a poco la imagen, repetida en *loop*, se va haciendo reconocible. Hasta que, en el último minuto de la pieza, es definitivamente nítida. Tomada de un noticiero televisivo, asistimos a un apaleamiento por parte de policías sobre la humanidad de un manifestante. Ahora, finalmente, la imagen es cruda, limpia y de fácil lectura. Sin embargo, no aclara nada. La brutalidad simplemente se hace visible. Pero no razonable. Ziccarello trabaja su lógica de sentido en esta dirección. No clarifica, no explica, no conduce. Solo se manifiesta desde la evidencia a la que, paradójicamente, pone inmediatamente en crisis.

Sebastián Ziccarello es el nexo con otra pieza paradigmática surgida de esta crisis, ya que fue su editor: *Vacas*, de la prolífica artista audiovisual Gabriela Golder. Producida en 2002 y con 4 minutos 30 segundos de duración, la pieza se construye también en la inmediatez de la electronicidad de la imagen. Las imágenes son obtenidas aquí directamente con una cámara que las graba desde el televisor, aportando la textura de las líneas del barrido pixelar. A esto se suma el trabajo electrónico de alteración de duraciones y de saturaciones de colores. La obra de Golder trabaja el tema del saqueo, como un acto prototípico de las crisis de esos tiempos. Por un lado, los saqueos en busca de comida se multiplicaban, pero, por el otro, la artista aplica a la práctica artística una analogía de esta acción.

El 25 de marzo del 2002, en las cercanías del barrio de Las Flores, en Rosario, un camión cargado de vacas vuelca. Inmediatamente es abordado por vecinos de la zona quienes capturan y faenan el ganado allí mismo. *Vacas* nos trae nuevamente esta noticia. Esta noticia que ya había existido en los medios, y cuyas imágenes son apropiadas por la cámara de la

Vacas
de Gabriela Golder

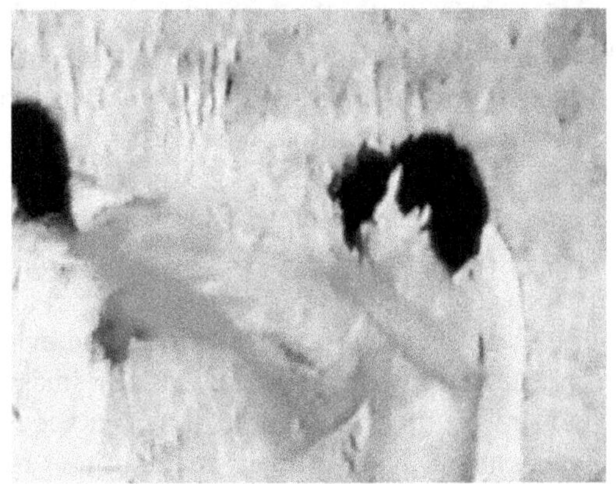

autora. Pero que la interpela de manera profunda: el tiempo de la imagen y el sonido de saturación generan un estado de pasmo, pero no necesariamente sobre lo evidente en la secuencia. Es mejor una síntesis del horror de un tiempo que parece convertir, desde de los medios de comunicación, lo emergente en condenable. Golder en *Vacas* parece restituir el origen certero de ese horror: está en lo político, en lo social. Está en lo económico.

Sin embargo, Gabriela Golder separa causas de consecuencias desde su estrategia de rearmar el relato audiovisual. Y, al hacerlo, enfrenta la práctica de la apropiación y faenamiento de las vacas, con la propia práctica artística audiovisual de captura de imágenes ajenas y la reedición de las mismas a partir de la generación de un nuevo corte a aquel flujo audiovisual transmitido en los medios (Garavelli, 2014). La postproducción que Sebastián Ziccarello imprime sobre aquellas imágenes televisivas funciona como metáfora de aquel faenamiento. Vemos por momentos imágenes estroboscópicas, o ralentizadas, con cortes a negros, intervenidas con ruido electrónico. En otros segmentos la imagen se detiene por algunos cuadros prolongándose ante nuestra mirada, o se nos presenta en *loop*, hasta que luego retoma su duración real.

Pareciera que Golder y Zicarello enfrentan, como en un espejo, la situación económica y social, donde los disturbios se repetían en distintos puntos del país, con la práctica artística audiovisual. Ambos, en cada una de sus obras, trabajan sobre la huella de las imágenes televisivas, generando una nueva producción simbólica, ya no de registro documental, sino doblemente mediada: primero por su primer registro del hecho a partir de la cámara del canal de televisión, y luego por la manipulación de dicha transmisión imprimiéndoles un nuevo dramatismo desde la sensibilidad estética de los realizadores. En este caso, la imagen que devuelve el espejo de la pantalla se torna fantasmagórica.

Otro tipo de apropiación del soporte audiovisual, y a partir de combinar el video con acciones en la vía pública, tal vez una de las novedades más interesantes surgidas desde esos días intensos, pero con fuerte expresión en la actualidad, son las acciones de presencia activa en los sitios de concentración popular que llevaron adelante las integrantes del colectivo GAC: Grupo de Acción Callejera. Ya no se trata solo del registro audiovisual y de su difusión mediada en el tiempo y en los circuitos exhibición específicos, sino que el audiovisual como herramienta de activismo social se produce y se instala durante la propia acción de protesta o de resistencia. GAC es un grupo de mujeres, que está integrado actualmente por Lorena Bossi, Carolina Golder, Mariana Corral, Vanesa Bossi y Fernanda Carrizo. Surge en 1997 durante las luchas contra las políticas ligadas al neoliberalismo, cuando ellas eran estudiantes de la Escuela Nacional de Bellas Artes Prilidiano Pueyrredón y sintieron la necesidad de hacer algo junto a aquellos que comenzaban a expresarse en las calles.

La primera intervención de este grupo fue una acción gráfica, anónima, donde, a partir del uso de esténciles, pintaron guardapolvos blancos sobre fondos negros y guardapolvos negros sobre fondos blancos en la Plaza Roberto Arlt de la Ciudad de Buenos Aires. Esta acción, denominada "Docentes ayunando" (1997), que remite a la noción de tomar por asalto un espacio (Home, 1988), sin pedir permiso, se sumaba a las marchas, paros y manifestaciones, como la Carpa Blanca frente al Congreso, que se hacían en repudio a la Ley Federal de Educación. Pero no fue la única intervención que realizó este grupo. Los guardapolvos se multiplicaron por distintas paredes de la ciudad, mientras que el registro de estas *performances* se realizaba a partir del uso de la fotografía.

Sin embargo, la fotografía en este caso, no solo tiene una función de registro documental, sino que luego de pasada la acción, y los años, la misma adquiere también un valor como pieza artística, ya que este registro forma parte de las muestras del grupo. Por ejemplo, en la exhibición que realizaron en el Parque de la Memoria entre 2017 y 2018, Liquidación X Cierre, se observa en una imagen de estas *performances* donde, delante de la pared intervenida, posan varias personas. Son mujeres y hombres que están amordazados con trapos blancos. La mordaza es un elemento fuerte, que representa no solo la posible censura, sino que también el mutismo y el silencio acerca estos temas, por el que optaban tanto una parte de la sociedad como los medios de comunicación (Barrientos, 2017). En la imagen, la *performance* no es efímera, sino que vuelve para mantener viva la memoria de los sucesos que tuvieron lugar a finales de los noventas.

La incorporación del video a las acciones del grupo GAC no tardo en venir. En el año 2000, realizan una acción performática "Soldaditos en el edificio de tribunales", donde se parodia los actos militares y el video es adoptado, no solo como soporte de registro, sino también como un protagonista más de la intervención artística. La cámara participa activamente ocupando el rol que ella misma adopta en los medios de comunicación cuando cubre un hecho social determinado. La cámara adquiere una función doble: registra y actúa. En palabras de Garavelli, "la cámara les otorgaba a los discursos que se pronunciaban, y al evento en general, una mayor solemnidad al simular la presencia de una emisora de televisión que supuestamente atestiguaba la relevancia de evento" (2014: 78). De todos modos, la *performance* estaba orientada a ridiculizar los discursos, cantos y movimientos de estas celebraciones oficiales, por lo tanto, la propia resignificación de los códigos de dicha institución evidenciaba la parodia al "*establishment* político, con sus estrafalarios y pomposos actos, mientras que el país se hundía cada vez más en la pobreza" (Garavelli, 2014: 78). Y, en ese mismo acto, dejaba en evidencia el accionar de los medios de comunicación en aquellos años. Ya que el uso de la cámara, al igual que la fotografía de los activistas amordazados en "Docentes ayunando", no solo registra, sino que también tiene una función de denuncia. Como expresa Garavelli, aquí, el video deja en evidencia a las noticias de eventos superfluos y sin importancia que circulaban por la prensa, mientras que acontecimientos sociales mucho más graves tenían poca, o casi nula, visibilidad en los noticieros.

Para Rodrigo Alonso (2004), la cámara, de fotos o video, es un medio ideal que le permite a estos grupos plasmar las acciones, tanto artísticas como políticas, y extenderlas en el tiempo. Aquellas acciones particulares perduran en las imágenes, y se puede volver a ellas, tantas veces como sea necesario. Son los documentos que mantienen en el presente, las acciones pasadas, y transitorias, realizadas en la vía pública. Prolongan ese gesto, que, si bien puede ser efímero, conlleva una toma de la palabra y una actitud política.

En efecto, el uso del audiovisual por el grupo GAC fue adquiriendo cada vez mayor relevancia. Desde los registros que documentan sus acciones, como en *Invasión* (2001), un video en blanco y negro de corte testimonial donde se ven caer de un edificio del microcentro muchos solda-ditos de juguete en paracaídas, hasta trabajos donde el video es el soporte constitutivo de la obra, como *El juego de la vida* (2007), donde hay una reflexión sobre los estereotipos y las representaciones que circulan en los medios de comunicación. En este último ejemplo, se hace una denuncia a la lógica mercantil y al consumo. Luego de mostrar distintas escenas de la vida cotidiana de una familia tipo, nos presenta un montaje de imágenes que se divulgan, y se repiten, en la televisión: discursos y promesas de políticos, noticias y comerciales varios. Pero el video da un giro y las artistas toman la palabra que, en off, declama su denuncia a modo de poema. Mientras se escuchan sus frases en la banda sonora, se yuxtaponen todo tipo de imágenes haciendo un juego de contrastes por medio del choque de sentido. Hay mapas, cámaras de seguridad, rejas, anuncios de empresas de seguridad privada; pero también está presente el juego de mesa infantil del cual toma el nombre el video. "Remiendos de una realidad estallada", remarca la voz femenina, antes de hacer una cita a la propia obra de *Invasión*, y dar paso a un recorrido, a doble pantalla, donde desde la ventana de un colectivo se muestra la realidad que vive, muy lejos del mundo del consumo y del espectáculo, el cono urbano bonaerense. La propuesta del video, en palabras del propio grupo, es interpelar al espectador evidenciando las fronteras que se van gestando a partir de los discursos y las políticas de gobierno que afectan los espacios públicos, y cómo las mismas delimitan los recorridos, incluyendo, o excluyendo, a las personas y construyendo subjetividades.

De todos modos, el uso del audiovisual por estas artistas va más allá de su formato de exhibición monocanal. GAC transciende la pantalla del monitor, para conjugar sus primeras *performances* en las paredes, con la proyección en video. Así, en vez del uso de aquellos primeros esténciles o la cámara para el registro o representación de sus acciones, comenzaron a proyectar videos y textos sobre edificios emblemáticos. Por ejemplo, en la intervención No al 2x1 (2017), toman a la Catedral de Buenos Aires como lienzo para expresarse en la marcha en contra de este beneficio para los genocidas. Esta intervención cobra una dimensión simbólica al ser pensada como un *site-especific*, ya que la misma está diseñada para que se integre a la lógica de esa locación en particular. La acción no solo denuncia la implementación del 2x1, sino que también enuncia el accionar de la Iglesia en los años de la dictadura. En esta ocasión, el video sobre la pared de ese edificio, de esa institución, funciona como la mancha de la pintura del esténciles de aquellas primeras acciones. Pero esta vez la mancha es mucho más efímera, ya que se desvanece instantáneamente al apagar la luz del proyector. Sin embargo, los textos proyectados, en su mayoría en letra

Gordo Mortero
Shitty Games

mayúscula, en rojo y blanco, adquieren mayor pregnancia ya que vienen cargados de la impronta del edificio que les oficia como pantalla. El video, aquí, se solapa con la *performance*, ya que constituye la propia acción. Asimismo, el registro de esta intervención se amplifica y se multiplica en las fotos y videos, que tanto las artistas como los participantes de la marcha y espectadores ocasionales viralizan en las distintas redes sociales.

Sin duda, el concepto de viralización de contenidos que viene de la mano de la implementación de la tecnología digital, internet y las redes sociales, inaugura un nuevo estadio para este tipo de acciones sociales vinculada a lo audiovisual.

De las acciones preexistentes que luego de su registro se viralizan a aquellas que surgen del centro de la cultura digital: nacidas y diseñadas para ser virales. Entre estas prácticas que signan los nuevos discursos sociales, el encuentro sinérgico entre videojuegos y redes son sin duda uno de los campos más interesantes de las nuevas formas de la protesta social. Un ejemplo de esto lo constituye el colectivo Shitty Games. Hábiles e irónicos observadores de los fenómenos sociales que desbordan los medios de comunicación masivos cotidianamente, se paran en el universo de la gamificación, el juego como particular motor de conciencia y aprendizaje, para diseñar casi desde la urgencia pequeños videojuegos que atacan el centro del sinsentido social. Autodefinidos como desarrolladores de *news games*, juegos creados a partir de noticias o sucesos locales que captan la atención de las redes sociales, parecen decir lo que nadie se atreve a expresar sobre esos eventos que se replican en los medios. Anárquicos, mordaces y certeros, sus piezas se construyen a partir de estrategias políticamente incorrectas. Tal vez, una de sus mejores virtudes es su enorme capacidad de repentización y sus reflejos para captar y sintetizar lo que circula como horror en lo social: la noticia de hoy es el videojuego de mañana.

Los integrantes del grupo se conocieron en el 2010 y desde su primer videojuego en el 2014, su estrategia, no necesariamente por voluntad propia, logra captar la atención de algunos sectores de los estratos más jóvenes que naturalmente no se acercan a las formas tradicionales de la protesta social. La mirada de Shitty Games no jerarquiza el peso de la condición política de las noticias que se apropian para sus producciones. Los medios son el punto de ataque, independientemente de lo que el pensamiento político tradicional juzgue. Todo en los medios carece de sentido para este colectivo. Por ello, sus videojuegos caricaturizan tanto al político de turno como a la horda que lo sostiene. Sus producciones finalmente son como pequeñas editoriales que intentan poner más sinsentido en el sinsentido reinante.

Sus trabajos son breves desarrollos de arte y programación en baja resolución. Sin duda, están en las antípodas de la producción de videojuegos triple A, la de la gran industria. El estilo adoptado por los Shitty Games es de una carencia deliberada. No hace falta más: como en una función cuadrática, lo patético de la realidad y los sucesos sociales se potencian con lo despojado de su estética pixelar basada en una paleta de colores limitada en la que sus personajes se mueven con la menor cantidad de variables posibles. Esto es suficiente para que su mirada crítica surja. Pero, más allá de la simpleza que ostentan y la rápida factura de sus piezas, el trabajo de creación y programación es tomado muy en serio por este grupo, así como los temas abordados. Hay cierto sector cogeneracional que espera qué harán los Shitty Games cada vez que una noticia estalla en los medios. Tal vez, este sea el ariete menos pensado para abrir pensamiento crítico en sectores que parecían impermeables a este tipo de problemáticas.

Si bien en sus comienzos sus creaciones partieron de situaciones graciosas, los temas abordados con el tiempo se fueron apoyando en hechos y debates de la actualidad que conllevan una mirada seria y una postura política, por más que el abordaje dentro de los videojuegos apele al humor. Un ejemplo, es "Ami-go!" (2014), basado en el intento de robo que sufrió un turista canadiense mientras circulaba en bicicleta por el barrio de La Boca. Este hecho quedó grabado por la cámara GoPro que el propio turista llevaba en su casco para tener registro de su paseo, y cuyo contenido se replicó en todo tipo de medios, luego de ser subido a YouTube. En el juego creado por Shitty Game, el objetivo es andar en bicicleta lo más rápido posible para que el asalto no se materialice, mientras que los personajes repiten los gritos que se escuchaban en el video: "sacate la mochila", pide el ladrón, al que el turista responde con una de las únicas palabras que conoce en español, "amigo".

Otro de sus videojuegos que tuvo mucha repercusión es *Gordo Mortero* (2017). Lo crearon luego de los sucesos que tuvieron lugar en las inmediaciones del Congreso cuando un grupo de personas se manifestaban en contra de la reforma de la ley previsional, y se registró a un participante que lanzaba pirotecnia a la policía mediante un dispositivo de fabricación casera. El juego comienza con un pedido: "necesitamos tu ayuda gordo mortero, el gobierno busca pasar una ley para beneficiar a los jubilados con un descuento en sus ingresos y ayudarlos a morir más rápido. Debemos detenerlos antes de que sigan promoviendo leyes que beneficien al pueblo". Luego el personaje debe adquirir velocidad para disparar su arma, cuya munición prenderá fuego a uno o más integrantes de la policía. El jugador va a ser puntuado según lo certero de su puntería y cerrará con una frase irónica donde recibirá un agradecimiento por haber ayudado a "castigar al pueblo con trabajo digno y bien remunerado".

El humor ayuda a expresarse libre y críticamente sobre las ideologías, las formas del pensar, los discursos y las representaciones que circulan en una sociedad. El humor desenmascara aquellas estructuras y contenidos que, si se expresaran de forma directa, pueden incomodar, herir o generar mayor resistencia. Hace posible asumir realidades o situaciones conflictivas a partir de reírse de las mismas. El uso del humor en relación con los hechos políticos y sociales tiene una larga tradición en Argentina y se remonta a las publicaciones gráficas de finales del siglo XIX, o hasta las caricaturas de Quirino Cristiani que cerraban los noticieros *Actualidades Valle* que se proyectaban en los cines a principios del siglo XX (Speziale, 2007). Tanto diarios, revistas, como emisoras de radio y televisión dieron lugar a esta práctica, la cual fue mutando según los contextos y las circunstancias del país. Sin embargo, el humor político se vio potenciado a partir de las plataformas digitales, donde el ejercicio de humoristas profesionales convive con las producciones de todo aquel que, a partir de su propia inventiva, el uso de las herramientas digitales y las posibilidades del medio, quiera ponerlo en práctica. Memes, audios y videos, anónimos o firmados, circulan por redes sociales y aplicaciones para dispositivos móviles. El activismo social encontró en el territorio digital un espacio de acción e interacción, sin dejar de lado el espacio público de las calles y las plazas. En ambos lugares, el activismo se vuelve colectivo.

Es aquí, dentro de estas plataformas, donde Shitty Game se expresa y hace circular su producción. Crearon un sitio web y una página en la red social Facebook donde interactúan con los receptores de sus obras. En las mismas no hay lugar para el héroe tradicional, sino que está plagada de situaciones irónicas, humor negro, personajes ambiguos y cabos sueltos. No siempre se comprende su punto de vista, lo que, por momentos, les trae cierta frustración. Sin embargo, los Shitty Games se proponen que, a partir de estas obras, el usuario, espectador o jugador de las mismas reflexione sobre los temas allí representados. Es en ese instante, en el de la reflexión, cuando se gana el juego.

El audiovisual aporta, desde su propia materialidad, un gesto distintivo a la práctica del activismo social, sea este producido colectivamente, de manera anónima o mediante una mirada individual sobre las circunstancias contemporáneas. Desde la acción instantánea que facilita el medio digital, donde hay una urgencia en la expresión en el tiempo presente, a la prolongación del acto hacia el futuro en imágenes que lo registran y documentan para preservar su memoria, estas piezas son un modo de representación de una realidad concreta que urge ser expresada. Sin embargo, no pueden escapar de la mediación que les imprime tanto el dispositivo tecnológico como el punto de vista de quien lo opera. Las imágenes audiovisuales trabajan en espejo con los acontecimientos de su tiempo, devolviéndole a los hechos la distorsión necesaria para desprenderse de la inmediatez de las circunstancias y apelar a la reflexión que se desprende de los hechos que se representan.

Referencias

ALONSO, Rodrigo. 2004. "Arte Argentino actual: entre objetos, medios y procesos" presentado en *IV Jornadas Nacionales de Arte y Universidad. Centro de Estudios e Investigación de Propuestas Artísticas Híbridas* (Rosario: Universidad Nacional de Rosario). Disponible en www.roalonso.net

BARRIENTOS, Manuel. 2017. "Tomar las calles y las paredes" en Haroldo. *Diálogo con el pasado y el presente, revista del Centro Cultural de la Memoria Haroldo Conti.* Disponible en: http://revistaharoldo.com.ar

GARAVELLI, Clara. 2014. *Video experimental argentino contemporáneo: una cartografía crítica* (Sáenz Peña: Universidad de Tres de Febrero).

HOME, Stewart. 1988. *The assault on culture. Utopians currents from Lettrism to Class War.* (London: Aporia Press and Unpopular Books). Trad al español J. Carrillo y J. Claramonte, *El asalto a la cultura. Corrientes utópicas desde el Letrismo a Class War.* (Barcelona: Virus Editorial, 2002).

NICHOLS, Bill. 1991. *Representing reality* (Bloomington e Indianapolis: Indiana University Press). Trad. Josetxo Cerdán y Eduardo Iriarte, La representación de la realidad. (Paidós: Barcelona, 1997).

----------------------. 2001. Introduction to documentary. (Bloomington e Indianápolis: Indiana University Press).

SIGANEVICH, Paula y NIETO, María Laura. 2017. *Activismo gráfico: conversaciones sobre diseño, arte y política.* (Florida: Wolkowicz Editores).

SPEZIALE, Anabella. 2007. "Homenaje: Quirino Cristiani. Pionero en la realización de películas de animación" en *GRUPOKANE* publicación periódica on-line. Disponible en www.grupokane.com.ar

Páginas de Internet de los artistas citados

GABRIELA GOLDER: https://www.gabrielagolder.com

GAC - Grupo de Arte Callejero: https://grupodeartecallejero.wordpress.com/

SHITTY GAMES: https://shittygames.itch.io/

Material audiovisual de consulta

Loading. ar. Videojuegos independientes argentinos. Serie web. Producción UBAWebTV.

UBA DE PIE
+PRESUPUESTO

III

Activismo gráfico, entre lo real y lo virtual

IGNACIO RAVAZZOLI

Las nuevas tecnologías de la información plantean una serie de reconfiguraciones y nuevos campos de acción que repercuten sobre manifestaciones populares como el movimiento UBA de Pie, reivindicación surgida en el año 2016 en defensa de la educación pública ante una coyuntura de ajuste por parte del Estado nacional. Frente a la anulación de convenios universitarios y de obras edilicias, a la propuesta de aumento salarial insuficiente y al congelamiento presupuestario en un contexto inflacionario, la UBA emitió un comunicado denunciando que con el presupuesto disponible solamente podría cubrir los gastos hasta agosto de aquel año. Frente a esta situación, la comunidad se organizó en defensa de la universidad pública, lo que dio origen al movimiento UBA de Pie, al interior del cual se desarrolló un corpus de piezas gráficas rico y diverso, con una serie de características particulares dignas de mencionar para entender las reivindicaciones de un modo integral y para evaluar el éxito relativo de las acciones implementadas.[1]

---

1. En respuesta a este panorama, el Gobierno Nacional anuncia un refuerzo de 500 millones de pesos, lo que permitiría cubrir, según la propia universidad, solamente el incremento en la tarifa de los servicios públicos. Posteriormente el Gobierno habilitaría una nueva partida de 500 millones de pesos a distribuir entre las diferentes dependencias universitarias. A esto se sumaría el compromiso de la Secretaría de Obras Públicas para ejecutar obras pendientes en las Facultades de Psicología, Medicina, Ciencias Sociales, Ciencias Económicas, Ciencias Exactas y Naturales y Filosofía y Letras.

En primer lugar la difusión de las reivindicaciones, otrora centradas en el espacio público, en la actualidad extienden su alcance a las redes sociales, de modo que la manifestación ya no se circunscribe a la calle, sino que encuentra un complemento y una retroalimentación en el accionar de los usuarios a través de la web. De este modo, el activismo cibernético ya no es una acción subsidiaria de las manifestaciones, sino que debe considerarse como parte fundamental de los movimientos sociales. Dentro de esta lógica puede evaluarse al activismo gráfico producido a la luz de estos fenómenos. En las manifestaciones públicas se observaron afiches, esténciles, banderas, acciones novedosas como el uso de caretas o una mesa de impresión serigráfica de posters durante la movilización principal, y actividades desarrolladas por numerosas cátedras de la FADU. Por su parte, en las redes sociales circularon una serie de logos alusivos, banners informativos sobre las marchas y la situación de la universidad, y piezas gráficas de gran diversidad técnica y estilística. Ahora bien, de las piezas corpóreas y virtuales se desprende una conjunción que puede observarse en dos dimensiones. La primera, cuando las piezas que circulan por la web adquieren un soporte físico, tanto en su formato original como con variaciones y/o asociaciones gráficas con otros elementos. Un ejemplo de ello serían los logos, que fueron impresos tal como figuraban en su soporte virtual en remeras y pósteres, tanto como en otras piezas donde fueron incluidos como una parte donde se conjugaron otros recursos y elementos gráficos. La segunda, cuando las piezas corpóreas son captadas fotográficamente para posteriormente ser subidas a las redes, de modo de aumentar el alcance de la gráfica y de la reivindicación del movimiento en general.

En segundo lugar, la producción y circulación del corpus gráfico debe analizarse en el marco de una sociedad red, entendida como una arquitectura de redes programadas y reprogramadas constantemente por los poderes existentes en cada dimensión y como el resultado de la interacción entre las diferentes geometrías y geografías de las redes que incluyen las actividades que configuran la vida y el trabajo en la sociedad (Castells, 2009). Estas redes que estructuran la vida actual se basan en una participación extendida y no dirigida, generan contenidos diversos que pueden ofrecerse en diferentes formatos y es autogenerada en el contenido, autodirigida en la emisión y autoseleccionada en la recepción por una multiplicidad de actores que se comunican entre sí (Ariño Villarroya, 2009).

En este sentido, el activismo gráfico adquiere una serie de particularidades signadas por estas redes horizontales multimodales, que se sostienen a través de plataformas tecnológicas constituidas como circuitos inmediatos e igualitarios de expresión, difusión y participación, abiertos y en constante construcción colectiva. Los múltiples y variables canales de producción y difusión de las piezas al interior de un movimiento que se construye como apartidario y espontáneo, permiten la participación de un espectro amplio de creadores, tanto expertos como no expertos (Manzini, 2015) que construyen canales alternativos que ponen en cuestión a los discursos hegemónicos. Esta horizontalidad y espontaneidad propicia una participación amplia y la generación de piezas gráficas cuya diversidad potencia al movimiento, a diferencia de las manifestaciones políticas partidarias que imponen al diseño un campo de acción reducido que provoca un empobrecimiento de la función comunicacional. Las organizaciones políticas generan sistemas gráficos que tienden a la repetición, mientras que las manifestaciones políticas autoconvocadas, espontáneas y no dirigidas liberan al diseño de las rigideces anteriormente mencionadas, permitiéndole mayor libertad de recursos tanto gráficos como textuales.

Todas estas características desembocan en un rasgo fundamental del movimiento UBA de Pie y de las redes en las cuales se sostiene parte de su desarrollo: la capacidad de amalgamar una multiplicidad de identidades. Las redes contribuyen a crear movimientos donde los participantes coinciden en una serie de puntos específicos, pero que en otros ámbitos y dimensiones de la vida social poseen aspiraciones, valores e ideologías muy diversas (Pérez Zúñiga, 2015). Además permiten a los integrantes participar de otras causas de modo simultáneo, independientemente de su afinidad con los demás movimientos en los que el sujeto esté implicado. De este modo el movimiento UBA de Pie se desarrolla desde las redes ampliando el alcance de sus reivindicaciones al elaborar estrategias de lucha más eficaces, dentro de las cuales pueden contarse la diversidad de piezas gráficas producidas para la ocasión. En este sentido, las redes generan una "tendencia a desarrollar esquemas de representatividad directa con estructuras horizontales descentralizadas, que en su mayoría no representa una identificación política partidista determinada" (Pérez Zúñiga, 2015, p. 3). De la conjunción de esta horizontalidad descentralizada imperante en la web y de la participación en las manifestaciones públicas de un espectro social diverso surge un movimiento donde el activismo gráfico contribuyó a dar impulso y visibilidad a las reivindicaciones impulsadas.

Bibliografía

Ariño Villarroya, A. (2009). *El movimiento Open. La creación de un dominio público en la era digital.* Valencia: Universitat de Valencia.

Castells, M. (2009). *Comunicación y poder.* Buenos Aires: Alianza Editorial.

Manzini, E. (2015). *Design when everybody designs. An introduction to Design for Social Innovation.* Estados Unidos: MIT Press.

Pérez Zúñiga, R.; Camacho Castillo, O. y Arroyo Cervantes, G. (septiembre 2014-febrero2015). "Las redes sociales y el activismo". En Paakat, *Revista de Tecnología y Sociedad*, 4 (7).

d i s e ñ a r e s t r a n s f o r m a r
DSÑ.
2° Bienal Nacional
de Diseño Gráfico
diseñ
PARO DOCENTE
coalición
apnm

Ana María Granada detenida desaparecida, mural. (FADU -UBA, bienal 2015)
Foto: Carolina Yedrasiak

La técnica de la plantilla y la calle como lugar de expresión

NAZZA

Conocí la técnica hace más de 20 años en el industrial (secundaria) para un trabajo de taller donde teníamos que hacer los carteles de toda el área de taller, como pañol, tornos, baños etc. Descubrí la técnica del esténcil, técnica económica de reproducción de imágenes y de tipografías.

El siguiente paso fue salir y tomar la calle, primero con intereses como la música, el fútbol. En fin, de ahí salió esa necesidad de tomar la calle y comunicar cosas que sentía en ese momento, pero con el tiempo fue cambiando el contenido de las pintadas que hago y dónde las hago. Empezaron a tener un trasfondo y se sumó la identidad estética de los trabajos, con los tonos, con las tramas, que le dan una identidad particular, aunque trabaje mucho el qué comunicar.

¿Y por qué la calle? Al comienzo porque uno lo hace instintivamente, supongo. Hoy con mucha conciencia de ese espacio común donde todos transitamos, porque está siendo privatizado solo para los que lo puedan pagar, por ejemplo las publicidades. Si quiero hacer llegar un mensaje, qué mejor que este medio que llega a más gente en forma directa; y después, sigue la posibilidad de hacerlo circular en internet a nivel mundial. Teniendo en cuenta la realidad Argentina, con la cuestión de la ley de medios, el debate en los medios hegemónicos es la libertad que te permiten los que hablan en tu nombre; por eso tengo voz y me hago oír y me expreso en ese espacio común que son las paredes de la ciudad. Y le doy una importancia grande al lugar donde pinto: en mi caso particular, La

Matanza y todo el conurbano bonaerense, porque creo que en gran parte de Capital Federal se generó un circuito de moda y se olvida la periferia.

Los conceptos tienen que superar a las técnicas

Me interesan las cosas que expresan. Si es libertad, mucho mejor. Creo que los conceptos tienen que superar a las técnicas, por eso hago lo que hago. Igual el simple acto de tomar la calle y pintar es un acto político. Porque si cambia tu mirada, cambia el mundo, siempre pensé eso. No espero que cambie el mundo, cambio yo.

Describo lo que hago como una expresión individual. Un acto donde tomar posición respecto de algunos temas, salir y pintar en la calle, aportar a causas en las que creo y defiendo, como los derechos humanos, la reivindicación de los pueblos originarios, los centros culturales, las escuelas, etc.

No podría encuadrarme dentro de la categoría "arte" porque no lo creo así. Creo que soy un artífice, término que aprendí de un amigo de Venezuela, que decía que usamos herramientas para generar lo que hacemos, entre ellas, las que se usan en el arte, pero no son las únicas. Por eso no querría encasillarme dentro del arte, además de que es un término complejo de definir.

Búsquedas e influencias

La motivación a la hora de salir a pintar se basa más que nada en la lectura, en estar conectado con la realidad en la que vivo y en las cosas que creo. Los autores que hoy en día nutren la base de mucho de lo que pinto son: Eduardo Galeano, Osvaldo Bayer, Mario Benedetti, entre otros.

Siempre busco conciencia en lo que hago, hacer una acción para generar una reacción. Y ahí está esa frase casi gauchesca de que tengo un contrato conmigo y lo voy a respetar. Creo en lo que hago, voy por ese camino.

Estación de subte Línea B Angel Gallardo Arg. 2014.
Foto: Martha Cooper.

Guardianes amazónikos en la Patagonia. Detalle. (2014)
En la Av. Onelli en San Carlos de Bariloche, trabajamos sobre la
importancia y el reconocimiento hacia los pueblos originarios.

III

Murales en la calle

CHUNEO PADILLA

El colectivo Chuneo Padilla está formado por amigos egresados de la Escuela Nacional de Bellas Artes Rogelio Yrurtia de la Ciudad de Buenos Aires.

Desde el año 1996 intervenimos visualmente en formato mural diversos espacios públicos. También trabajamos sobre otros soportes de manera grupal: diseño visual de cd, muestras grupales, escenografías, gráfica, entre otros.

El método de trabajo suele ser siempre el mismo: el "no método", la ausencia de un camino certero que siempre nos lleve a un lugar determinado, por el contrario, es una búsqueda constante, una pregunta, un diálogo, una construcción colectiva.

Decidimos en grupo lo que nos interesa plantear, como personas partícipes de la sociedad, y al momento de plasmarlo en la pared, nos permitimos que la propuesta vaya mutando, mientras recombinamos recursos y técnicas, ensayamos nuevos lenguajes, nuevas maneras de comunicarnos, nuevas maneras de relacionarnos.

Intervenimos espacios que son públicos, hay vecinxs, trabajadorxs, niñxs, estudiantes, animales, que los transitan habitualmente. En muchos lugares, nos sabemos visitantes, ajenos a ese cotidiano. Por esa razón, nos es inevitable establecer cierta relación con con ese ambiente para que, de alguna manera, lo que vamos a plasmar implique a quiénes lo recorrerán, y si lo desean, lo adopten como algo suyo. Plasmado por nosotros pero de ellas/os.

Como grupo creemos que en la calle nos encontramos, jugamos, nos desarrollamos, avanzamos, nos vinculamos, y por eso elegimos el espacio público como soporte ideal para nuestras manifestaciones.

El colectivo Chuneo Padilla, antes que nada, es un grupo de amigos, un nosotros que implica mucho más que una suma de partes. Somos Pablo Noce, Ariel Alejo Nicolás Caló, Pablo Cesario, Ignacio Regueiro, Néstor Mahmud, Alejo Ferrarotti, Martín Carmona, el Lore y Juan Manuel Moreiras.

Cada uno transita caminos diferentes, la escenografía, el dibujo, la escultura, el diseño gráfico, la pintura de caballete, la historieta, la música. Todo confluye, nutre y se mezcla en nuestras propuestas, utilizando materiales, herramientas y técnicas variadas que se funden para hacer visible nuestra mirada.

Somos la realidad que vivimos, las historias que nos suceden, que vemos, que nos cuentan. Somos, también, la empatía con los entornos que habitamos y transitamos, las manifestaciones sociales populares, las revoluciones, las rebeldías, lxs otrxs mundos. Somos, también, nuestras miradas de eso que nos atraviesa, que nos interpela. Somos todo eso y la concreción de ese ser se puede percibir en las creaciones del Chuneo Padilla.

¡Nunca más! (Marzo 2001 – Marzo 2017)
En marzo de 2017, en la Ciudad de Buenos Aires, restauramos
de manera autogestiva el mural que habíamos realizado en marzo
de 2001 en Forest y Teodoro García.

Mi poder secreto (2014)
Guiso gráfico realizado en el Hospital de Pediatría Garrahan,
Ciudad Autónoma de Buenos Aires.

Un modo de estar en el mundo
Onaire colectivo gráfico

NATALIA VOLPE

Onaire es un colectivo gráfico formado en el año 2007 por cinco diseñadores gráficos: Mariana Campo Lagorio, Gabriel Lopatin, Sebastian Puy, Gabriel Mahia y Natalia Volpe.

El grupo ha desarrollado un método de trabajo que llama *Guiso gráfico*, que demuestra el sentido de su labor colectiva. Este método promueve la participación de todos los integrantes y hace que la obra final aúne en una sola composición todas las miradas, trascendiendo de esa manera la expresión individual para lograr una expresión colectiva.

El sentido de apertura que brinda el *Guiso gráfico* le permitió a Onaire compartir el trabajo de los cinco integrantes con otros participantes, en otros espacios y actuar simultáneamente con otras actividades, enriqueciendo la construcción de nuevos relatos y nuevas formas de representación gráfica.

De esta manera, a la hora de construir el qué y el cómo decirlo se hace con el otro, respetándose las múltiples voces en la construcción de un enunciado plural.

El *Guiso gráfico* ha sido realizado en escuelas, por ejemplo la Escuela de Enseñanza Media 43, ENCYBA de González Catán; en contextos de encierro, por ejemplo el Centro Universitario Devoto; en la Revista Hecho en Buenos Aires; en el Hospital de Pediatría Garrahan; en el ex-centro clandestino de detención de la dictadura militar argentina (1976-1983) ex-Esma y en universidades, por ejemplo la Facultad de Arquitectura Diseño y Urbanismo de Buenos Aires y la École Éstienne de Paris.

En el caso del *Guiso gráfico* realizado en el Hospital de Pediatría Garrahan, de la Ciudad de Buenos Aires, fue una experiencia que ha formado parte de una serie de talleres y actividades organizadas por el Ministerio Nacional de Salud en el año 2014. Los participantes fueron niños y niñas en tratamiento oncológico, familiares, médicos y personal del hospital.

Antes de comenzar se realizaron reuniones con la directora, médicos y psicólogos responsables del sector de oncología, para recabar información sobre el grupo de niños y niñas que iban a participar del *Guiso gráfico*, y juntos pensar la relación con el resto de las actividades, el espacio que se necesitaba, los materiales y el tema a desarrollar.

Así fue que se cambiaron la tinta y el pegamento por materiales al agua, y se pensó en una forma de identificar a los niños y niñas, porque la mayoría no tenía cabello y usaba barbijo, y nombrarlos, sin equivocarse, ayudaría a tener una mejor comunicación y aceptación.

Definir el tema fue una tarea que llevó tiempo, después de varias reuniones confirmaron *Mi poder secreto*. El tema elegido resultó un acierto porque les permitió comprobar que por medio de la actividad se podía tomar distancia de la enfermedad, para darle lugar al juego y a la fantasía por medio de las palabras y de las imágenes.

Durante la primera jornada cada uno fue diciendo a través de dibujos y de palabras su poder secreto. Algunos eligieron: la fuerza, la lluvia, la amistad, las frutas. Sin buscar explicación a cada una de ellas y dejando que la imaginación ocupe el lugar central, cada participante fue dibujando con tinta negra y pincel sobre hoja blanca. Los dibujos fueron tantos que tuvieron que salir al patio para encontrar lugar y que la pintura secara.

La segunda jornada comenzó con la proyección de las imágenes producidas, las mismas que minutos después estarían siendo recortadas para hacer el gran *Guiso*. La cantidad de recortes hizo aumentar el tamaño original del soporte y fue así que hicieron un mural de 8 x 2 metros, que cubriría la pared de la sala de espera del hospital de día oncológico.

Los niños y las niñas que esperaban su turno para quimioterapia o consultas, los hermanos, las hermanas, los padres, las madres, las abuelas, los médicos, las enfermeras, las maestras, Onaire; todos los que participaron de la actividad sintieron que fue un espacio de alivio porque entre todos crearon una alternativa a la espera.

Cada una de las experiencias son una constante transformación de lo pensado, en el caso particular del Hospital, el posible miedo al encuentro de la enfermedad se transformó en un encuentro con superpoderosos niños y niñas que peleaban por sus vidas.

El mural del Garrahan, como el resultado de cada uno de los *Guisos gráficos*, comprueba que el método utilizado por Onaire cambia lo proyectado de manera individual en algo totalmente inesperado. Los pensamientos, las necesidades, los reclamos, las voces, muchas veces silenciadas, se materializan en la composición colectiva con la posibilidad de tomar la palabra.

Es así que el diseño puede intervenir en el desarrollo de la vida en sociedad y expresar los valores culturales. Según Pierre Bernard "la responsabilidad social del diseñador gráfico se basa en el deseo de tomar parte en la creación de un mundo mejor" (Bernard, 2001).

INTENTO
SONRISA
SIEMPRE!!
TOCAR LA GUITARRA
HAPPY
FAC

Mi poder secreto (2014) Detalles.
Mural en el Hospital de Pediatría Garrahan,
Ciudad Autónoma de Buenos Aires.

¿A quién pertenece la tierra? (2017)
El mapa está basado en la proyección Gall-Peters (con los polos invertidos), descrita por primera
vez en 1855 por James Gall y revisitada por Arno Peters en 1974. Esta representación conserva la
proporción entre las áreas de las distintas zonas de la tierra, brindando una noción aproximada del
tamaño de los países al contrario de la proyección Mercator que agiganta los territorios cuando se
aproximan a los polos. Tuvo especial relevancia en los años 70, cuando los movimientos de liberación nacional se enfrentaron al dominio occidental del mundo. La elegimos porque nos ayuda,
tanto espacial como simbólicamente, a visibilizar de manera más clara los territorios y países con
mayorías campesinas y rurales, la diversidad biocultural, los principales proyectos extractivos y
los conflictos armados que se generan a partir de la depredación de la naturaleza y los intentos de
normalización occidental.

Taller de mapeo colectivo y mapas críticos

ICONOCLASISTAS

Iconoclasistas surgió en el 2005 a la zaga de otras experiencias cartográficas, en el cruce entre la comunicación, el diseño y la investigación social. Desarrolló específicamente los talleres de mapeo colectivo, una herramienta para el análisis social que fue surgiendo con la práctica. La libre circulación de sus materiales, bajo la licencia de Creative Commons, hizo que su acción se difundiera entre diversas organizaciones sociales, ocupándose de temas como la minería, la sojización del territorio, problemas de inmigración y género, entre otros. Sus integrantes recorren el país coordinando las actividades de los talleres y han sistematizado una didáctica que comparten a través de su sitio web. Los talleres son un pequeño paso de un proceso de organización de comunidades y de barrios; son una instancia de habla, de charla entre vecinos, un momento de agitación.

¿A quién pertenece la tierra? releva el trabajo de las mujeres rurales y campesinas, unas 1.700 millones en todo el globo, quienes además de producir el 70% de los alimentos que consumimos, resisten y se organizan en sus comunidades. Las prácticas y saberes que sustentan las economías del cuidado de estas mujeres, protegiendo los bienes comunes y la soberanía alimentaria, se encuentran amenazadas por la destrucción generada por el sistema alimentario agroindustrial y la violencia (genocidios, expulsiones, guerras, etc.) que generan de los proyectos extractivos.

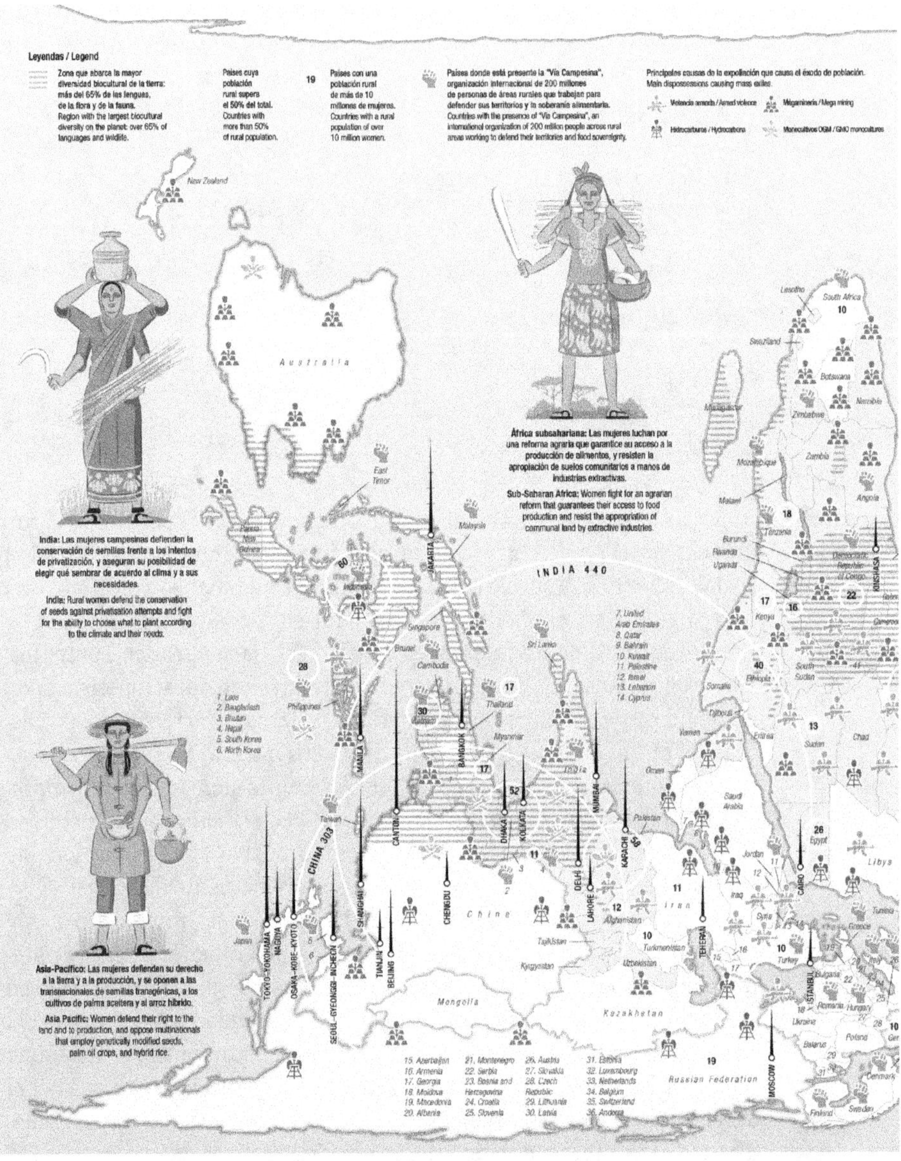

Megaciudades y crisis ambiental

Por primera vez en la historia, en 2007 la población residente en ciudades superó a la campesina. Sin embargo, en las zonas rurales todavía viven unos 3.400 millones de personas que se dedican a producir alimentos: más de la mitad son mujeres. Ellas sostienen prácticas de reciprocidad, preservan las memorias y saberes ancestrales, trabajan y cultivan la tierra en equilibrio con los ciclos de la naturaleza; y aportan una solución a la crisis ecológica y a los desastres climáticos, cada vez más frecuentes en el mundo.

Megacities and environmental crisis

In 2007, for the first time ever, the population living in cities surpassed the one living in the countryside. However, some 3.4 billion people still live in rural areas and work in food production—more than half of them are women. They support reciprocity practices, preserve ancestral memories and know-how, work and cultivate the land in harmony with the cycles of nature, and provide a solution to the environmental crisis and the increasing climate-related disasters worldwide.

Trabajo rural y doméstico

Estas 1.700 millones de mujeres representan un 25 % de la población mundial, y alimentan a un 70% de los habitantes del planeta. Las mujeres rurales, además del cuidado de sembradíos, la obtención de agua y leña y la cría de animales; realizan un trabajo invisible y no remunerado: el doméstico, el cual incluye el cuidado de los hijos y de personas enfermas, la limpieza del hogar y la elaboración de alimentos, todas labores consideradas como una extensión (obligada) de sus tareas de reproducción biológica.

Rural and domestic work

These 1.7 billion women represent 25% of the world population and feed 70% of the world population. Aside from tending crops, gathering water and firewood, and raising animals, they perform invisible work. They are not paid for their domestic work, which includes caring for children and the sick, cleaning the home, and preparing food—all activities that are considered an (obligatory) extension of their biological reproductive functions.

¿A QUIÉN PERTENECE LA TIERRA?
WHO OWNS THE LAND?

En un mundo donde los cuerpos y territorios creadores de vida, son considerados objetos de conquista, explotados en actos neocoloniales y capitalistas, y amenazados por una violencia machista y patriarcal que se manifiesta en múltiples dimensiones; las mujeres resisten y organizan sus comunidades a través de economías del cuidado, protegiendo los bienes comunes y la soberanía alimentaria.

In a world where bodies that give life and territories are considered objects of conquest, plundered by neocolonial capitalist acts and threatened by multiple forms of sexist male patriarchal violence, women resist and organise their communities through care economies, protecting common goods and food sovereignty.

Sudamérica: Las mujeres de movimientos rurales de recuperación territorial, frenan la acción expropiadora y privatizadora de las corporaciones de agronegocios y sus monocultivos de soja y maíz.

South America: Women of the rural movements for territorial reappropriation resist to the expropriation and privatisation attempts of large agribusiness corporations and to soy and maize monocultures.

Mundo árabe: Las mujeres sostienen una economía de cuidados en medio de enormes conflictos armados, y supervisan en sus comunidades la existencia en salud, alimentos, cobijo y educación.

Arab World: Women maintain a care economy in the middle of massive armed conflicts and supervise health, nutrition, shelter, and educational assistance in their communities.

Mesoamérica : Las mujeres se enfrentan a los tratados de libre comercio, a la expansión de conflictos armados y al maíz transgénico, y protegen la diversidad de especies existentes.

Central America: Women stand against free trade agreements, the spread of armed conflicts, and genetically modified maize, and protect the diversity of the living species.

Éxodo rural y represión

El sistema alimentario agroindustrial, basado en monocultivos y dominado por trasnacionales, alimenta a un 30% de la población mundial, y emplea en condiciones miserables a una ínfima parte de los trabajadores rurales. Destruye el medio ambiente, empobrece y expulsa a los pobladores originarios, mientras se expande a través de la militarización y la represión, generando la pérdida de los derechos colectivos sobre los bienes naturales, y transformando lo común en propiedad privada.

Rural exodus and repression

The agro-industrial food system, based on monoculture and dominated by multinational firms, feeds 30% of the world population and employs–in appalling conditions–a minuscule portion of rural workers. It destroys the environment, impoverishes and drives out native populations, and thrives through militarisation and repression–thus causing the loss of collective rights over natural assets and turning public goods into private property.

Soberanía alimentaria y cultural

Las mujeres rurales, mediante prácticas de defensa de los bienes comunes, de protección de la cultura popular y solidaria, y de respeto hacia la naturaleza; aseguran la agrodiversidad frente al avance del despojo neocolonial. Custodian, además, las más de 6 mil lenguas vivas en todo el mundo, cada una desarrollada durante siglos de costumbres y portadoras de tradiciones y prácticas riquísimas, mayormente desconocidas, lo que las convierte en guardianas de las memorias de la tierra.

Food and cultural sovereignty

Through practices that defend public goods, protect shared traditional culture, and respect nature, rural women ensure agricultural diversity in the face of neocolonial dispossession. They are also guardians of the over 6000 languages spoken across the world, which developed over the centuries, bear rich traditions, and are mostly unknown. As a result, these women are the keepers of the memories of the Earth.

Fuentes / Sources: ACNUR, FAO, CEPAL, OXFAM, ONU, PNUD, Worldwatch Institute, Global Witness, Grupo ETC, GRAIN, CLOC-Vía Campesina, Mundo Negro, No a la Mina, ActionAid, The Internal Displacement Monitoring Centre, Uppsala Conflict Data Program.

(por orden de aparición)

I

ARTÍCULOS TEÓRICOS

Guillermo Bengoa

Arquitecto y Magister en Gestión Ambiental. (Mar del Plata, 1964). Profesor adjunto FAUD-UNMdP, investigador categoría 1. En Argentina dicta postgrados en la UBA y en la Universidad Pública de Tandil, Pergamino, San Juan y Oberá. En el exterior, en Ecuador, Uruguay y México. Escribió libros y publicaciones sobre Historia Ambiental, Diseño y Evaluación de Impacto Ambiental. Realiza trabajos de consultoría urbanística y ambiental.

Ezio Manzini

Trabaja en el campo del diseño para la innovación social y, en este tema, creó DESIS Network. Actualmente, es Profesor Distinguido en Diseño para la Innovación Social en Elisava-Design School and Engineering, Barcelona; profesor honorario en el Politecnico di Milano; y profesor invitado en la Universidad de Tongji (Shanghai) y la Universidad de Jiangnan (Wuxi). Su libro más reciente es *Design, When Everybody Designs. An Introduction to Design for Social Innovation*, MIT Press 2015.

Raquel Pelta

Doctora por la Universidad de Barcelona, es profesora del Grado de Diseño de la Facultad de Bellas Artes de esa institución. Es autora de numerosos artículos publicados en libros y revistas especializadas, así como del libro *Diseñar Hoy*. Ha impartido conferencias en universidades y ha comisariado exposiciones. En 2015 recibió el Premio Laus de Honor, por su trayectoria profesional (investigación, docencia, divulgación y actividad como organizadora de eventos relacionados con el diseño).

Pedro Senar, Marcelo Giménez y Alicia Romero

Pedro Senar

Diseñador Industrial (UBA), Magister en Política y Gestión de la CyT (UBA), Profesor-investigador, cat II (MEN), Profesor de posgrado (FADU), Director de proyectos de investigación y desarrollo acreditados (UNA, UBA, SPL). Evaluador nacional.

Alicia Romero

Licenciada en Historia del Arte (UBA). Docente-investigadora cat. I (MEN). Profesora de posgrado (UNA, UNLP). Directora de programas y proyectos de investigación acreditados (UNA, UBA, FNA). Curadora y crítica independiente. Premio Héctor J. Cartier a la trayectoria docente (AACA/AICA).

Marcelo Giménez

Licenciado en Artes (UBA). Docente-investigador cat. I (MEN). Profesor en grado posgrado (UBA, UNA, UNLP, UMSA). Director de proyectos de investigación acreditados (UNA, UBA, FNA). Curador y crítico independiente.

II
LA UNIVERSIDAD Y OTRAS INSTITUCIONES

Beatriz Pedro

Arquitecta (UBA). Doctorando (FADU-UBA). Magister en Desarrollo Sustentable (UNLA). Investigadora UBACYT. Profesora Titular Taller Libre de Proyecto Social, Conocimiento Proyectual y Estructuras Resistentes (FADU, CBC, UBA)

Noelia Movilla

Diseñadora Gráfica (FADU-UBA). Docente-investigadora Carrera de Diseño Gráfico, Comunicación II, en la misma institución. Fue becaria UBA-CyT de la Maestría en Intervención Social de la Facultad de Sociales de la UBA.

Lucas Giono

Diseñador Gráfico (FADU, UBA). Docente e investigador en la misma universidad. Profesor Adjunto Regular de Diseño 1, 2 y 3 Cátedra Rico, y Profesor Adjunto (AdH) Taller Libre de Proyecto Social, marco en el que dirige el proyecto Memorias Visuales del Territorio, integrado por Augusto Daniele, Amelia Ojeda, Camila Álvarez, Andrea Cabrera y Magdalena Castría. Profesor Agregado, Área Proyectual Diseño de Comunicación Visual, UdelaR, Uruguay.

Carlos Levinton

Arquitecto FADU-UBA, Master Consejo Británico Planeamiento regional y diseño urbano en la Architectural Association, Londres. Profesor Titular desde 1984 en Diseño y Construcciones (FADU- UBA), Director del Centro Experimental de la Producción (CEP). Director del Programa Arquitectura ATAE–UBA desde 1984, Coordinador Nacional de la Red de Vivienda Saludable de la OPS. Secretario de la red interamericana de vivienda saludable de OPS. Integra el proyecto BIOFUEL CUIA de la Universidad de Roma, departamento de Geoeconomía desde 2009.

Griselda Flesler

Diseñadora Gráfica (FADU-UBA). Esp. en Teoría del diseño comunicacional. Maestranda (DICOM-FADU-UBA). Docente investigadora (IIA-UBA). Profesora Titular Diseño y Estudios de Género y JTP Tipografía, Cátedra Venancio-Contreras (FADU-UBA). Profesora del posgrado Diseño, Teoría Feminista y Estudios de Género (FADU-UBA y FADU-UNL). Coordinadora de la Unidad de Género (FADU-UBA).

Mabel Amanda López

Doctora en Diseño y Licenciada en Letras por la UBA. Codirige el Programa de Investigación Color, Luz y Semiótica Visual (FADU-UBA). Dirige el proyecto Retórica de la violencia gráfica infantil (UBACyT-UNAM), interdisciplinario entre Psicología Social y Semiótica Visual. Entre otros trabajos, con María Ledesma ha publicado *Comunicación para diseñadores*, 2009 y *Retóricas del Diseño Social*, 2018.

Coco Cerella

Diseñador Gráfico (FADU-UBA), docente en la misma universidad. Dicta talleres de Diseño en la cárcel de Devoto, en institutos de régimen cerrado para menores y en el ámbito privado. Especializado en Identidad Visual. Sus afiches sobre Derechos Humanos han sido expuestos en 39 países e incluidos en el Libro *The Design of Dissent* de Milton Glaser y Mirko Illic. Conferencista en TEDxRosario, Bienal Iberoamericana de Madrid, Forum Art & Branding Rusia, TRIMARCHI, y diversos encuentros de diseño.

Mercedes Filpe y Sara Guitelman

Mercedes Filpe

Magister en Diseño orientado a la Gestión Estratégica de la Innovación (UNNOBA). Directora del IDI-Instituto de Diseño e Investigación. Profesora titular ordinaria UNLP y UNNOBA en áreas de proyecto y comunicación. Investigadora programa de incentivos categoría 2, con interés en temas de sustentabilidad y diseño en entornos de enseñanza aprendizaje. Directora de proyectos de interés social focalizados en la educación en valores y responsabilidad social.

Sara Guitelman

Diseñadora en Comunicación Visual, especialista en Gestión Cultural. Profesora titular de Taller de DCV 1C y adjunta de Taller II-IVC, Facultad de Bellas Artes, UNLP. Codirige el equipo de investigación El taller de graduación. Participa del proyecto Literatura argentina del siglo XX y publicaciones periódicas, FAHCE, UNLP. Su interés se orienta a la extensión universitaria; desde 2001, a través del programa Diseño Activo, ha concretado numerosos proyectos comunitarios.

Paula Siganevich

Licenciada en Letras UBA. Profesora e investigadora (FADU-UBA). Docente Taller de Tesis en la Maestría en estrategia y gestión de la innovación en el área de diseño (UNNOBA). Compiladora en colaboración de *Piquete de ojo. Visualidades de la crisis: Argentina 2001–2003*: FADU/Nobuko, Buenos Aires, 2008 y *Activismo Gráfico*: Wolkowicz, Buenos Aires, 2017.

Richard Angel Correa

Diseñador Gráfico (Facultad de Arte y Diseño, UNaM). Docente-investigador en la misma universidad. Miembro de la cátedra Diseño Gráfico Tres. Director del Departamento de Comunicación (Facultad de Arte y Diseño, UNaM). Miembro de la cooperativa de diseño "Óita La Cooperativa", Oberá, Misiones.

María Sánchez

Investigadora académica y docente en varias universidades de Argentina, México, Panamá y Chile. Consultora de Diseño Estratégico para empresas y administraciones gubernamentales. Directora del Fondo Nacional de las Artes. Comenzó trabajando con Ettore Sottsass, convirtiéndose en miembro del Grupo Memphis. Miembro permanente del Consejo Internacional de la Escuela de Arquitectura y Diseño de la Universidad Autónoma de Nuevo León (UANL), Monterrey, México y también de varios consejos editoriales en América Latina.

III

DISEÑADORES, ESTUDIOS DE DISEÑO

Pablo Bianchi
Diseñador industrial (UBA). Profesor Titular (Facultad de Artes y Diseño, UNaM). Profesor Adjunto (FADU-UBA). Director de la carrera Diseño Industrial (UNRaf). Investigador, curador, jurado de concursos profesionales y académicos. Sus productos han sido expuestos en Argentina, Tokio, Roma, Frankfurt, Guadalajara y Santiago de Chile. Dos de ellos forman parte de la colección permanente del MAMBA. Lleva adelante proyectos de consultoría en diseño estratégico y sustentabilidad. Como emprendedor, fue socio de Tónico Objetos y, en la actualidad, de "Compas, composteras urbanas".

Proyecto Mutan
Integrado por Sergio Fasani y Luciano Bochicchio. Surge en 2014 con el objetivo de agregar valor a los materiales plásticos postconsumo recuperados en la Ciudad de Buenos Aires. Investigan y desarrollan maquinarias y procesos para transformar estos materiales en nuevos objetos que hoy comercializan. Trabajaron para su línea de luminarias junto a la Fundación Garrahan, acompañan a empresas y municipios en el manejo de sus descartes plásticos. En la actualidad con un equipo de 10 personas forman parte del Atelier Brotes.

Cooperativa de diseño
Integrado por seis diseñadoras. Surge en 2011 con el objetivo de trabajar junto a organizaciones autogestionadas en proyectos de diseño con impacto social. Trabajan en contexto, desde lo colectivo y de forma integral para poner las herramientas de diseño (industrial, gráfico y audiovisual) al servicio de los sectores populares.

Fantasma de Heredia
Integrado por los diseñadores Gabriel Mateu y Anabela Salem. Desde 1992 el estudio se dedica a proyectos políticos, sociales y culturales relacionados a la educación, el desarrollo, la comunicación, la ecología, el

medio ambiente, entre otros. Participaron y recibieron premios en numerosos concursos internacionales.

Estudio dosRíos

Integrado por los diseñadores gráficos Florencia Croccia y Gastón Mato. Especialistas en comunicación visual de proyectos vinculados al ámbito cultural, la educación y la investigación-acción para el desarrollo humano. Abordan los proyectos desde una mirada integral, centrada en el usuario y construida desde múltiples saberes y capacidades.

Fabián Trigo / Studio

Diseñador, artista y curador. Formado en el sector de diseño corporativo, con treinta años de experiencia en diseño de alta competencia, hoy se orienta a la comunicación visual institucional y a proyectos culturales. Creador de LATIDO, una plataforma de arte y diseño contemporáneo argentino, espacio para la visibilidad de artistas reconocidos y emergentes, que realiza exhibiciones desde 2009.

ÓITA la cooperativa

Óita la cooperativa es una organización de diseñadores y diseñadoras gráficas, industriales y audiovisuales que desarrollan propuestas de comunicación estratégica y experiencias de diseño cooperativo en el territorio, ciudad de Oberá, Misiones.

Agustina Cosulich

Diseñadora gráfica y artista visual, egresada de la Escuela de Artes Visuales Malharro, Mar del Plata. Trabajó como diseñadora en Canadá, España y Argentina, en la actualidad dirige el estudio Cosulich Diseño. Trabaja en la Editorial EUDEM (Universidad Nacional de Mar del Plata). Participó en más de treinta muestras internacionales de pósteres, y fue jurado en diversos concursos de Diseño.

Juan Carbonell

Diseñador Gráfico desde 1996. Durante varios años ejerció la docencia en la UBA y en la UNGS. En 2007 comienza su experimentación en el campo de la plástica y las artesanías. Desde 2009, radicado en Merlo, San Luis, trabaja de manera independiente para emprendedores y artistas locales. En la actualidad edita, junto a Titito Ackermann, La Morcilla "embutido cultural serrano".

Verónica García

Diseñadora Gráfica (FADU-UBA). Docente investigadora carrera de Diseño Gráfico, materia Comunicación II. Profesora de Tecnología I y de Comunicación II en la Universidad de Flores (UFLO). En el año 2012 funda Mancha de Tinta, proyecto editorial artesanal e inclusivo. Ha sido finalista del Premio Madre Emprendedora 2017 y ha participado en numerosas bienales y ferias.

Anabella Speziale y Damián Zantleifer

Anabella Speziale

Doctora UBA, área Diseño. Master of Arts in Media and Communications en Goldsmiths College, University of London. Diseñadora de Imagen y Sonido (UBA). Cursa el Programa de Estudios Posdoctorales de la UNTREF. Ha sido becaria del FNA, British Council, UBACyT y BEC.ar. Profesora Titular de Teoría y Estética de los Medios y Teorías Audiovisuales, Adjunta de Sociología, en la Carrera de Diseño de Imagen y Sonido (UBA), donde a su vez es Coordinadora Académica. Profesora de la Lic. en Comunicación Audiovisual de la UNSAM.

Damián Zantleifer

Realizador Audiovisual. Profesor Regular UBA. Titular de Técnicas Audiovisuales y Adjunto de Proyecto Audiovisual de la Carrera de Diseño de Imagen y Sonido (UBA). Director de UBA TV y UBA WebTV.

Ignacio Ravazzoli

Licenciado en Sociología (UBA). Estudiante avanzado de Diseño Gráfico (FADU-UBA), especialista y maestrando en Diseño Comunicacional (FADU-UBA). Desarrolla actividad docente como ayudante en la materia Difusión y Comercialización de los Medios Audiovisuales y dirige el proyecto de investigación "El archivo fotográfico en la construcción de la identidad colectiva de la FADU".

Nazza

Artista de La Matanza, Buenos Aires, Argentina. Su trabajo es una realización estética de sus ideas políticas en dos direcciones convergentes: los crímenes históricos y los contemporáneos de la sociedad argentina. Como artífice utiliza las herramienta del arte en cada una de las intervenciones parta abordar temas específicos y ponerlos en el centro de la esfera pública.

Chuneo Padilla

Colectivo integrado por Pablo Noce, Ariel Alejo Nicolás Caló, Pablo Cesario, Ignacio Regueiro, Néstor Mahmud, Alejo Ferrarotti, Martín Carmona, el Lore y Juan Manuel Moreiras. Egresados de la Escuela Nacional de Bellas Artes Rogelio Yrurtia de la Ciudad de Buenos Aires, intervienen desde 1996 distintos espacios públicos con la técnica mural.

Natalia Volpe /ONAIRE

Diseñadora gráfica (UBA) y magister en Libros y Literatura (UAB). En su estudio desarrolla proyectos de diseño gráfico y comunicación en el campo del arte, la cultura y la educación. Miembro fundador del Colectivo Gráfico Onaire. Sus obras han sido expuestas en diferentes países y bienales internacionales.

Iconoclasistas

Dúo formado por Julia Risler y Pablo Ares en 2006. Elaboran proyectos combinando el arte gráfico, los mapeos creativos y la investigación colectiva. Sus producciones se difunden en la web a través de licencias Creative Commons, potenciando la libre circulación y el uso derivado.

María Ledesma
Doctora en Diseño (UBA) se especializa en Teoría y Crítica del Diseño. Novelista y ensayista.

Profesora Titular Regular de la materia Comunicación en la Carrera de Diseño Gráfico (UBA); Profesora en el Doctorado y en la Maestría en Diseño de la misma universidad; Profesora de Teoría y Práctica del Diseño en la UNL. Integra comisiones de doctorado en la FADU-UBA, la FADU UNL y la UNER y dirige la Maestría en Estrategia y Gestión en el Área del Diseño de la UNNOBA.

Ha sido Vicedirectora de la Carrera de Diseño Gráfico y Directora de la Carrera de Especialización Docente (FADU-UBA). Como profesora invitada imparte seminarios y conferencias en universidades y centro educativos de Argentina, Uruguay, Chile, Brasil y Colombia. Se ha desempeñado como jurado en concursos disciplinares y docentes en diversas universidades de la Argentina y del extranjero

Es autora, entre otros, de *Diseño Gráfico, una voz pública,* coautora con Arfuch y Chaves de *Diseño y Comunicación. Teoría y enfoques críticos* y con López de *Comunicación para diseñadores*, además de numerosos artículos en revistas nacionales y extranjeras. Primera Mención Premio 'Clarín' Novela, otorgada por el jurado integrado por José Saramago, Rosa Montero y Alberto Manuel, 2007.

María Laura Nieto
Maestranda en Sociología de la Cultura y Análisis Cultural (Instituto de Altos Estudios Sociales/Universidad Nacional de San Martín). Diseñadora Gráfica y Diseñadora de Imagen y Sonido (Universidad de Buenos Aires). Desde 1998 se desempeña como profesora e investigadora en la UBA. Codirigió el proyecto Arte y diseño en los colectivos gráficos (Fondo Nacional de las Artes) y se especializó en curaduría. Recibió becas del IDEAS-UNSAM, FNA y premio MECENAZGO para la edición del presente libro, declarado de interés cultural por la Ciudad de Buenos Aires. Es autora (en colaboración) de *Activismo Gráfico, Conversaciones sobre diseño, arte y política*, además de varios artículos en revistas nacionales y extranjeras.

Impreso por TREINTADIEZ S.A. en 2020
Pringles 521 (C1183 AEI)
Ciudad Autónoma de Buenos Aires
Teléfonos: 4864-3297 / 4862-6794

www.ingramcontent.com/pod-product-compliance
Lightning Source LLC
Chambersburg PA
CBHW081714250726
48657CB00010B/3002